JN437645

터키 들여다보기

김대성

한국외국어대학교 출판부

머리말

한국과 터키는 공식 수교를 맺은 1957년부터 현재까지 48년 동안 변함없이 혈맹 관계를 유지해 왔다. 양국은, 노무현 대통령의 2005년 4월 15~17일 방문 시, 수교 50주년을 맞이하는 2007년을 '한・터키 우정의 해'로 선포하고, 양국 국민들 간 이해를 제고시키기 위한 각종 기념행사를 개최하기로 했다.

한국의 경제인들은 터키가 갖고 있는 지정학적 측면에서의 중심적 위치와 유럽과의 경제 관계 속에서 차지하는 전략적 가치를 주목하고 그것이 앞으로 한국과 터키의 경제협력에서 매우 중요한 역할을 할 것을 알고 있다. 최근에는 무역거래 규모나 양국 국민들의 상호방문 규모가 전과 비교하여 볼 때 크게 성장하고 있다. 이러한 현상을 보고 터키를 연구하고 관심을 가진 사람들은, 한국인들이 터키를 바르게 이해하고 조명해 줄 자료를 제공해야 한다는 책임감을 느끼게 된다. 그동안 국내에는 터키를 소개하는 소수의 서적들이 출간되어 터키에 관심을 갖는 일반인들에게 적지 않은 도움이 되었다. 그러나 터키를 전반적으로 소개하고 분석하는 데에는 다소 미진한 감이 없지 않았다.

이 책의 출간은 이와 같은 문제점을 일부나마 해소시키는 데 기여하리라고 기대한다. 이 책은 터키의 자연환경, 역사, 문화와 종교, 사회, 정치발전, 정치제도, 음식문화, 풍속, 종교의식, 가족법, 결혼에 대한 의식, 교육 및 여성 문제 등 총 14개의 주제를 포괄적으로 다루고 있다. 이 책은 한국인의 터키 이해에 주안점을 두었기 때문에 주제와 관련된 다양한 화보를 제공하고 있어서 터키를 공부하는 학생들뿐 아니라 터키에 진출하고자 하는 기업인들이나 실무자들에게도 길잡이가 될 것이다. 아울러 이 책은 터키를 여행하며 문화를 이해하려는 탐구자들에게도 도움을 줄 수 있다고 본다.

터키는 동서양의 지성인이라면 꼭 한번 이상은 방문해야 할 곳이다. 터키에는 동서양의 문명이 다양하게 공존하며 조화를 이루고 있는 모습을 볼 수 있다. 건물들도 그 모습이 다양해서 그리스식 건물과 초기 기독교 유물들이 눈에 띄고 오스만시대에 건축된 모스크, 왕궁과 주택들이 눈에 들어온다. 사람들도 어떻게 보면 유럽인을 닮은 것 같기도 하고 또 다른 면에서 보면 중앙아시아인과 흡사하다는 느낌을 받기도 하고 혹은 아시아인과 유럽인의 혼혈로 여겨지기도 한다. 이스탄불은 동방의 실크로드가 끝나고 유럽대륙이 시작되는 곳이어서 바로 이곳에서 아시아 문명과 유럽 문명의 만남은 당연할 수밖에 없다. 그래서 이스탄불과 터키는 큰 매력을 가지고 세계인을 끌어당기고 있다. 이 책은 터키의 매력과 다양성의 이유를 찾을 수 있는 단서를 제공할 것으로 기대한다.

터키가 한국과 깊은 인연을 맺게 된 계기는 1950년의 한국전쟁이다. 그때 터키가 1만5,000여명의 군사를 보냈는데 그 가운데 전사자 741명을 포함해서 3,000여 명의 사상자를 내가며 한국이 민주국가로 성장할 수 있도록 지원한 바 있다. 터키군의 파병과 희생을 한국인들은 깊은 인연으로 받아들이지만 터키인들은 피를 흘려가며 한국인을 도와주었으므로 그들 전통에 따라 피로 맺은 형제로 생각한다. 그래서 터키인들은 터키를 여행하는 한국인들을 형제로 맞아주고 우의를 표시해 준다. 터키인들의 한국인에 대한 관심과 우정에 대한 한국인들의 속마음을 표현할 수 있는 기회가 월드컵이 한국에서 열린 2002년에 찾아 왔었다. 한국인과 터키인들은 양 국가가 '피를 나눈 형제국가'로 변함없이 관계를 유지해 가기를 바라고 있다.

터키는 유럽, 아시아 및 아프리카 등 3대륙을 잇는 지정학적 요충지에 위치하고 있고, 역사·문화·관광 유산이 풍부하고 우수한 인적자원을 바탕으로 성장 잠재력이 높은 나라다. EU는 터키를 정회원국으로 받아들이기 위한 첫 번째 절차로 2005년 10월부터 구체적인 협상을 시작하였다. 앞으로 더 많은 한국인들이 터키를 방문하게 될 것이며 기업들이 터키에 투자를 하기 위해 활발히 진출할 것이다. 또한 터키인들도 한국에 진출하거나 방문하는 기회도 크게 늘어나리라고 전망한다. 이 책 「터키 들여다보기」는 터키와 터키인들을 이해할 수 있도록 그들의 문화와 역사, 관습과 전통 등을 소개하여 양 국민의 우호증진에 기여하기를 바라는 마음에서 저술되었다.

이 책을 집필하는 과정에서 주로 터키어 서적을 참고했으며 그동안 학술지를 통해서 발표된 저자의 논문을 주제별로 선택하여 편집하였다. 이 책에서는 필요한 경우 소수의 주(註)를 달아서 참고문헌을 인용했으나 이미 학술지에서 발표된 논문에서는 상세하게 참고문헌을 밝혀 놓았다. 이 책은 터키에 대한 연구를 시작해서 이루어 놓은 다수의 선학(先學)들의 업적을 바탕으로 집필될 수 있었으므로 이에 은사이신 서 재만 교수님을 비롯해 선학들께 깊은 사의를 표한다. 이 책에 활용된 화보의 다수는 김승락 군과 윤성령 군이 제공해 준 사진과 저자가 터키 여행 중에 찍은 사진, 그리고 일부는 터키 문화부 인터넷(http://kultur.gov.tr)에서 인용된 사진 자료임을 밝히며 이에 깊은 감사의 뜻을 표한다.

끝으로 이 책의 출판을 기꺼이 허락해 주시고 교정 과정에서 도움을 주신 한국외국어대학교 출판부 여러분께 고마움을 전한다. 이 책은 2005년 한국외국어대학교 학술연구비 지원으로 완성되었다. 이 책의 미진한 부분은 독자들의 충고를 바탕으로 점차 보완할 것으로 약속드린다.

2005년 12월

김 대 성

차례

I

자연환경

I 자연환경

1. 지형

터키는 아시아, 유럽, 아프리카를 연결하는 교두보로서 지정학적으로 중요한 위치에 자리잡고 있다. 터키 국토는 소아시아반도와 유럽대륙의 동남부 트라키아[1] 반도의 일부로 이루어졌고 흑해, 마르마라해, 지중해, 에게해로 둘러싸여 있으며 북위 36도와 42도 사이에 위치하고 가로 동서간 거리는 1,600㎞, 세로 남북간 거리는 약 550㎞이다.

터키 영토는 783,562㎢이며 영토의 3%가 트라키아로 불리는 유럽 지역에, 97%는 아나톨리아(터키어 : 아나돌루)로 불리는 아시아 지역에 각각 자리잡고 있다. 아나톨리아는 직사각형이며 영토 전체의 해안선 길이는 8,333㎞이고 육지에서 인접국가와 접하고 있는 국경선의 길이는 2,875㎞로서 터키는 비교적 커다란 영토를 가지고 있다. 터키는 서쪽으로 불가리아와 그리스, 동쪽으로는 그루지아, 아르메니아, 이란, 이라크, 시리아 등과 인접하고 있으며 이란을 제외하고 다른 주변국에 비해 큰 영토를 가지고 있다.

터키는 국토 전지역의 평균 높이가 해발 1,132m로서 국토의 1/5만이 해발 500m이하의 산악국가이다. 아나톨리아 반도의 중부는 고원과 광활한 평원이며 남쪽에는 지중해변을 따라서 토로스(터키명 : Toros) 산

1) 그리스인들이 마케도니아 동북부 지역을 트라키아(Trakya)로 불렀다.

맥이 길게 뻗어 있다. 대체로 반도의 동부는 국토의 여타지역에 비하여 산맥이 많기 때문에 평균고도가 높은 편이며 특히 아르메니아의 접경에는 해발 5,137m의 아라랏산(터키지명 : 아으르산)이 위치해 있다.

터키 영토는 지역적 특성상 7개 지역으로 구분된다. 1941년에 개최되었던 제1차 지리학 회의의 결과 영토를 지형과 기후 그리고 영토가 4개의 바다와 접하고 있다는 점 등을 고려하여 7개 지역으로 나누었다. 7개 지역 가운데 4개 지역이 바다와 접하고 있으므로 바다의 이름을 빌어 흑해(Black Sea), 마르마라해(Marmara), 에게해(Aegean), 지중해(Mediterranean) 지역으로, 나머지 3개 지역은 아나톨리아 내륙에 위치하므로 중앙 아나톨리아, 동부 아나톨리아, 남동부 아나톨리아 지역으로 각각 부른다. 터키 영토의 해발 고도는 대체적으로 높은 편이나 광활한 평원과 고원이 있어 풍부한 농산물을 생산하기에도 적합하여 주변국과 유럽에 수출한다. 터키의 주요 산맥은 서북쪽에 볼루(Bolu)와 앙카라 사이에 위치한 쾨루오울루 산맥, 동북쪽에 흑해에 인접해 있는 도우카라데니즈(Dogu Karadeniz) 산맥과 남쪽으로는 지중해변을 따라서 길게 뻗은 토로스 산맥을 대표적으로 들 수 있다. 이 산맥들은 서쪽으로 오면서 고도가 점차 낮아지고 있으며, 터키의 서쪽에 해당하는 에게해와 마르마라해 지역에는 동부 지역에 비해 산이 많지 않다.

마르마르해, 에게해와 지중해 지역의 주민은 외국인과의 교류가 빈번할 뿐 아니라 농업, 어업 및 관광업을 통한 경제활동이 용이하여 내륙지방의 주민들에 비해 생활수준이 높은 편에 속하며 개방적이고 진취적인 성향을 가지고 있다. 이와는 대조적으로 남동부와 동부 아나톨리아 주민들은 이란과 시리아에 인접해 있어서 아랍인들과 접촉할 기회가 늘어나므로 여타 지역의 주민들보다도 종교성이 강하고 생활 문화에 있어서 아랍적인 요소를 많이 받아들였다. 이처럼 지역의 환경은 주민들의 의식과 경제생활에 적지 않은 영향을 미친다는 것을 이해할 수 있다. 헤로도토스 같은 고대 역사학자는 지리적 환경이 역사발전에 결정적인 역할을 한다고 보았다.

2. 지역적 구분

1) 마르마라해 지역

마르마라해 지역은 마르마라해를 둘러싼 인접지대와 트라키아로 불리는 유럽의 터키영토 전체를 포함하며 아시아와 유럽을 연결한다. 이 지역은 면적에 있어서 가장 작으나 인구밀도는 가장 높다. 이 지역은 터키 전체 영토의 8.5%에 해당하며 넓이는 67,000㎢이다. 마르마라해는 흑해와 에게해를 연결해 준다. 이 지역의 거주민들은 산업, 서비스업, 무역, 관광업 그리고 농업 등에 주로 종사한다. 이 지역에는 터키의 주요 산업 시설이 밀집돼 있다. 이스탄불-부르사-이즈밋 등으로 이루어진 삼각형 지대에 이 지역의 가장 발전된 공단지대가 존재하며 현대자동차 터키 공장도 이 지역에 있다. 특히, 이스탄불은 고대부터 중요한 무역 중심지였으며 현재에도 국제무역의 중심지로 인정을 받고 있다. 이스탄불은 관광지로서도 각광을 받아 연간 수많은 외국인이 방문한다. 또한 마르마라해 지역은 다양한 농산물이 생산되어 농민들의 생활수준을 향상시키는데 기여하고 있다. 이곳 경작지역의 반 정도에서 밀이 생산되

지역적 구분

는 동시에 사탕무, 옥수수, 해바라기, 올리브, 토마토와 다양한 과일 등도 풍부하게 재배된다. 이곳은 터키 해바라기 생산의 73%와 옥수수 생산의 30%를 각각 차지한다. 올리브도 다량으로 재배되어 에게해 지역 다음으로 올리브 생산이 많다. 이곳의 유럽 지역에서 재배된 포도와 와인이 유명하다. 기독교와 이슬람과 같은 다양한 문명이 이곳에서 번성했고 공존했으므로 그 유적지들은 전 세계인의 주목을 받고 있다.

이스탄불은 터키의 투자, 교육, 비즈니스와 관광의 중심지이다. '신이 자연을, 인간은 예술을 각각 창조해 완벽하게 만든 도시가 이스탄불이다'라고 할 만큼 이스탄불은 자연환경과 문화적 차원에서 세계적인 어떤 도시와 비겨도 결코 뒤지지 않는다. 이스탄불은 로마, 비잔틴과 오스만제국 등의 수도였고 오늘날에는 터키의 최대도시이며, 과거 기독교 유적인 성 소피아 사원을 포함해 이슬람 건축을 대표하는 술레이마니예 모스크와 블루 모스크를 비롯한 대형 모스크들이 많아 기독교 문화와 이슬람 문화가 융합되어 있는 박물관이라고 할 수 있다. 오스만 시대에 약 400년 동안 정치적 중심지였던 톱카프(Topkapı) 궁은 보스포로스 해협이 내려다보이는 언덕에 위치해 있어서 장관을 이룬다. 이곳은 오스만시대의 역사와 문화를 이해하기 위해서는 필수적으로 방문해야 할 장소로서 현재에는 박물관으로 활용되고 있다. 이스탄불은 교육의 중심지이며 이곳에 이스탄불대학교, 보아즈이치대학교, 마르마라대학교, 이스탄불 공과대학 등과 같은 터키의 명문대학들이 자리 잡고 있다.

마르마라해 남부 지역에 위치한 도시 차나칼레 남서쪽 30㎞에 호머(Homer)의 서사시 일리아드(Iliad)에 언급되어 있는 고대도시 트로이가 있어서 관광객들의 호기심을 끌고 있다.

이 지역에 속한 아시아 영토에는 비옥한 평원이 동쪽에서부터 서쪽으로 뻗어 있다. 아다파자르(Adapazari), 파묵오바(Pamukova), 이네굘(Ineogol) 저지대는 가장 광활한 평원에 해당한다. 트라키아도 높이가 낮은 산으로 둘러싸인 저지대 평원으로 이루어졌으며 많은 양의 밀이 생산되어 터키의 곡창으로 불린다.

2) 에게해 지역

에게해 지역은 에게해 해안으로부터 퀴타히아(Kütahya)와 아피욘(Afyon)까지를 포괄한다. 이 지역은 에게해와 접해있다는 특징 때문에 에게해 지역으로 불린다. 이곳의 넓이는 79,000㎢이며 터키 전 영토의 약 11%를 차지한다. 이즈밀, 아이든, 마니사, 퀴타히아(Kütahya), 우샥(Uşak) 주(州)가 에게해 지역 내에 있다. 무을라, 데니즐리, 아피욘, 발륵케시르 주의 일부 지역이 에게해 지역에 해당된다. 에게해 지역은 마르마라 지역에 이어 두 번째로 산업활동이 활발한 곳이다. 섬유, 기계, 식료품과 자동차부품이 주로 생산되며 주요 정유시설이 있으며 발전소가 다수 위치해 있다.

에게해 지역 내에서도 해안지대와 아피욘과 같은 내륙지방 사이에는 지리적 특성과 사회, 경제적 구조에 있어서 커다란 차이를 보인다. 해안지대와 산악 내륙지방 사이에는 저지대 평원이 자리잡고 있다. 내륙지방에서는 해발 2,000m가 넘는 에미르산(2281m), 에으리괴즈산(Eğrigöz Dağı:2181m), 무라트산 등을 볼 수 있다.

에게해 지역에는 강수량도 풍부하고 농산물과 과일을 재배하기에 적합한 비옥한 토지가 드넓게 펼쳐져 있다. 특히, 포도, 올리브와 담뱃잎이 이 지역에서 많이 생산된다. 이 지역에서 재배되는 담뱃잎은 터키 전체 생산량의 절반 이상을 차지한다. 목화 생산 또한 터키 전체 생산량의 1/3에 육박한다. 게디즈(Gediz) 평야에서 재배되는 씨없는 포도는 전세계적으로 유명하며 무화과와 함께 이 지역 경제발전에 크게 이바지하고 있다. 이 지역에서 터키 전체에서 생산되는 포도의 1/3 이상을 생산하고 무화과는 터키 전체 생산량의 4/5에 달한다. 올리브는 터키 전체 생산의 48% 정도를 이 지역이 공급하고 감귤도 이곳에서 생산되는 중요한 과일이다.

관광업은 에게해 지역 경제에 기여하는 바가 크다. 에게해 해변 전역에 걸쳐 아름다운 해변을 발견할 수 있으며 아울러 유적지도 많아 여름

철이면 관광객이 끊이지 않는다. 로마의 고대도시에서 극장, 아고라(Agora), 신전과 성채 등과 초기 기독교 유적이 곳곳에 산재돼 있어 당시 생활상을 생생하게 만날 기회를 갖게 된다. 이러한 고대 도시는 서구 문명과 도시 계획, 건축의 기초를 제공했으므로 세계유산으로 보호되고 있다.

에게해 지역의 최대 도시인 이즈밀에서 유명한 서사시인 호머가 태어난 것으로 알려져 있다. 이즈밀은 인구 면에서는 터키 도시 가운데 세 번째로 많으며, 중요한 상업 도시이다. 이즈밀에 사람들이 처음으로 정착하기 시작한 시기는 B.C. 3000년 경으로 알려졌으며, B.C. 1500년 경부터 히타이트의 영향을 받기 시작했다. B.C. 4세기에는 알렉산더 대왕이 이 지역을 점령하고 성을 짓도록 했다. 제1차 세계대전 직후 이즈밀은 그리스에 의해 점령되기도 했으나, 터키공화국의 국부인 케말 아타튀르크는 독립전쟁에서 그리스군을 축출하고 1922년 9월 9일 탈환했다. 이즈밀의 중요한 상징물은 코낙(Konak) 광장에 있는 1901년에 세워진 시계탑이다. 이 시계탑은 오스만제국의 술탄 압둘하미트 2세의 명에 따라 자신의 즉위 25년을 기념하기 위해 세워졌다. 이 탑에 있는 시계는 독일 황제 빌헤름 2세가 선물한 것이다. 이즈밀의 벨카흐베(Belkahve)에 서있는 케말 아타튀르크 동상은 터키에서 가장 크며, 그 이유는 케말이 이즈밀 탈환시 벨카흐베를 통해서 이 도시로 들어갔으며 이를 기념하기 위해서이다. 이즈밀의 퀼투르(문화) 공원에서는 매년 국제박람회가 열려 세계적으로 유명한 기업들이 참가한다. 이즈밀 서쪽에 있는 체스메 반도는 고대 도시 유적지, 휴양지, 아름다운 해변, 오래된 성채들이 있어 한 폭의 그림과도 같다.

3) 지중해 지역

지중해 지역은 지중해와 인접한 터키의 남부를 지칭하며 여기에는 지중해 해안지대와 토로스산맥의 서부와 중부가 해당된다. 지중해 지역의

페트히예 해변

명칭은 인접하고 있는 바다 이름에서 연유한 것이다. 지중해 지역의 길이는 서남부의 쿼이제이즈(Koycegiz)부터 남동부의 아다나 지역까지 연결되며 폭은 지중해변으로부터 120~180km 정도이다. 서부의 엘마르산과 중부의 아라산은 해발 3,000m가 넘으며 타우르스 산맥 바로 밑에는 아믹 평원과 같은 광활한 평야가 펼쳐져 있다. 지중해 지역의 면적은 약 120,000㎢이며 터키 영토의 15% 정도에 이른다. 대체로 하타이, 아다나, 이첼, 안탈야, 으스파르타, 부르두르와 카라만마라시 도(道)의 일부분 등이 지중해 지역을 구성한다. 농업과 산업이 지중해 지역 경제에서 중요한 위치를 차지한다. 곡물이 풍부하게 재배되며 지중해 지역 재배 면적의 2/3에 가까운 밭에서 곡물이 생산된다. 밀이 가장 많이 생산되고, 보리도 이 지역의 중요 곡물이다. 이 지역에서 생산되는 목화는 터키 전체 목화 생산량의 약 2/3에 이른다. 하타이 지방에서 다량으로 생산되는 담뱃잎도 지중해 지역의 중요 농산물이다. 지중해변을 따라 재배되는 다양한 과일이 경제적으로 지역민들에게 커다란 혜택을 주고 있다. 이 지역의 감귤과 오렌지는 터키 전체에서 생산되는 감귤과 오렌지의 4/5를 넘을 정도로 풍부하다. 지중해변에 인접한 도시에서는 가로수로 오렌지 나무를 심기도 해 겨울에는 대로변에서 오렌지가 달린 모습을 볼 수 있다.

추쿠로바(Çukurova)는 이 지역의 중요한 산업지대인 동시에 터키에서 최근에 경제적으로 빠르게 발전하는 지역이다. 아다나 지역에는 섬유공업을 비롯해 다양한 산업이 있으며 메르신에는 석유정유공장, 이스켄데른에 비료공장과 제철공장 등이 있어서 지역 경제발전에 기여하고 있다.

안탈야를 비롯해 지중해변에 걸쳐 역사 유적지가 산재해 있어 지중해 지역뿐 아니라 터키 전체의 관광산업 발전에 차지하는 비중이 매우 크다. 이 지역은 청정 지역으로서 환경을 보호하는 차원에서 휴양시설이 세워져 다른 지중해 국가에서는 볼 수 없는 뛰어난 경관을 가지고 있다. 안탈야 동쪽에 위치한 라라(Lara) 해변과 서쪽에 있는 콘야알트(Konyaalti) 해변은 여름에 바닷가를 찾는 관광객들에게는 이상적인 장소로 여겨진다. 안탈야 서쪽에 있는 케메르(Kemer)와 페트히예(Fethiye)는 지중해변에서 뛰어난 경관을 가진 손꼽히는 휴양지이다. 안탈야의 동부 지역은 기원전 2세기에 페르가뭄의 왕인 아탈루스(Attalus)가 세웠던 도시에는 고대 유적이 보존돼 있다. 고대에는 안탈야의 동쪽에 밤필리아(Pamphylia), 서쪽에 리키아(Lycia), 북쪽에는 비시디아(Pisidia) 지역이 있었다.

아다나(Adana)는 지중해 지역에서 가장 큰 도시이자 산업 중심지이며 비옥한 추쿠로바 (Çukurova) 평원에 위치한다. 추쿠로바 평원에서는 목화가 대량 재배되며 이 곳의 참깨와 땅콩도 유명하다. 이 지역은 세이한(Seyhan) 강과 제이한(Ceyhan) 강이 있어서 농업용수가 풍부하게 공급된다.

4) 중부 아나톨리아 지역

중부 아나톨리아는 아나톨리아반도의 중앙부로서 북부와 남부의 산악지대로 둘러싸였고 완만한 구릉지대로 구성되었다. 이 지역은 스텝기후의 특성을 띠며 토질과 식물분포에 있어서 지역 전체에 걸쳐 균일한 특성을 나타낸다. 또한 중부 아나톨리아의 대부분은 해발 1,000m가 넘는 고원이지만 크고 작은 평원이 많으며 그 가운데 앙카라, 에스키세히르, 카이세리평원은 그 규모가 작지만 콘야평원은 동서간의 길이가 200㎞에 달한다. 이 지역의 면적은 약 151,000㎢이며 터키 영토의 19% 정도에 이른다. 중부 아나톨리아의 면적은 동부 아나톨리아 다음으로 크다. 네브세히르, 악사라이, 크륵칼레, 크르세히르 등의 도(道)는 중부 아나톨리아에 속해 있다. 농축산업과 낙농업이 이 지역의 주요 수입원이다. 터키에서 생산되는 전체 곡물의 1/3을 이 지역이 공급한다. 곡물 가운데 밀이 가장 많으며 앙카라와 콘야 도에서 최대로 많이 재배된다. 콩과 감자도 다량으로 생산되며, 특히 이곳에서 터키 전체 감자 생산의 약 1/3을 차지한다. 중부 아나톨리아 지역에는 산업이 크게 발달하지 않았으며 중소규모의 산업 시설이 있는데, 그 이유는 이 지역이 항구로부터 멀리 떨어져 있어 생산물을 수송하는 비용이 많이 들기 때문이다.

앙카라의 아느트카비르(국립묘지)

중부 아나톨리아 중앙에는 터키의 수도 앙카라가 자리를 잡고 있다. 앙카라는 제1차 세계대전 후 아나톨리아 반도를 점령한 연합군에 1919년부터 저항하기 시작하면서 전략적으로 만들어진 도시이다. 앙카라를 수도로 정한 무스타파 케말 파샤는 터키국민의회를 조직하고 점령군에 저항하여 열악한 여건에서 독립전쟁을 승리로 이끌었다. 그는 터키 공화국을 세웠고 오스만제국과 달리 세속주의와 개혁주의 정책을 추진하여 국가를 서구화시키려 노력했다. 정부는 앙카라에 1938년에 서거한 케말 아타튀르크를 위해 국립묘소인 아느트카비르(Anitkabir)를 만들었다. 묘소의 건축은 1944년에 시작하여 1953년에 마쳤고 민족학 박물관에 잠정적으로 안치됐던 아타튀르크의 시신이 아느트카비르로 옮겨졌다. 앙카라는 행정, 교육, 문화, 군사 도시로서 터키 정치의 중심지이다.

에스키세히르(Eskisehir)는 교육도시로 알려져 있다. 에스키세히르에 위치한 아나돌루 대학교에는 다양한 대학과 부속전문학교에 터키에서 가장 많은 학생이 등록돼 있어서 에스키세히르가 교육도시로 발전하는데 크게 기여하고 있다. 에스키세히르는 최근에 중부 아나톨리아의 무역과 산업의 중심지로 발돋움하고 있다. 에스키세히르의 동쪽에 있는 사르쾨이(Sarikoy)는 13세기의 유명한 터키 시인인 유누스 엠레(Yunus Emre)의 묘가 있어 관광객의 관심을 끈다. 특히, 그는 시의 주제로 인간애, 사랑, 관용과 화합 등을 선호했다. 매년 유누스 엠레 국제문화축제가 사르쾨이에서 이루어진다. 초룸(Corum) 도의 보아즈쾨이(Bogazkoy)에는 고대 히타이트 수도인 하투사스(Hattusas) 유적지가 있어 고고학 연구자들의 발길이 이어지고 있다.

카이세리(Kayseri) 지역에 위치한 괴레메(Goreme) 국립공원은 매우 특이한 지형을 가지고 있으며 화산 폭발로 인해 석회석(石灰石)으로 덮이어 있다. 카파도키아라고 불리는 이 지역은 사화산인 에레이예스 산(3,917m, 아르가이우스 산) 기슭 밑으로 펼쳐진 해발 1,043m의 평탄한 고지에 자리잡고 있다. 앙카라에서 남동쪽으로 265㎞ 떨어져 있는 이 지역은 1402년 오스만 국가의 바예지트 1세가 티무르에게 패한 뒤, 카라마니드 투르크멘족에게 합병되었다가 1515년에 오스만제국의 술탄인 셀림 1세에게 다시 점령되었다. 이곳은 로마와 비잔틴 시대에 초기 기독교인들의 신앙생활을 위한 장소로 이용되었다. 이곳에 지하도시를 만들어 은신하기도 하며 수도원과 교회가 세워졌다.

콘야는 11세기 셀주크 터키의 수도였으며 현재는 중요한 내륙도시 중 하나이다. 지중해로부터 약 250km 흑해로부터는 500km, 수도인 앙카라에서는 남쪽으로 250km가 떨어진 내륙 깊숙이 위치한 도시로 해발고도가 1,000m에 달해 콘야는 고원도시의 성격을 가지고 있다. 콘야의 경제적인 기초는 카펫과 가죽의 생산이다. 그 외에는 광물산업 정도가 있다. 콘야는 11세기 셀주크터키의 수도로 정해진 이후 크게 번성하였다. 이때 많은 학자들과 예술가들이 콘야로 몰려들었는데 지금 남아있는 많은 역사 유적들은 그 시대에 만들어진 것이다. 메블라나 박물관은 그중 가장 유명한 곳이며, 이 때문에 콘야는 종교적인 도시로도 알려져 있다. 메블라나 교단은 철학자이자 시인이었던 메블라나 루우미(Mevelana Jelaleddin Rumi : 1207~1273)가 13세기에 창시한 이슬람 수피교단의 한 교파이다. 지금도 푸른 원추형의 탑이 아름다운 메블라나 박물관은 메블라나 루우미가 교파를 세운 뒤부터 1923년까지 메블라나 교단의 사원으로 사용되었다.

5) 흑해 지역

흑해 지역의 면적은 약 141,000㎢이며 터키 영토의 18% 정도에 이른다. 이 지역은 흑해와 인접해서 뻗어 있고 서쪽의 사카리야(Sakarya)의 아다파자르 평원에서 시작하여 동쪽으로 그루지야 경계선까지를 포함한다. 흑해는 해안의 굴곡이 완만하며 해안을 따라 산맥이 평행으로 뻗어 있다. 해안선의 길이는 1,695km이다. 아르트빈(Artvin), 리제, 트라브존, 귀미쉬하네, 바이브르트, 기레순, 오르드, 삼순, 시놉, 카스타모누, 종굴닥, 볼루, 뒤즈제 등의 도가 흑해 지역에 속한다. 초룸(Corum) 도(道)의 반 정도가 흑해 지역에, 나머지 반은 중부 아나톨리아 지역에 속한다. 북부 해안지대의 흑해지역은 대체로 울퉁불퉁하며 평탄하지 않은 지형으로 이루어진 구릉지대의 전형이다. 흑해 동부의 산악지대는 해안에 근접하고 비교적 고도가 높으며 반면에 서부의 산맥은 낮은 편이다. 흑해 지역의 중앙부는 서부와 동부에 비해 평탄한 편이며 이곳을 통하여 크즐 으르막(강)과 예실 으르막이 흑해로 유입된다. 흑해를 따라 평행으로 뻗어 있는 도우카라데니즈 산맥의 높이는 동쪽의 리제(Rize)에서 3,000m에 이르며 카츠카르(Kaçkar)산의 정상은 3,932m이다.

헤이즐넛 수확

이 지역에서는 옥수수가 밀보다

많이 재배되며, 터키의 전체 옥수수 생산량의 1/3 이상을 거두어들인다. 보리와 쌀이 이 지역의 주요 농산물이지만 그보다도 흑해 지역에서 유일하게 생산되는 찻잎은 지역 경제에 크게 기여한다. 개암나무 열매(헤이즐넛)도 이 지역의 중요한 농산물로서 특히 흑해의 동부 지역에서 다량으로 생산된다. 흑해 지역의 주요 산업 시설로는 카라뷕(Karabuk)과 에레으리(Eregli)의 제철공장과 무르굴(Murgul) 구리공장을 들 수 있다. 그밖에도 찻잎생산 시설, 어분(魚粉) 제조시설, 담뱃잎 공장 등을 여러 곳에서 볼 수 있다.

흑해 지역의 서쪽에 위치한 볼루(Bolu)는 우거진 숲과 맑은 호수, 냇물 등으로 유명하다. 따라서 볼루 지역에서는 임업과 축산업이 발달하였다. 이곳에서는 터키에서 볼 수 있는 7,000종에 가까운 식물의 반 이상이 자라고 있다. 볼루 남서쪽 32km에 있는 아반트(Abant) 호수는 해발 1,325m의 높이에 위치하고 맑은 물과 소나무 숲 사이에 있어서 대표적인 청정지역이다. 또한 카라자수(Karacasu) 온천은 오스만제국 시대부터 피부병 치료 효과가 높은 것으로 알려져 있다. 종굴닥에서는 석탄을 생산하는 광산이 있고 에레으리에는 대형 제철공장이 가동중에 있다. 에레으리 동쪽에 제헨넴아으즈(지옥의 입)로 불리는 동굴이 있으며, 로마 신화에 따르면 이곳에서 헤라클레스가 머리 셋에 뱀꼬리를 가지고 지옥을 지키는 개 케르베로스(Cerberus)를 죽였다고 전해진다. 시놉(Sinop) 지역에서는 일년 내내 생활하기에 적당한 기온이 유지되고 강수량이 풍부해 다양한 식물과 나무가 자라서 삼림이 우거져 많은 목재가 생산된다.

흑해 지역 중부에 위치한 아마시아(Amasya)는 터키 독립전쟁사에서 중요한 의미를 갖는다. 케말 파샤는 독립군 조직을 결성하기 위해서 1919년 5월 19일 흑해 지역 중부에 있는 삼순에 상륙했고 6월 19일에는 아마시아로 이동했다. 이곳에서 독립전쟁을 위한 구체적인 계획이 마련됐으며 조직적인 범국민적 투쟁을 전개할 의도로 군과 민간의 유력자들에게 보낼 회보를 만들었다. 이 회보를 통해 케말 파샤는 오직 민족의 의지와 결의만이 국가의 독립을 지킬 수 있다고 선언했다. 터키의 독립전쟁은 아마시아 회보를 시작으로 조직적으로 전개될 수 있었다.

6) 동부 아나톨리아 지역

동부 아나톨리아 지역의 면적이 약 163,000㎢이며 터키 영토의 21% 정도에 이르고 지역별 면적으로 볼 때 가장 크다. 이 지역은 중부 아나톨리아 지역의 동편에 인접해 있고 북으로 흑해 지역, 남으로는 남동부 아나톨리아 지역과도 인접해 있다. 동부 아나톨리아 지역은 그루지아, 아르메니아, 이란, 이라크 국경과 접해 있다. 이 지역의 해발고도가 가장 높으며 평균 해발고도가 약 2,000m로 알려져 있다. 아라랏 산으로 알려져서 유명해진 아으르(Agri) 산의 정상은 5,137m이고 질로(Cilo) 산의 레쉬코 봉(峯)은 4,135m로 거대한 산들이 이 지역에 위치한다. 이 지역의 해발 고도가 높고 산악지대로 인해 바다와 차단된 내륙에 있어서 연평균 기온이 타 지역에 낮으며 겨울에는 눈이 많이 내린다. 카르스(Kars)와 에르주름(Erzurum) 도에는 눈이 내리면 약 3개월 동안 거의 녹지 않는다.

이 지역에는 축산업과 농업이 주요 소득원이며, 제조업은 매우 빈약하다. 제조업이 발달하지 못하는 이유는 고도가 높아 지리적 접근이 용이하지 않아 수송비가 많이 들기 때문이다. 이 지역에서는 축산업이 발달돼 터키 전체 축산물의 1/4 가량을 이 지역이 공급한다. 동부 아나톨리아 지역에서 경작할 수 있는 면적은 전체 면적의 약 1/10에 불과하다. 제한된 경작지에서는 주로 곡물류가 생산되며 이 지역의 중요 농작물은 밀과 보리다. 목화, 담뱃잎이나 사탕무 등과 같은 산업 원료용 식물의 재배도 이루어져 이와 관련된 제조공장들이 있다. 과실나무는 에르진잔, 말라티아, 엘라지으 같은 저지대에서 재배되고 반(Van) 호수 주변 지대에서도 많이 볼 수 있다. 다수의 수력발전 시설들이 있어서 터키에 필요한 전기를 생산하고 있다.

에르주룸(Erzurum)은 동부 아나톨리아 지역에서 가장 큰 도시다. 해

아라랏 산

발 1,950m에 자리 잡고 있으며 아나톨리아에서 이란으로 연결되는 대상(隊商) 교역로에 위치했기 때문에 예로부터 중요한 상업·군사 중심지였으며, 지금은 앙카라와 이란을 잇는 철도와 항공의 주요 연결점 역할을 하고 있다. 이 도시는 아타튀르크 대학교가 있으므로 동부 아나톨리아 지역의 교육과 문화의 중심지 역할을 맡고 있다. 에르주룸에는 역사가 오래된 모스크들이 다수 있으며 12세기에 지어진 그랜드 모스크와 16세기의 라라 무스타파 파샤 모스크가 그 대표적인 예라고 할 수 있다. 16세기 술탄 술레이만 통치기의 재상이었던 뤼스템(Rustem) 파샤 대상 숙박소가 명물로 알려져 있다.

카르스(Kars)는 아르메니아와의 국경에서 가까운 해발 1,750m의 고원에 자리 잡고 있으며, 서쪽으로 카르스 강이 흐른다. 북쪽의 구시가지와 남쪽의 신시가지가 카르스 강 양쪽에 나누어져 있으며, 이 두 구역은 대셀주크제국 시대에 세워진 오래된 다리로 연결되어 있다. 신시가지는 1878년 이후 건설되기 시작했으며 구시가지에 비해 넓은 도로가 서로 수직으로 가로지르고 있다. 세 차례에 걸쳐 카르스는 1828, 1855, 1877년에 러시아에 함락되었다. 1877~78년 러시아에 병합되었으나 1918년에 다시 터키로 반환되었다. 역사적인 건축물로는 아르메니아 교회였다가 모스크로 바뀌었고, 지금은 박물관으로 쓰이는 컴베트 모스크와 오스만제국 시대의 목욕탕이 있다. 이곳은 가축 거래 중심지이며, 치즈로도 유명하며 중요한 군사기지로서 철도와 도로로 터키의 주요도시들이 연결되어 있다.

7) 남동부 아나톨리아 지역

남동부 아나톨리아 지역의 면적이 약 75,000㎢이며 터키 영토의 9.7% 정도에 이른다. 이 지역은 동부 아나톨리아, 지중해 지역과 접해있고 이라크, 시리아와는 국경선을 두고 있다. 이 지역은 서부와 동부로 구분되며 특징에 있어서도 차이를 드러내는데 서부에는 가지안텝-우르파 평원이 있으며 해발고도는 500~800m 정도로 터키에서는 비교적 낮은 지대에 속한다. 이 평원의 수원(水源)은 유프라테스강과 그 지류이다. 동부는 서부에 비하여 높은 고원이라 할 수 있으며 이라크와 연결되는 접경지대를 포함한다. 이 지역은 대륙성 기후와 지중해성 기후의 영향을 받는다. 여름에 날씨가 덥고 건조하지만 겨울에는 추운 편에 속한다. 최근에는 남동부 아나톨리아 프로젝트(GAP)에 따라 건설된 대규모 댐으로 인해 건조한 날씨가 크게 줄어들고 강수량이 증가했다.

남동부 아나톨리아에서 주민 대부분이 농업에 종사하고 밀과 보리를 가장 많이 생산한다. 여기서 생산되는 밀은 터키 전체 생산량의 1/10을 넘고 터키 렌즈콩(영 : Lentil) 의 반 이상이 이곳에서 생산된다. 대규모 댐 건설로 농업용수가 풍부해졌으므로 목화 생산이 크게 증가했고 주민의 소득도 그에 따라 늘어났다. 담뱃잎 생산도 이 지역 경제발전에 기여하며 아드야만, 시리트와 디야르바크르 도 등에서 다량 재배된다. 이 지역에는 비교적 제조업도 활발하게 전개된다. 라만(Raman), 가르잔(Garzan), 카흐타(Kahta)에서는 원유가 생산되고 바트만(Batman) 정유공장으로 옮겨져 정제된다. 가지안텝은 남동부 아나톨리아 지역에서

하란 마을

가장 중요한 산업도시이며 섬유, 기계, 식품 공업이 발달됐다. 디야르바크르, 마르딘, 샨르우르파 등에서도 시멘트, 식품, 농기계 산업에 투자가 증가하고 있다.

샨르우르파는 9000년의 역사를 가진 박물관 도시라고 할 수 있다. 유태교, 기독교, 이슬람교에서 믿음의 선조로 인정하는 아브라함이 이곳에서 태어났다. 이 때문에 샨르우르파에서는 관광업이 크게 활성화되고 있다. 특히, 샨르우르파 인근에 있는 하란은 구약성서 창세기에 언급돼 있어서 중요한 종교 유적지로 알려져 있다. 디야르바크르는 유프라테스(Euphrates) 강 근처에 있는 도시로서 구도시와 신도시로 구분된다. 구도시는 약 5km 길이의 디야르바크르 성벽 안쪽에 위치하고 신도시는 성벽 밖에 조성되었다. 이 성벽은 로마 황제 콘스탄티누스에 의해 건설됐는데 그 후 오스만제국은 성벽을 더욱 확장하였다.

3. 기후

터키는 전체적으로 기후조건이 온화한 지대에 위치하고 있지만 지형의 다양한 특성, 특히 해안과 평행으로 뻗은 산맥의 존재로 인해 지역마다 심한 기후의 차이를 나타낸다. 대체로 해안지방의 기후는 온화하지만 아나톨리아 내륙 고원의 기온은 여름에는 덥고 겨울에는 매우 추우며, 강수량도 적은 편이다.

터키의 지중해 지역의 기후는 일반적인 지중해성 기후와 비슷하지만 여름에는 무덥고 건조하며 겨울에는 온난다습하며 비가 내린다. 에게해와 마르마라해 남부는 지중해의 기후와 커다란 차이가 없으나 마르마라해 북쪽으로 접근할수록 기온이 약간 떨어지고 흑해 기후의 특성이 나타난다. 흑해 연안에서는 온화한 해양성 기후가 뚜렷이 느껴지며 기온의 월교차가 거의 없다. 아나톨리아 내륙지방은 전형적인 고원지대의 기후가 지배적이고 여름에는 고온건조하며 거의 비가 내리지 않는 반면 겨울에는 눈이 많이 내려 한랭다습하다.

터키는 여름에 건조한 기류의 영향을 받아 아열대성 기온지대에 속하게 된다. 이러한 기류는 아나톨리아 고원을 통과하여 중부 아나톨리아까지 접근하기도 하나 주로 에게해와 마르마라해에 현저하게 나타난다. 겨울에는 시베리아의 한랭한 고기압이 동부와 중부 아나톨리아까지 미치며 기류의 변화가 심하고 기후조건도 수시로 바뀐다. 해안의 온화한 기류와 대륙의 한랭한 기류가 충돌하여 아나톨리아 내륙지방에는 눈이 많이 내린다.

연간 강수량은 지역에 따라 커다란 차이를 보인다. 특히 중부 아나톨리아의 연평균 강수량은 해안지방 강수량의 절반에도 미치지 못한다. 터키에서 강수량이 가장 많은 계절은 겨울이며 중부 아나톨리아에는 대부분 봄에 비가 내리고 지중해, 에게해, 마르마라해 지역에서는 가을에 우기가 시작하여 봄까지 계속되며 흑해 지역에서는 연중 비가 내린다.

	기온, 평균 습도 및 강수량				
	평균 기온 ℃	최고 기온 ℃	최저 기온 ℃	평균 습도 mg	평균 강수량 mm
지중해	16.4	45.1	-25.4	69	706.8
에게해	15.2	48.6	-28.1	69	646.8
흑해	12.6	43.0	-34.0	72	781.0
마르마라해	13.8	43.7	-29.4	73	668.2
동부아나톨리아	9.5	42.0	-43.2	60	559.9
중부아나톨리아	10.9	41.8	-34.4	62	381.7
남동부아나톨리아	16.5	47.6	-24.2	52	575.7

4. 관개(灌漑)

터키 정부는 농산물 생산의 증대, 토양침식의 방지와 전력량 공급의 확대를 위해 1950년대에 들어서서 다목적 댐을 건설하기 시작했다. 그 결과 에게해 지역의 농업용수는 이즈밀 근처의 케메르(Kemer), 데미르 퀘프뤼(Demirkopru)댐에 의해서 공급되며, 지중해 지역의 관개는 아나다 근처의 세이한(Seyhan)강의 세이한 댐으로부터 이루어지는데 이곳으로부터 약 157㎢ 정도의 농지가 혜택을 받는다.

1980년대 중반 터키는 매우 획기적이고 야심에 찬 관개사업을 시작하였다. 1985년에 입안된 남동부 아나톨리아 계획(Guneydogu Anadolu Projesi)은 머리글자를 따서 GAP로 불리며 남부 아나톨리아의 우루파와 마르딘 평원의 700,000ha에 농업용수 조달을 주요 목표로 하고 있다. 이 사업으로 농산물 총생산량이 10~15배 증가할 뿐 아니라 연간 22,000Mwh의 에너지가 더 확보됐다. 이 계획이 완성되어 티그리스와 유프라테스강 또한 그 지류에 21개의 댐과 17개의 수력발전소의 건설 그리고 지역 환경의 개선이 이루어졌고 완성된 댐과 발전소는 지역민의 수익 증가에도 크게 기여하였다. 댐이 완성됨으로써 이 지역의 강수량이 증가했으며 수목의 성장이 촉진되는 것으로 나타났다.

케반 댐

이와 같이 거대한 대사업이 터키 경제와 산업 발전에 활력소로 작용하였지만 티그리스강과 유프라테스강 그리고 그 지류에 21개의 댐을 건설하고 시리아와 이라크로 유입되는

물을 차단하여 저장하므로 이 두 인접국가에게는 커다란 부담을 주게 되는 셈이다. 첫째, 비가 많이 내리지 않는 시리아 북부와 이라크 북서부에 물 부족 현상이 대두되었고, 둘째, 저장된 방대한 양의 물이 동시에 방류된다면 두 인접 국가에게 가공할 만한 군사적 무기로 사용될 수 있을 것이다. 따라서 터키에게는 유익한 남동부 아나톨리아의 관개사업이 두 인접국가에게 위협을 느끼게 하여 외교상의 문제가 될 소지를 주고 있다. 그러나 이러한 우려에 대해 터키정부는 이 관개사업이 단순히 경제와 산업을 발전시키기 위한 경제적 조치라고 밝히고 있다. 하지만, 인접국인 시리아와 이라크는 외교 채널을 통해서 댐의 군사무기화를 방지하려는 노력을 보이고 있다.

II

역사

II 역사

1. 돌궐

돌궐족은 터키역사에 있어서 특별한 위치를 차지하는데 국가명칭으로 "투르크(Turk)"라는[2] 이름을 최초로 사용하였기 때문이다. 돌궐은 552년 연연 제국을 제압하고 스텝의 새로운 강국으로 부상하였다. 중국 연대기에 따르면 그들의 토템은 늑대였다. 그들은 주로 유목하며 생활했고 6세기 초에는 알타이 지역에서 야금(대장장이)에 종사하며 살았던 것으로 추측된다. 점차 돌궐의 세력권은 요동반도와 바이칼호수 지역까지 확대되었다. 돌궐을 건국했던 부민(Bumin)은 유목민족의 일반적인 관습대로 통치지역을 자식과 친척들에게 분할하였다. 그는 아들 무칸(Mukan)에게 국가의 정치적 중심지인 동부 스텝을, 자신의 동생인 이스테미(Istemi)에게는 서부 스텝을 각각 할당하였다. 현명했던 것으로 알려져 있는 이스테미는 돌궐국이 아시아의 교차로에 있다는 점을 이용하여 비잔티움으로 연결되는 비단교역을 활성화하기를 원했다. 이를 위해 소그드인 마니악(Maniakh)을 페르시아의 호스로우 아누시르반에게 보냈지만, 비단교역의 독점권을 유지하려는 페르시아는 이스테미의 요구

2) 투르크(Türk)는 터키어로 '터키 민족'을 뜻하며 터키(Turkey)는 국가명칭인 '투르키예(Türkiye)'의 영어식 표현이다. 이 글에서는 대체로 현재 우리나라에서 표준으로 사용하는 '터키'를 주로 사용하며 특별히 민족을 표현하고자 할 경우에는 '투르크'로 표현했다.

를 거절했다. 이스테미는 비잔티움과의 직접적인 교역을 추진하기 위해 567년 다시 마니악을 볼가 강 하류와 코카서스를 거쳐 콘스탄티노플에로 보냈다. 유스티아누스 2세는 투르크 사절의 제안에 흥미를 느꼈으며 따라서 568년 마니악이 귀국할 때 비잔티움 사절 제마르코스(Zemarchos)를 동행시켰다. 이때부터 서돌궐과 비잔티움은 사산조(A.D. 226~651) 페르시아에 대항해 긴밀한 관계를 유지하였다. 중국 수(隋) 왕조가 3세기 이상의 분열을 종식시키고 통일을 이루었던 589년에는 중앙아시아는 동돌궐과 서돌궐로 나뉘어 있었다. 동돌궐은 만주 변경에서 만리장성 북쪽을 거쳐 알타이 산맥까지를 포함했으며 서돌궐의 세력권은 알타이 산맥 서쪽부터 아랄해와 페르시아 국경지대까지 펼쳐져 있었다.[3)]

중국의 한 시가는 돌궐의 신체적 특징을 이렇게 묘사했다.

> "그들은 머리를 길게 늘어뜨리고 펠트로 된 천막에 거주한다. 물과 풀을 찾을 수 있는 곳을 따라서 야영지를 옮기면서 산다. 그들의 생업은 목축과 사냥이다. 노인을 존중하지 않고 혈기가 왕성할 때 우대를 받는다. 염치와 예의를 모르고, 이런 점에서 옛 흉노와 비슷하다. 관리들은 28등급으로 나누어지고 모두가 세습된다. 무기로는 활, 화살, 흉갑, 창, 칼 등이 있다. 독(纛 : 깃발)에는 황금으로 된 암컷 늑대 머리 모양의 장식이 있다.…사람이 죽으면 자손이나 친족들이 양이나 말을 잡아 그의 천막 앞에

고대 투르크 인의 사냥하는 모습

3) 르네 그루쎄, 유라시아 유목제국사, 김호동 외 옮김, 사계절, 1991, p. 144

그에게 제물을 바치듯이 놓아둔다. 그들은 말을 타고 애도하는 울음소리를 내면서 그 천막 주위를 일곱 바퀴 돈 다음에 천막 앞에 와서는 얼굴을 칼로 그어서 피가 눈물과 함께 흐르게 한다.… 칸의 천막에 있는 문을 동쪽을 향해 여는 것은 해가 떠오르는 방향인 하늘에 대한 경의 때문이다. 그들은 악령과 정령을 숭배하고 무당을 믿는다. 전투에서 죽는 것이 그들에게는 영광이고, 병에 걸려 죽는 것을 부끄럽게 생각하였다."[4)]

씨족연합 내지 부족연합으로 이루어진 돌궐국가는 지도적 위치에 있는 부족을 중심으로 연합체를 이루고 있었다. 연합체를 이루고 있던 씨족과 부족이 어떤 이유로 인해 이탈하거나 지도적인 부족의 힘이 약해졌을 때 해체되는 위기에 놓이게 된다. 내적 갈등이나 외부의 분열 시도가 연합체 해체의 가장 큰 이유 가운데 하나였다. 유목민인 투르크인들은 자유자재한 생활을 하고, 더 좋은 목초지를 얻기 위해 단독 가족으로 계속해서 분화와 분지(分支)되어 나와서 대가족으로 변화했으며 점차 씨족과 대씨족으로 커져 확산되었다. 예를 들어, 어느 씨족의 구성원이 진취적인 동시에 힘이 강하며 지도력이 뛰어나다면 분화하려는 시도를 하게 된다. 때로는, 습격과 침략을 잘하는 용사들이 분화할 경우에, 다른 씨족의 용사들도 분화하려는 무리에 귀부(歸附)하기를 원했다. 유능한 전사는 자신의 세력권을 확보하려고 노력하며, 약한 집단은 이에 맞서서 반항한다. 그러나 약한 집단은 유능한 전사에게 압박을 받아 그들의 세력권으로 흡수되어 맹우(盟友) 또는 친병(親兵)으로 봉사하는 자유인의 지위를 얻을 수 있었다. 당시에는 약한 집단이었지만 이들도 적당한 시기에 기회를 포착하여 분지될 수 있었다. 능력을 인정받으면 약한 집단을 위협 또는 회유하거나 이권으로 유인하는 방법을 통해 다른 영주 씨족의 구성원이나 전 분지를 자기편으로 흡수해서 방대한 결합체를 형성할 수 있었다. 이들 씨족의 수령의 자격은 혈통상 나이에 따라 주어지는 것이 아니라 능력, 공격력과 기지에 의해 얻게 되었다. 권력은 주어

4) 르네 구르쎄, 위의 책, p. 148

지는 것이 아니라 힘으로 획득하는 전통이 유목민의 특징이라고 할 수 있으며, 이것은 오스만제국 건립기에 왕위를 계승하려는 과정에서도 나타났다. 돌궐의 모든 칸들은 유목집단들의 일파가 이탈하여 다른 지역으로 이동할 가능성을 생각하고 염려했다. 빌게 칸(716~734)은 돌궐 제1제국(552~658)이 멸망한 이유를 중국인들이 돌궐의 백성과 스텝의 귀족(벡 : Beg)들로 하여금 칸을 배신하도록 이간시켰기 때문이라고 충고했다. "오, 투르크인들이여. 만약 너희들이 칸과 벡 그리고 고향에서 떠나지 않는다면, …… 너희는 행복하게 살 수 있을 것이며, 자기 집에서 아무런 걱정 없이 살 수 있을 것이다."[5)]

당나라는 이미 동서로 나뉘어져 있던 돌궐 국가내의 알력을 이용하여 돌궐의 전체 세력을 약화시켰다. 당은 돌궐을 공격할 수 있는 기회를 엿보며 군사적 우위를 확신할 때까지 기다리는 전략을 사용했다. 동돌궐의 힐리(頡利 : 621~630) 칸의 재위 초기에는 신생 당조에 비해 정치, 군사적으로 우위를 차지했었다. 그러나 힐리 칸의 재위 말기에 스텝 귀족들이 힐리에 대항해 반란을 일으켰다. 그는 중국 공주의 정치적 영향을 받아 현실에 안주하고 무계획적인 생활을 한 것으로 알려져 있다.[6)] 동돌궐의 마지막 칸이었던 힐리 칸은 외교의 실패, 혹한과 폭설과 같은 자연 재해와 유목민의 이탈 등으로 부족간의 결속력이 크게 약화되었다. 게다가 재원을 마련하기 위해 부족민들에게 무거운 세금을 부과하자 생

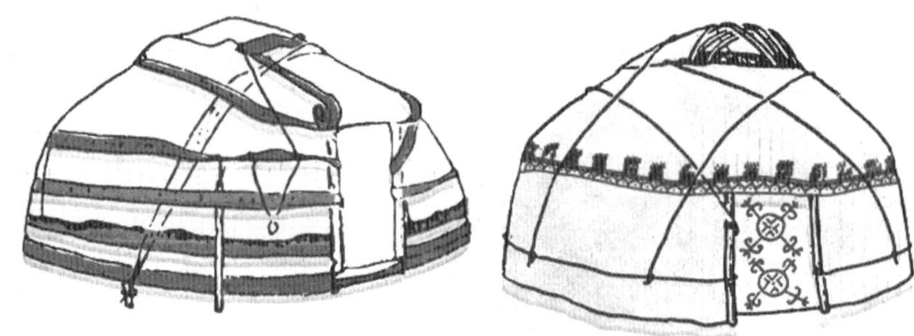

투르크 인의
유르트(이동천막)

5) 하자노프, 유목사회의 구조, 김호동 옮김, 지식산업사, 1990, p. 341.

활이 어려워져 부족민 사이에 갈등이 커졌고 마침내 반란이 발생했던 것이다.[7] 특히, 타르두스, 바이루크, 위구르족들의 반란이 계속됐으며 무엇보다도 타르두스족 사령관 이남(夷南)의 반란이 돌궐에 치명적이었다. 629년 스텝에서는 돌궐과 복속민 사이에 심각한 갈등이 있었다. 당(唐)태종은 기회를 포착하여 이정(李靖) 장군을 앞세워 630년 출병하여 동돌궐을 공략하였고 힐리 칸을 생포하여 장안으로 압송하였다.

658년 제1돌궐의 해체 이후 682년 쿠트룩 엘테리스에 의해서 돌궐이 재건되지만 티베트와 아랍의 도전을 받아야 했다. 투르크인들의 재통합을 시도했던 빌게 카간은 몽골리아를 통치했다(716~734). 그는 과거에 중국의 풍습이 동돌궐에 끼친 나쁜 영향을 교훈으로 삼고자 했다. 북주(北周 : 557~581)나 수(隋)나라와 같은 중국 왕조들은 금, 은, 비단 등의 선물을 주고 감언이설로 투르크 부족민들을 속이고 심지어 이것이 투르크 부족민들을 죽게 만들었다고 빌게 카간은 경고했다.[8]

타쉬켄트의 투르크 왕 투툰은 당조(唐朝 : 618~907)에 충성을 맹세한 것으로 알려져 있다. 그러나 750년 쿠차의 절도사였던 고선지는 변경 방

부족집단의 천막

6) 이희수, 터키사, 대학교과서, 1993, p. 82
7) 하자노프, 위의 책, p. 341.
8) 르네 그루쎄, 위의 책, p.180

어의무에 소홀하다는 이유로 투툰을 징계하려 했다. 고선지는 타쉬켄트에서 투툰의 목을 베었고 그의 재산을 몰수했다. 고선지의 행동은 서역에서 반발을 초래하였다. 투툰의 아들은, 오늘날 카자흐스탄에 있는 발하쉬 호의 동단에서부터 이르티쉬에 이르는 지역의 카를룩 투르크인들에게 지원을 청했던 한편, 소그디아나에 있던 아랍 주둔군에게도 도움을 요청했다. 그 직전에 부하라에서 일어난 반란을 진압했던 아랍의 장군 지야드 이븐 살리흐(Ziyad ibn Salih)가 남쪽으로부터 지원했으며 카를룩 군대도 합세했다. 751년 7월 고선지는 탈라스 강가 즉 현재 잠불 근처에서 아랍 아바시야조와 투르크 연합과의 전쟁에서 패배했던 것이다. 일설에 따르면, 이븐 살리흐는 수 천명의 중국인 포로를 사마르칸드로 데리고 갔다.[9)] 그 결과 탈라스 이서(以西) 지역과 트랜스옥시아나(옥서스 강 동편)에서 중국의 영향은 그치고 아바시야조는 이 지역을 지배할 수 있었다. 이때부터 서돌궐은 이슬람의 영향권으로 흡수되고 동돌궐에 속했던 부족민들은 스텝전통을 유지하며 불교를 믿다가 나중에 몽골과 합류하였다.

2. 대 셀주크제국(1040~1194)

돌궐의 해체 이후 터키부족들은 이슬람권과 접촉하게 되었다. 8세기에 이르러 중국 당나라에 의해 붕괴되기 시작하자 서쪽으로 이동하여 오늘날 카자흐스탄 남부 츄 강(江) 동부 지역에서 카를룩(Karluk) 부족을 중심으로 부족연맹체가 구성되었다. 카를룩 부족은 751년에 무슬림 아랍인들과 연합하여 탈라스 전투에서 당나라군을 격퇴시킨 뒤 이 지역에 정착하였다. 이슬람 문화와 접촉하게 된 카를룩은 차후 이슬람 투르크 국가를 건설하는 데 중요한 역할을 맡았다.

일부 터키족이 이슬람국가인 아바시야조(750~1258)의 용병으로 대 비

9) 르네 그루쎄, 위의 책, p. 192

잔틴제국 전투에 참가하기도 하였다. 그 후 셀주크부족은 투우룰 베이와 차으르 베이를 필두로 트랜스옥시아나(아무다리아 강 동편)를 출발하여 서진한 뒤 이란에서 투르크 이슬람 국가인 가즈나조(Gazneli : 997~1187) 군대를 단다나칸 지역에의 전투에서 1040년 5월 제압하고 국가를 건립할 수 있었다. 셀주크조의 건립 이후 트랜스옥시아나에서 이란 지역으로의 터키족의 이동은 커다란 장애 없이 이루어져 1043년에는 이란 지역이 셀주크군에 의해 정복되었다. 대 셀주크조는 이슬람권을 재통일하여 쇠퇴해 가던 이슬람 세계에 활력을 주었고, 유럽 사회를 위협하여 십자군 전쟁이 일어나게 하는 세력으로 성장하였다.

이슬람을 받아들인 터키족은 무슬림 아랍국가들을 침입하기보다는 이교도 비잔틴제국을 공략하였다. 마침내 1071년에는 대 셀주크제국의 술탄 알프아슬란(Alparslan)은 비잔틴제국의 접경까지 진출하였고 말라즈기르트(Malazrirt)에서 비잔틴제국의 황제인 디오게네스(Diogenes : 1068~1071)의 지휘를 받는 군대를 격퇴시켰다. 그리하여 터키족은 소아시아로 대거 이동할 수 있는 계기를 마련하였고 소아시아의 터키(투르크)화 과정이 시작되었다. 셀주크의 말라즈기르트 승리는, 오늘날 터키인들이 터키 공화국의 핵심 지역을 차지하는 계기를 마련했으므로 터키 역사에 있어서 커다란 의미를 지닌다. 또한 대 셀주크제국은 알프아슬란을 계승한 메릭샤흐(MelikShak)의 재위기에 중동 지역 전체를 석권하였다.

대 셀주크 제국의 말라즈기르트 승리는 터키족의 소아시아로 광범위한 이동과 소아시아 셀주크국가 건립의 발판을 마련했으며, 소아시아 셀주크국가의 건립은 이 지역의 터키(투르크)화를 가능하게 만들었다. 말라즈기르트 전쟁은 비잔틴제국과 셀주크제국 양 국가의 성쇠를 결정하는 운명적 일전이었다. 투르크족의 승리 이후 비잔틴제국의 방어선이 붕괴됐으므로 민족이동이 용이하게 전개될 수 있었다.

말라즈기르트 동편에서 진지를 구축했던 알프아슬란은 비잔틴군대와 비교하여 자국 군대의 수적 열세를 고려하여 사신을 보내 협상을 시도했다. 그러나 자신감에 찬 디오게네스는 이 제의를 거절했다. 급박한 상황에 직면하게 된 알프아슬란은 즉각적으로 전투에 돌입하였고 매복과 후퇴작전으로 상대방을 유인, 교란시켜 추격에 여념이 없는 적군을 기습 공격하여 승리를 거두었다. 알프아슬란은 전투 중에 포로로 잡힌 디오게네스와 여타 군 지휘관들을 전쟁배상금의 지급약정을 받고 귀환시켰으나 디오게네스는 돌아가서 폐위됐을 뿐 아니라 유폐되어 1072년에 사망하였다. 비잔틴 군대의 패배는 비잔틴제국에 막대한 경제적 손실을 끼쳤다. 비잔틴 황제는 군사 재정을 과다하게 마련하여 군비증강에 지출했었으며 이에 비례하여 패배에 따른 경제적 타격 또한 극심하였다. 당시 비잔틴제국의 출정병력이 20만명 이상이었다는 기록에서 군비 지출의 규모를 가늠할 수 있다. 또한 소아시아는 비잔틴제국의 통치지역 가운데 경제적으로 부유할 뿐 아니라 병력의 충원지였기 때문에 패전에 따른 충격이 가중되었다. 반면에, 대 셀주크제국의 승리가 우선적으로 터키족의 사기를 진작시켰음은 물론 터키족의 이동 형태를 획기적으로 변화시켰다. 알프아슬란의 재위 초기의 침략은 탐색적 공격 혹은 약탈전의 범주를 벗어나지 못했다. 그러나 승리 이후에는 터키족들이 단순히 약탈자로서가 아니라 정착을 목적으로 가축과 함께 이주자로서 동부 아나톨리아로 이동할 수 있었다. 특히 중앙아시아에서 호라산과 아제르바이잔 지역으로 과잉 유입하여 대 셀주크제국 민생안정에 부정적 요소였던 유목민들을 국가정책에 따라 서쪽에 위치한 동부 아나톨리아로 이주시켰으며 그 일부는 국가 공직에 기용하여 내부 불안을 해소시켜 나갔다. 이주 정책에 따라 투르크족들은 족장과 두령을 중심으로 서쪽으로 이동하였다.

3. 소아시아 셀주크국가(1075~1318)

이란 지역에서 건립된 셀주크 터키왕조는 일반적으로 대 셀주크제국으로 알려졌고, 반면 소아시아 또는 아나톨리아 반도로 불리우는 이 지역에서는 셀주크부족의 혈통을 이어받은 술레이만 샤(Suleyman Shah :

1075~1086)에 의해 독립적인 국가가 건립되어 소아시아 셀주크국가로 불리고 있다. 소아시아 셀주크국가는 비잔틴제국 영토의 일부를 점령하여 서부 아나톨리아까지 영역을 확대하였다. 그러나 11세기 말에 처음으로 결성된 십자군은 신생 소아시아 셀주크 국가에게 심각한 위협을 안겨다 주었다. 술레이만 샤가 이즈닉(니케아)에서 국가의 기틀을 마련하고 주변 지역으로 확대해 가려고 시도할 때 아나톨리아에는 다수의 터키계와 아르메니아 공국들이 난립하고 있었다. 술레이만 샤는 비잔틴과 가능한 한 우호관계를 유지하며 아나톨리아 동부의 아르메니아 공국을 주로 공격했다. 술레이만 샤의 아들 클르츠 아슬란 1세는 상황에 따라 주변 공국들과 연대하여 우선적으로 위협적인 공국들을 분쇄하는데 역점을 두었다. 그러나 1097년 5월 십자군과의 접전에서 열세에 놓인 클르츠 아슬란은 이즈닉 지역을 떠나 아나톨리아 중앙부에 위치한 코냐를 수도로 삼고 군사력을 재정비하였다.

제1차 십자군 원정(1096~1099)과 제2차 십자군 원정(1147~1149)에 맞서 싸운 소아시아 셀주크국가는 군사력을 소모하여 위축되는 듯하였다. 그러나 12세기 후반에 즉위한 술탄 클르츠 아슬란 2세(Kilic Arslan : 1155~1192)는 전열을 가다듬어 1176년 미리오케파론(Myriocephalon)에서[10] 비잔틴제국의 군대를 격퇴하는데 성공을 거두었다. 아슬란 2세가 즉위했을 때 비잔틴제국은 마누엘 콤멘누스(1143~80) 통치하에서 제2차 십자군 원정대의 활동을 이용해 아나톨리아에서 우위를 확보해 갔다. 위기를 타개하려는 아슬란 2세는 1162년 마누엘에게 평화협정을 제의하였고, 이 제의의 수락에 따라 아슬란 2세는 콘스탄티노플에 들어갔다. 콘스탄티노플에서 체결된 협정의 개략은 다음과 같다.[11]

1) 술탄은 비잔틴제국의 적을 공격하는데 필요한 지원군을 파병한다.

10) 미리오케팔론 계곡은 오늘날 이스파르타(Isparta) 북쪽에 위치한 에으리디르(Egridir) 호수를 지나면 나타나는 쿰단르(Kumdanli) 부근이다.

11) 김대성, “터키족의 이동”, 한국외대논문집, 제24집, 1991, p.446.

2) 술탄은 소아시아 셀주크 군대가 점령한 비잔틴의 도시 Sebast(오늘날 Usak 근처의 Sivasli)를 반환한다.
3) 술탄은 마누엘의 동의 없이 타국과 협정을 체결하지 않는다.
4) 술탄은 투르크 유목민들의 비잔틴 내에서의 도발행위를 사전에 방지한다.

이 평화 협정은 양국의 불평등한 관계를 여실히 보여주고 있으며 비잔틴제국의 자존심을 세우기에 충분했다. 아슬란 2세는 굴종외교를 최대한 이용해 급박한 위기상황을 타개하는 시간적 여유를 확보하여 거시적 차원의 대책을 마련해 나갔다. 협정 체결 이후 술탄은 비잔틴제국과의 불화를 피하려고 노력했으며 서부 국경의 평화기를 이용해 자국의 병력을 동쪽으로 집중시켜 소아시아 동부의 적대세력인 다니쉬멘드(Danishmend) 부족과 상대할 수 있는 군사전략상의 이득을 꾀하였다. 1174년 말 마누엘은 술탄에게 점령 도시의 반환을 촉구했다. 이에 대해 술탄은 점령 지역 반환에 동의하는 의사를 전달하였지만 이행을 지연시켰다. 1176년 초 마누엘은 술탄의 행동에 회의감을 품고 실전에 돌입하였다. 1176년 봄 콘스탄티노플을 출발한 마누엘과 그 군대는 데니즐리(Denizli)를 지나 에으리디르(Egirdir) 호수 북쪽에 있는 협곡 미리오케파론에서 셀주크 군대의 매복 작전에 휘말려 예상과는 달리 비잔틴 군대의 패배로 끝나고 말았다. 패전 이후 비잔틴제국은 더 이상 소아시아의 회복을 기대하기 어려웠고 수세에 놓일 수밖에 없었다. 투르크 유목민들은 비잔틴국경 안으로 이동해 갔고 이에 따라 소아시아에서 비잔틴제국의 국경은 점차 서쪽으로 물러났다.

소아시아 셀주크국가는 서쪽으로 진출하는데 크게 성과를 올렸던 반면 동쪽에서 진출해 오는 강력한 몽골 군대의 세력 팽창을 저지하는데 실패하였다. 1220년 몽골군이 콰리즘(996~1220)에 대한 침략을 감행하자 셀주크조의 흑해 교역이 피해를 보게 됐으며, 결국 몽골의 콰리즘 정복은 셀주크조와 몽골의 직접적인 충돌로 연결되었다. 1243년 셀주크

군대가 쾨세다으(Kosedag)[12] 전투에서 서진하는 몽골군대에 패함으로써 소아시아 셀주크 국가는 쇠퇴하게 되었고 17대 술탄 메수드(Mesud)의 사망과 함께 종말을 고하였다.

4. 오스만제국

오스만제국의 역사는 특징상 건립기, 흥륭기, 정체기, 쇠퇴기로 구분되어 다루어진다. 건립기는 오스만의 오스만왕조 건립 시기부터 메흐메트(Mehmet)2세의 콘스탄티노플 점령까지(1299~1453), 흥륭기는 영토확장에 있어서 최고조에 달했던 술탄 술레이만(Suleyman)의 재위기가 끝나는 1566년까지, 정체기는 영토의 확장이 중단된 시기로서 오스만제국이 서구 유럽과의 대결에서 패하여 최초의 영토 할양을 인정하는 카를로위츠(Carlowitz)조약이 체결된 1699년까지, 쇠퇴기는 유럽과의 대결에서 연속적으로 패하는 특징을 띠며 제1차 세계대전에 참전하여 패전국이 되어 연합국에 의해 분할, 점령되는 1918년까지를 각각 한정한다.

1) 13세기 아나톨리아의 개관

(1) 정치적 상황

당시 아나톨리아 지역에는 아나톨리아 셀주크국가, 일한국(Ilkhan, 1256~1334), 비잔틴제국 등의 국가들이 있었다. 13세기 말에는 급변하는 상황 속에서 소아시아(아나톨리아) 셀주크 술탄국은 통일성을 상실했고 그 자리에 분화된 부족국가 규모의 12개 투르크계 공국이 세워졌다. 비잔틴제국도 아나톨리아 중동부 지역의 영토 대부분을 상실하고 크게 위축되었다. 이 국가들 중에 가장 강력한 것은 훌라구 칸이 세운 일한국(Ilkhan)이었다. 아나톨리아 남부 토로스 산맥 기슭까지 펼쳐진 지역에서는, 이집트 지역에 근거지를 가진 맘룩국(國)이 영향력을 미치

12) 시바스(Sivas) 북동부에 위치함.

고 있었다.

13세기 말 이후 나타난 다수의 투르크계 공국들 가운데 오스만 부족국가는 소아시아의 북서쪽에 위치하여 비잔틴제국과 접경하고 있었다. 부족장 오스만은 자국의 영토를 확장시키려는 여타 부족국가들과의 충돌을 피하고 성전원리(聖戰原理)를 따라 비잔틴 지역을 공략해 나갔다.

(2) 인종적 상황

아나톨리아에는 투르크계가 다수를 차지하고 있었다. 이외에 그리스인을 비롯해 몽골계 민족들도 아나톨리아 지역에 일부 이동해 거주하고 있었다. 이들 중 그리스인들의 대부분은 마르마라, 에게해 그리고 흑해 연안에 집중되어 있었다. 몽골인들의 경우 1243년 셀주크군과의 쾨세다으 전투에서 승리 이후 소수가 아나톨리아로 이주해 왔으며 대개가 스텝 지역에 정착하였다.

(3) 문화적 상황

셀주크제국의 1071년 말라즈기르트 승전 이후 중앙아시아에 거주하던 투르크족은 집단적으로 아나톨리아 반도로 이주하기 시작했다. 아나톨리아로 이주한 투르크족은 초기에는 유목생활을 지속하기 위해 고원과 산지에 주로 정착했다. 그러나 점차 시간이 지남에 따라 일부 유목민들이 지역 상황을 파악한 뒤에 농촌 주변 지역으로 접근하여 농사를 익히며 정착생활에 적응해 갔다. 다수의 투르크족이 이동함으로써 소아시아 셀주크국가 시대에 아나톨리아 지역은 점진적으로 투르크화(化)가 진행될 수 있었다. 이들은 정착한 지역에서 종교인들의 지도 하에 이슬람 사원, 신학교와 예배당을 세우고 이곳을 통해 이주생활에 필요한 정보를 교환함과 동시에 결속력과 신앙심을 배가시켰다.

소아시아 지역으로 이동하여 오스만 부족국가를 세운 터키인들의 다수는 순니(sunni) 무슬림들이었다. 압바시야 조(朝) 시대에 들어와 이슬람의 주류인 순니파 선교사들의 활동과 순니를 표방한 이란계 사만 조

(874~999)의 영향으로 투르크멘들은 순니 교리를 받아들였다. 따라서 터키인들이 세운 최초의 이슬람 왕조인 카라한 조(840~1212)나 가즈나 조(977~1186)는 순니의 영향을 받게 되었다. 중앙아시아의 각 지역에는 순니파 선교사들과 더불어 시아(shi'a) 선교사들의 활동도 전개됨으로써 이슬람의 비주류로 알려진 시아 교리도 일부 투르크멘들이 수용하였다. 따라서 터키 유목민들 사이에 시아 교리와 유목민의 전통적 신앙이 혼합된 신비주의적 형태의 신행(信行)이 출현할 수 있었다.

소아시아 지역으로 시아 교리의 유입은 14세기 후반 일한국의 해체 이후 가시화되었다. 티무르가 온건한 시아파의 활동을 묵인했던 반면 급진적 노선을 허용하지 않자 종단 지도자인 세이흐(Sheikh)들은 활동 무대를 소아시아로 옮길 수밖에 없었다. 이 당시 주로 이란 지역의 열두 이맘파에[13] 속한 선교사들이 소아시아 유목민들에게 접근하여 활동했다. 그 결과 오늘날에도 소수 터키인들이 열두 이맘파에 대해서 친화적인 감정을 가지고 있다.

13세기 중엽 몽골의 소아시아 지역 침입 또한 이 지역의 종교적 환경을 급속하게 변화시켰다. 몽골 침입 직전에 그 위기를 피하려는 터키 유목민들이 아제르바이잔, 트란속시아나와 후라산 지역으로부터 서진하여 소아시아로 진입해 정착했다. 당시, 몽골의 침입을 피해 이동한 터키 유목민들은 이슬람을 받아들이기는 했어도 몽골 침입 이전에 소아시아에 정착한 터키족에 비해 상대적으로 터키족의 전통적 종교 의식을 잃지

13) 열두 이맘 파는 12번째 이맘인 무하마드가 자손도 두지 않고 878년 사마라(Samara)의 성원에서 사라졌다. 그 뒤 그가 숨은(mustatir) 이맘 혹은 돌아올(muntazar) 이맘이 되었다고 믿게 되었다. 언젠가 그는 이 세상에 다시 나타나 진정한 이슬람을 회복하여 온 세상을 다스릴 것으로 기대하고 있다. 열두 이맘 파는 1502년 이란의 사파위 조에 의해 국교로 공인되었다. 열두 이맘 파의 법학체계에 따르면 일정 자격을 갖춘 법학자는 쿠란과 하디스에 있는 일반 원칙에 의해 스스로 논리를 전개하여 직접 판정을 내릴 수 있는 것이다. 이에 따라 신학자는 신의 대변인의 역할을 맡게 되었다. <참고> 김정위, 이슬람문화사, 문학예술사, 1985. p.122 ; 김정위, 이슬람사상사, 민음사, 1987. p. 179.

않았다. 따라서 몽골의 소아시아 침입은 순니 이슬람 교리와 터키 유목민의 종교적 관행을 혼합시킬 수 있는 사회, 종교적 환경을 조성했던 것이다. 1243년 쾨세다으(Khoshedag) 전투에서 몽골 군대에 대패한 소아시아 셀주크 조가 정치적 패권을 상실하게 되었다. 이에 대한 연쇄작용으로 소아시아에는 부족장을 중심으로 독립적인 다수의 부족국가가[14] 나타났으며 이로 말미암아 각 부족 간의 대결이 불가피해져 소아시아의 정치적 상황은 극도로 혼란해졌다.

2) 오스만 족의 아나톨리아로의 이주, 카이으족과 에루투우룰 베이

최근 연구에 의하면 오스만제국을 세운 가계는 오우즈족와 밀접한 관계에 있는 카이으 부족출신으로 알려져 있다. 역사적인 전통에 따라 카

14) 13세기말 이후 소아시아 지역의 부족국가

부 족 명	존 속 기 간	통 치 지 역
멘테세(Mentese)	1300~1425	무으라(Mugla)
게르미얀(Germiyan)	1300~1428	쿠타흐야(Kutahya)
데니즐리(Denizli)	1277~1368	데니즐리(Denizli)
오스만(Osman)	1281~1923	아나돌루(Anadolu)
카라만(Karaman)	1256~1483	카라만(Karaman)
잔다르(Candar)	1292~1461	카스타모누(Kastamonu)
쥴카디르(Zulkadir)	1339~1521	마라쉬(Maras)
라마잔(Ramazan)	1378~1608	아다나(Adana)
페르바네(Pervane)	1277~1300	시놉(Sinop)
사힙아타(Sahip Ata)	13세기 말	아피욘(Afyon)
카라시(Karasi)	1300~1336	발륵케시르(Balikesir)
사루한(Saruhan)	1300~1410	마니사(Manisa)
아이든(Aydin)	1299~1403	아니든(Aydin)
테케(Teke)	1300~1426	테케(Teke)
에스라프(Esraf)	~1327	베이세히르(Beyshehir)
하미트(Hamit)	~1391	하미텔리(Hamiteli)

J. Kingsley Birge, Bektaşilik Tarihi, Reha Camuroglu 옮김, Istanbul, 1991,pp.26~28.

부족장 오스만

이으 부족은 징기스칸의 공격기간에 옥서스 강(아무다리아)을 건너 이주해 아나톨리아로 왔고, 한동안 이 지역에서 정착하다가 징기스칸이 죽자 본래 자신들의 영토로 돌아가기를 원했다. 그런데 알레포 근처의 유프라데스 강을 건너다 부족장인 술레이만 샤흐가 말에서 떨어져 익사함으로써 두 부족으로 나뉘었다. 그래서 술레이만 샤흐의 네 아들 중 순구르테킨과 균도우드 베이는 자신들의 무리를 이끌고 동쪽으로 돌아갔으며, 다른 두 아들 에루투우룰과 듄다르 베이는 아나톨리아 지역으로 들어왔다고 전해진다.

이 당시 아나톨리아 셀주크 술탄이었던 알라에딘 케이쿠바트(1219~1236)는 에루투우룰 베이와 같이 온 카이으족에게 앙카라의 남서부에 있는 카라자다으와 그 일대를 영토로 주었다. 이러한 방법으로 앙카라 일대에 정착한 카이으족은 얼마 후 에루투우룰 베이(Bey)의 인도를 받아 사카리아(Sakarya) 강변을 향해 이동했고 쇠우트 지역을 점령하게 되었다. 에루투우룰 베이는 쇠우트 도시를 거점으로 죽을 때까지 비잔틴 접경에서 전쟁을 하며 영토를 넓혀 갔지만 소아시아 셀주크 술탄에게는 종속돼 있었다. 에루투우룰 베이는 1281년 90세를 넘어 사망하였고 쇠우트에 묻혔다.

3) 오스만 베이와 오스만 공국의 건설(1299년)

에루투우룰 베이 사망 후 그의 아들 오스만 베이는 23살의 나이에 카이으족의 우두머리가 되었다. 이 당시 소아시아 셀주크 술탄국은 과거의 강성함을 잃었고, 일한국은 아나톨리아의 중, 동부 전 지역을 손에 넣은 상태였다. 이와 같은 셀주크국의 어려운 상황을 이용하여 각 변방의 투루크계 영주들은 곳곳에서 독립을 선언하였고, 중앙 국가와의 관계를 단절하고 있었다. 오스만 베이 역시 다른 투루크계의 영주들처럼 쇠우투 지역에서 독립을 선언하고 1299년에 자신의 이름을 딴 오스만 공국을 건설하였다.

아나톨리아에서 건립된 투루크계 공국들 중 약소국의 하나였던 오스만 부족국은 건립 후 쇠약해 진 비잔틴 제국을 집중 공략하고, 부족의 호족들이 각 지역을 관할하는데서 보여준 능력 때문에 강력해 질 수 있었다. 오스만 부족국가는 한편으로는 비잔틴과 다른 한편으로는 아나톨리아 투루크계 공국들과 대립하며 세력 팽창에 몰두했다.

4) 건립기

소아시아 셀주크국가의 붕괴이후 이 지역에는 다수의 유력한 족장들에 의해 공국, 토후국 또는 영주국이라고 할 수 있는 여러 군소 국가들이 건립되었고 오스만(Osman) 부족국가는 그 가운데 하나였다. 이 국가는 비잔틴 제국과 소아시아 셀주크국가의 접경지대인 소아시아 북서부의 쇠우트(Sogut)지역에 위치하였는데 소아시아 셀주크 국가의 술탄 알라에딘 케이쿠바드(Alaeddin Keykubad)가 에르투우룰 베이(Ertugrul Bey)에게 이 변경지방을 처음에는 영지로 주었던 것이다. 오스만 베이(Osman Bey : 1299~1324)는 이 지역을 아버지로부터 상속받은 뒤 영역을 확장해 나가 독립국가의 기틀을 마련하였다. 오스만은 여타 투르크계 부족국가와의 직접적인 대결을 피하고 우선적으로 허약해진 비잔틴 제국을 잠식하였다.

오스만을 계승한 오르한(Orhan : 1324~1360)은 선왕의 정복정책을 지속시켜 나갔으며 1326년 부르사(Bursa)를 점령하여 수도로 삼았다. 이때부터 오스만왕조는 실질적인 국가의 형태를 갖추게 되었고 국경을 방어하고 영토를 확장할 정규상비군 체제를 도입하였다. 오르한은 1352년 유럽대륙의 동단인 트라키아(Thrace)에 첫발을 내딛었고 오르한의 아들 무라트(Murat : 1360~1389)는 에디르네(Edirne, 그리스명 : Adrianople)와 마케도니아, 불가리아, 세르비아 등지를 점령하여 유럽지역으로의 영토 확장을 성공리에 추진하였다.

그러나, 바예지드(Bayezid : 1389~1402)는 동쪽에서 침략해오는 티무르(Timur)의 몽골 군대를 맞이하여 앙카라(Ankara)에서 싸웠으나 자신도 포로가 된 뒤 사망하였다. 왕위계승권자가 지명되지 않은 상태에서 바예지드가 사망하자 그의 아들 사이에 권력투쟁이 발생했다. 일시적인 왕위의 공백기를 거친 오스만제국의 난국은 왕위 계승권을 장악한 메흐메트1세(1413~1421)에 의해 수습되었다. 그동안 콘스탄티노플에 국한하여 존립을 유지하던 비잔틴제국의 정복은 1453년 5월 메흐메트 2세(1451~1481)의 영도 아래 이루어져 오스만제국은 이슬람권의 강자로 인정받았다.

5) 흥륭기

오스만제국은 정복자 술탄 메흐메트 2세의 치하에서 급속히 팽창하여 서쪽으로는 1463년 보스니아와 1476년 몰다비아(Moldavia : 오늘날 루마니아 북부)를 점령하고 동쪽으로는 유프라테스강 유역까지 뻗어나갔다.

콘스탄티노플의 점령 이후에 바예지드 2세, 셀림 1세와 술레이만 1세는 오스만제국 영토확장에 기여하여 그 통치권이 유럽, 중동 및 아프리카 등의 세 대륙까지 미치게 되었다. 셀림은 1517년 카이로를 정복하여 오스만제국의 술탄으로서는 처음으로 칼리프(예언자 무하마드의 후계자)의 칭호를 사용하고 그 세습권을 취득함으로써 오스만제국은 명실공히 이슬람권의 종주국으로서의 면모를 갖추게 되었다. 셀림을 계승한 술탄 술레이만 1세(1520~1566)는 발칸지역을 통과하여 헝가리를 정복하고 1529년 비엔나를 공격하고 이라크 지역을 점령할 정도로 막강한

오스만제국의 톱카프궁전 ❶
톱카프 궁내 하렘입구 ❷
톱카프 궁에서 명절축하 ❸

군사력을 가지고 있었다. 그는 재위기에 동유럽 일부, 크리미아, 이라크를 정복했음은 물론이거니와, 모로코를 제외한 북아프리카 전역을 통합한 오스만제국은 가장 광대한 영토를 소유한 대제국으로 성장했다.

이러한 대정복은 오스만제국의 초기 술탄들의 엄격한 규율유지, 오스만군대의 기동성, 기독교권 발칸반도내의 분쟁과 농민 수탈 등으로 비교적 수월하게 달성되었다. 오스만제국이 발전하고 외부환경에 민감했을 때 서구의 기독교 국가들은 너무 무기력하게 느껴졌다. 그러나 한편 오스만제국은 광대한 영토를 확장하는 과정에서 지나친 자신감과 안일에 빠져 자기 혁신을 꾀하지 못했으며 그에 따라 처리해야 할 문제도 늘어났던 것도 사실이다. 그리하여 술탄 술레이만 1세의 사후 오스만제국은 영토확장에 있어서 더 이상의 진전을 보지 못하고 침체의 늪에 빠졌던 것이다.

술탄 메흐메트2세의 공격

영토확장의 절정에 다다른 오스만제국의 관료, 군대 및 성직자 체제의 부패의 기미와 질적 저하 현상이 나타났다. 영토확대에 따른 국가방위 부담의 증가, 다민족 다종교 국가로서의 다양한 민족 간의 마찰, 종교인들과 군 지휘관 사이의 갈등 등은 오스만제국이 극복해야 할 과제로 드러났다.

오스만제국 절정기에 유럽에서 나타난 변화를 주목할 필요가 있다. 유럽의 해양진출, 해양 무역로와 신대륙 발견 및 종교 개혁 등이 매우 중요한 변화로서 오스만제국의 정체와 쇠퇴 과정과 무관하다고 볼 수 없는 것이다. 유럽의 해양진출의 동기는 여러 가지로 논의되고 있으나 어쨌든 그 결과로서 나타난 해양 무역로와 신대륙 발견으로 오스만제국의 경제는 타격을 입었고 종교개혁으로 유럽에서는 신사고의 움직임이 활발해져 과거의 종교와 형식위주의 구습은 배격되었다. 따라서 17세기 말에 나타난 오스만제국의 정체 현상은 유럽 국가의 번성과 그 시기를 같이하는 것으로 볼 수 있다.

6) 정체기와 쇠퇴기

술레이만 1세의 재위기 후반에 계승권을 둘러싸고 궁중내부의 암투가 있었고 술레이만의 네 아들 가운데 가장 무능하다고 알려진 셀림(Selim : 1566~1574)이 왕위를 계승하였는데 그 이유는 당시 세력을 장악하였던 관료들의 셀림에 대한 선호도 때문이었다. 셀림의 재위기에 오스만제국은 유럽지역으로 세력 확대를 실현시키지 못하였을 뿐만 아니라 궁중을 둘러싼 정치집단간의 의견대립으로 인해 정치적 불안과 대사파위 조(1501~1732) 전쟁의 장기화 및 군사력의 약화 등으로 취약점이 노출되기 시작하였다.

17세기 초 합스부르크가와의 전쟁이 1606년의 시트바토록(Sitvatorok) 협정으로 종결되었는데 이 협정으로 합스부르크 가(家)는 오스만제국에게 보내는 연공의 의무를 면제받았고 이전의 합스부르크가의 왕을 "서로마제국의 황제"로 칭하게 되었다. 다시 말하자면 이 조약은 술탄과 합스부르크가 황제의 대등한 관계를 공식화하였다. 한편, 오스만제국의 동부 국경은 시아 이슬람의 사파위조(1501~1732)와 인접하였다. 사파위조의 샤 아바스(Shah Abbas : 1587~1629)는 17년 이상 지속한 전쟁에서 커다란 성과를 올렸고 오스만제국은 1639년의 카스르쉬린(Kasri-Shirin) 조약으로 이란에게 아제르바이잔과 에리반(Erivan) 지역을 넘겨주었다.

이러한 17세기에 점진적으로 나타난 오스만제국의 허약화는 1683년의 두 차례에 걸쳐 이루어졌던 비엔나 공격의 실패로 극에 달하였다. 17세기말에는 러시아, 합스부르크가, 폴란드, 베니스 등은 연합하여 오스만제국을 공격하여 승리를 거두었고 그에 따라 카를로위츠(Carlowitz) 조약을 체결하여 오스만제국의 영토의 일부를 차지하였다. 그 후에 러시아가 오스만제국으로의 남하정책을 꾸준히 추진하는 과정에서 영국과 프랑스는 러시아와 경쟁하기도 했지만, 대체로 18세기말까지 오스만제국은 유럽국가의 연합공격에 시달려 왔다.

그러나 19세기부터는 러시아의 노골적인 팽창에 영국과 프랑스가 제

19세기 중반에 건축된 돌마바체 궁전

동을 걸고 자국의 이익을 챙기려고 하자 유럽 열강은 서로 경쟁하고 견제하는 동시에 때에 따라서는 오스만제국을 협공하였다. 결과적으로 오스만제국은 유럽 열강에 의해 '유럽의 병자'로[15] 회자되었고 당시에는 병자의 영토를 분할하려는 계획이 유럽의 최대관심사였다.

프랑스의 나폴레옹은 1798년 이집트를 침략하였고 자력으로 프랑스에 대항할 수 없었던 오스만제국은 러시아와 영국의 지원을 받아 1801년 프랑스 군대를 축출시켰다. 그러나 이에 따른 후유증은 엄청나서 오스만제국의 쇠퇴화는 가속되었다. 영국은 이집트를, 러시아는 그리스 남부를 각각 군사기지로 사용하려고 하자 오스만제국이 이번에는 영국과 러시아를 상대로 전쟁을 하지 않을 수 없었다. 프랑스는 오스만제국이 이 양 국가에 대해 선전포고를 하도록 외교적으로 부추겼다. 그야말로 어제의 친구가 오늘의 적이 되고 어제의 적은 오늘의 친구가 된 셈이었다. 오스만제국이 영국과는 1806~1809년, 러시아와는 1806~1812년까지 전쟁을 지속했고, 이전의 프랑스와의 전쟁까지 합하여 10년 이상 전쟁에 시달렸기 때문에 오스만제국의 국력은 쇠잔해져 갔다. 이처럼 중앙정부의 통치력이 약화되자 피지배 소수민족은 분리주의 운동을 전개하였고 유럽은 또한 오스만제국의 내정에 간섭하기 시작했다.

마침내 그리스는 영국, 러시아 및 프랑스의 도움으로 1829년 독립하였고 이집트는 1839년 자치화를 획득할 수 있었다. 연이어 동유럽에서

15) 러시아 황제 니콜라스 1세(Nicolas : 1825~55)는 1851년 1월 페떼르스부르그 궁에서 영국 대사에게 "여러 제국 가운데 환자가 있다."고 오스만제국을 지칭하여 말한 바 있다. Emin Oktay, Tarih, Istanbul, 1982, p.245.

격렬한 독립운동이 일어났고 이것을 오스만제국은 무력으로 진압하자 서구 열강은 이 행위에 대해 규탄하였다. 이러한 방법은 오스만제국 쇠퇴화 과정에 걸쳐 반복되어 적용된 일정한 형식이었다.

그 후 계속된 군사적 패배와 유럽의 개입에 대한 해결책을 찾던 오스만 당국은 개혁을 선포하여 국권회복을 기도했다.

7) 오스만제국의 근대화와 청년 터키인

오스만제국의 근대화는 군사교육기관의 서구화에서 비롯되었다. 그 이유는 연속된 군사적 패배를 만회하기 위해서 무엇보다 먼저 군의 개혁이 급선무라고 인정하였기 때문이었다. 그러나 군사개혁이 성과를 거둘 수 있는 가는 아직 미지수였다. 보수파와 개혁파가 강력히 대립하고 있었고 특히 종교인들은 서구식 군사체제의 도입과 서구로부터 군사 교관의[16] 초빙을 달갑게 여기지 않았다. 또한 무슬림 터키인들은 이교도의 언어인 영어나 프랑스어를 배우는 것을 꺼려해 왔기 때문에 언어장벽이 근대화의 커다란 장애요인이었다. 그리하여 보다 근본적인 개혁을 추진할 문관을 양성할 목적으로 민간인 교육기관의 서구화를 추진하였으나 기존의 종교식 교육기관을 폐지할 수 없어서 구식, 신식 교육기관이 병존하여 교육이 이루어졌고 이에 따라 민간인 교육기관의 이원화 현상이 나타나기도 했다. 민간인 교육기관의 설립으로 서구의 문화를 이해하고 서구의 언어를 구사할 수 있는 젊은 세대가 출현하였다.

1839년 오스만제국은 개혁칙령(Tanzimat)을 선포하여 무엇보다 종교와 인종을 불문하고 사회적 평등권을 부여하려고 시도한 바 있으며, 개혁칙령의 선포는 가급적 유럽의 간섭을 배제시키려는 의미를 내포하고

16) 1734년 프랑스인 드 본느발(De Bonneval)이 유럽식 포병대를 도입하는 임무를 수행하도록 초청되었고, 1773년 헝가리 태생이지만 프랑스 국적을 가진 바론 드 도트는 포병대와 공병대 개혁에 참여했다. B. Lewis, 오스만제국 근대사, 김대성 역, 펴내기, 1994, pp.55~56.

나므 케말

있었다. 오스만 근대화에 있어 가장 중요한 역할을 한 것은 신흥지식층(New Elite)이었는데 이들은 오스만제국에 근대적 의미의 정치집단을 조직하여 발전시키는 측면에서 기여하였다. 신흥지식층을 대표하는 정치집단을 청년 터키인(Young Turks)으로 일괄지칭하고 있는데 이들은 일반적으로 제국의 병을 위한 궁극적인 치료제는 정치적 자유, 법에 의한 통치와 헌정의 선포라고 믿고 있었다. 나므 케말은 신흥지식층을 대표할 만한 인물이었다. 그러나 이들도 국권회복의 방법에 관한 견해에는 차이가 심해 어느 면에서는 대립하고 있었다. 이를테면 제국의 회생은 중앙집권적인 통치를 통해서 이루어질 것으로 믿는 그룹과 지방분권화를 통해 실현된다고 확신하는 그룹이 있었다. 이념적으로도 다양한 주장들이 제시되기도 했는데 이슬람주의, 오스만주의, 아랍주의, 터키주의 등이 대표적인 것들이었다. 그러나 이들의 우선적인 목표는 헌정의 선포였기 때문에 일단 협력하여 반정부 투쟁에 나섰다.

오스만 정부당국은 이들을 탄압하고 정치적 제재를 가하였고 반면에 유럽 국가들 특히 영국과 프랑스는 이들에게 도피처를 제공하며 정신적 후원을 아끼지 않았다. 그러므로 이들은 친 영국, 프랑스 성향을 가지고 있었고 1908년 혁명에 성공하여 입헌정부를 선포한 뒤에도 이 국가들로부터 국가 회복에 필요한 구체적인 지원을 기대하고 있었다. 그러나 입헌정부가 구성되었음에도 불구하고 집권하게 된 청년 터키인들의 기대와는 달리 오스만제국의 지배지역인 발칸과 아랍지역에서 독립화 요구가 거세져 진보적 성향을 내세웠던 집권세력은 이전에 비해 강한 탄압정치를 선택할 수밖에 없었다. 게다가 이들은 영국과 프랑스로부터 정치적 소외감을 실감하고 하나의 고육책으로서 오스만제국으로 접근하고 있는 독일과 제휴하기에 이르렀던 것이다. 이와 더불어 이태리와의 트리폴리전쟁(1911~1912) 그리고 발칸전쟁(1912~1913)은 입헌정치를 기대해 왔던 청년 터키인 그룹 출신의 정치세력의 처지를 불안하게 만들었다.

결국 1914년 발발한 제1차 세계대전에서 오스만제국은 독일과 동맹을 맺고 영국, 프랑스, 러시아, 그리스 연합군에 대항하였으나 패함으로써 오스만제국의 영토는 사분오열되어 분할, 점령되는 운명을 피할 수 없는 신세가 되었다.

오스만제국이 1918년 10월 30일 항복 문서에 서명함으로써 제1차 세계대전에서 패배했음을 인정한 뒤 집권세력은 국외로 도피하였고 연합군의 지배 하에 놓여 무장해제와 함께 독립권을 상실하였다. 그러나 터키인들은 이전의 일부 군사령관과 부하, 지방의 유지, 지식인을 중심으로 독립투쟁을 개시하였다. 이때 등장한 대표적인 인물이 무스타파 케말(Mustafa Kemal)이었으며 그는 약 3년에 걸친 구국전쟁을 승리로 이끌어 1923년 10월에 터키공화국을 건설할 수 있었다.

5. 터키공화국

제1차 세계대전에서 패한 오스만제국은 1918년 10월 30일 연합국과 몬드로스(Mondros) 휴전협정을 체결하였고 이에 따라 연합군은 오스만제국의 영토를 분할점령하기 시작했다. 그러나 열강의 오스만터키 강제점령은 터키민족의 저항운동을 촉발시켰다. 이 때 무스타파 케말은 군에서 퇴역하고 1919년 5월 흑해변에 위치한 삼순으로 이동하여 독립전쟁 준비에 착수하여 국민 저항운동을 주도해 나갔고 1922년 9월 9일 대 그리스 전투에서 승리하여 이즈밀을 탈환하였다. 케말은 1920년 3월 19일 비상 국회를 소집하고자 각 지역 대표단에게 알렸고, 4월 23일에 국민총의회가 앙카라에서 소집되었다. 1920년 8월에 아나톨리아를 분할하려는 세브르(Sevr)조약이 연합점령군과 이스탄불 왕정 간에 체결되었다. 세브르 조약의 조인은 이스탄불 정권에 대해 국민들 가운데 엄청난 반감을 확산시켰고 민족주의자들은 대(對) 연합군 저항에 본격적으로 합세했다. 1922년 11월에는 오스만제국의 술탄 직위를 폐지하고 주권이 국민에게 있다고 민족주의 진영이 선언하였다. 마침내 케말이 이끌던 민족주의 앙카라 임시정부가 1923년 7월의 로잔(Lausanne)에서 연합국 측과 평화조약을 체결함으로써 터키의 독립과 주권, 터키공화국을 국제적으로 승인을 받았다. 1924년 3월 1일 국회에서 오스만의 술탄이 가지고 있던 칼리프 제도를 폐지하였다. 이로써 제정일치의 통치를 하던 오스만제국은 그 수명을 다했다. 연이어서 1924년 8월에는 이슬람법을 적용하고 가르치는 종교부의 해체, 이슬람신학대학의 폐쇄, 특별 종교재판부의 해산 등이 뒤따랐다. 앙카라 정부는 이슬람법을 대체할 서구식 민법을 터키 국민의 필요성에 맞추어 스위스 민법을 개작하였고, 국회는 서구식 민법을 1926년 2월 17일 받아들였다.

케말과 이뇌뉘(왼쪽)

공화인민당이 1923년 9월 9일에 창당됐으며 무스타파 케말은 당수로 선출되었다. 터키공화국의 공식선포는 1923년 10월 29일에 행해졌고, 케말은 대통령으로 취임하였다. 공화인민당(The Republican People's Party)은 정치, 법과 교육 분야 등에서 종교적 요소를 배제하고 근대화와 서구화를 목표로 강력한 개혁정책을 추진했다. 공화인민당의 정강은 공화주의(Republicanism), 민족주의(Nationalism), 국민주의(Populism), 국가주의(Statism), 세속주의(Secularism), 혁명주의(Revolutionism)였다. 이때 보수적 세력은 공화인민당의 세속적이고 서구적 개혁에 반감을 표시했으나 무스타파 케말의 주도하에서 이루어지는 근대화를 저지시키기에는 역부족이었다.

1938년 케말이 사망하자 제2대 대통령으로 이스멧 이뇌뉘(Ismet Inonu)

가 취임하여 선임자의 정책노선에서 경제문제를 국가사회주의적 방향으로 해결하려 했다. 터키는 제2차 세계대전 중 중립을 지켜오다 전쟁종료시(1945.2) 독일에 선전포고하였다. 국내 정치적으로 케말 아타튀르크가 세운 공화인민당의 일당정치는 1950년 5월에 시행된 선거에서 민주당(Democrat Party)에게 패하여 정권을 넘겨 줄 때까지 계속되었다.

아드난 멘데레스(Adnan Menderes) 주도하의 민주당정권은 정치, 경제의 자유화를 표방하고 소련의 팽창주의 위협에 대처하기 위해 1955년 5월에 결성된 북대서양 조약기구(NATO)에 가입하였다. 민주당정권은 아타튀르크의 건국이념에서 벗어난 정치노선을 추구한다는 비난을 받아왔으며 결국 1960년 5.27 군사 쿠테타로 전복되고 1961년 9월 멘데레스 전 수상이 처형되었다.

1961년 11월의 총선으로 공화인민당의 이뇌뉘 전 수상이 재집권할 수 있었다. 1965년 10월 총선에서는 술레이만 데미렐(Suleyman Demirel)의 정의당이 승리하였으나 근로자의 파업, 학생 및 노동자의 소요 등으로 합동참모총장을 위시하여 육, 해, 공군사령관, 헌병대 사령관의 지시를 받는 군부가 개입함으로써 1971년 3월에 데미렐 내각은 총 사임하였다. 60년대 후반의 정치적 자유기는 1971년 3월 12일의 군부의 성명서 발표로 정지될 수밖에 없었다. 군부는 아타튀르크 노선에 입각한 개혁 추진, 테러행위의 방지, 정치적 무질서의 해결 등을 촉구했으며 민간정부가 이러한 요구를 실행하지 않는다면 군대가 직접적으로 정치에 개입하겠다고 경고했다. 따라서 데미렐 수상과 그 내각은 사임할 수밖에 없었다. 신정부는 니하트 에림 교수를 수반으로 하고 원외에서 임명된 15명의 각료로 구성되어 출범하였다. 하지만 좌우익 학생들 간의 충돌과 총격전이 중단되지 않고 격화되자 군부는 1971년 4월 28일 앙카라와 이스탄불을 비롯한 11개 대도시에 계엄령을 선포하였다. 극우파와 극좌파 정당인 민족질서당과 터키노동당은 각각 1971년 5월과 7월에 해체되었다. 군부는 1973년 총선까지 교도민주주의를 실시하고 강력한 반공정책이 수행되었다.

터키는 1970년대에 정치적으로 안정된 기반을 구축하지 못했다. 이 시기에는 단독 정부수립에 필요한 과반수 의석이 확보되지 않아 주로 연립내각이 구성되었고 정치적 혼란이 나타났다. 공화인민당 중심의 연립내각(Bulent Ecevit, 1973.10~1974.9), 정의당 중심의 연립내각(Suleyman Demirel, 1975.3~1977.12), 공화인민당 중심의 연립내각(1978.1~1979.10), 정의당 중심의 연립내각(1979.11~1980.9) 등이 1970년대의 터키의 정치를 주도하였다. 에제비트의 내각 하에서도 고질화된 정치테러, 노동자 파업 등 국내소요로 치안이 혼란에 빠지고 경기침체와 정쟁이 심화되었다. 에제비트 수상은 1979년 상원의 1/3 의석을 교체하는 선거에서 패배하여 사임하자 이번에는 정의당의 데미렐이 수상이 됐고 민족구제당과 민족행동당의 지원을 받아 연립내각을 구성했다. 1979년 10월 24일 구성된 정의당 중심의 연립 내각은 테러방지를 도모하였으나 공화인민당과의 정쟁으로 인해 별 진전을 보지 못하였다. 1980년 1월 24일 데미렐 정부는 경제를 회복하려고 성명을 발표하여 단기간에 긍정적인 효과를 보았지만, 정치적 무질서와 테러 행위를 근절시키지 못했으며, 국회에서 선출되는 대통령도 1980년 초에 임기가 만료되었음에도 불구하고 여전히 신임 대통령을 뽑지 못했다

이러한 위기를 타개하려고 케난 에브렌(Kenan Evren) 장군 중심의 군부세력이 1980년 9월 12일 계엄을 선포하고 기성정치인 정치활동을 금지시켰다. 케난 에브렌이 의장을 맡은 국가안전위원회는 수상으로 해군사령관 출신의 불렌트 울루스를 지명하고 수상청의 차관직을 역임한 투르구트 외잘(Turgut Ozal)을 경제담당 부수상으로 임명했다.

군사정부는 1983년 4월 총선을 통한 민정이양을 약속하고 정당설립을 허가하였다. 1983년 11월 6일의 총선에서 외잘(Ozal)이 이끄는 조국당이 과반수 의석을 확보하여 민정이양을 실현하였다. 조국당은 국회의석의 53%를 차지하여 1983년 12월 13일 단독으로 내각을 구성할 수 있었다. 조국당은 자유경제 정책을 추진하여 경제적 활성화를 꾀해 경제성장을 이룰 수 있었으나 인플레이션을 잡지 못해 부분적으로 성공을

정당의 선거유세

거두었다. 조국당은 1987년 선거에서도 국회에서 다수 의석을 차지했고 1989년 케난 에브렌 대통령의 임기가 만료되자 국회는 1989년 11월 9일 외잘을 대통령으로 선출했다.

외잘이 대통령으로 선출됨으로써 그 대신에 욜드름 아크불루트(Yildirim Akbulut)가 수상직에 올랐다. 그러나 조국당은 인플레이션을 잡지 못하여 1991년 10월 20일 선거에서 정권을 내주게 되었고, 정도당의 데미렐이 수상으로서 사회인민당과 연립하여 내각을 구성했다. 정도당-사회인민당 연립정부는 경제성장을 이룩하고 실질소득을 증가시키는데 있어서 만족할 정도는 아니지만 성과를 이룰 수 있었다. 외잘이 1993년 대통령 재임 시에 심장질환으로 서거함으로써 데미렐이 대통령으로 선출되었다. 1993년 6월 13일에 열린 정도당 전당대회에서 탄수 칠레르가 당수로 선출돼 터키에서 첫 여성 수상이 등장할 수 있었다. 칠레르(93. 6. 25~95. 12. 25 재임)는 경제 성장을 위주로 정책을 추진했다.

1995년 12월의 총선에서는 복지당이 21%의 득표율을 얻어 이슬람주의 정당이 공화국 건국 이래 처음으로 제1당으로 부상하였다. 그 이유는 복지당은 정치인들의 부패를 청산하겠다는 공약을 내세워 유권자로부터 커다란 지지를 받았기 때문이다. 21%의 득표율로 제1당이 됐다는 것은 그 만큼 이전의 기존의 집권 정당들이 국민들로부터 신뢰를 상실했음을 의미한다. 1996년 3월에 조국당과 정도당이 연립내각을 구성했으며 메수트 욜마즈는 수상으로 취임했다. 하지만 이 연립정권이 원만한 관계를 이루지 못하자 대통령 술레이만은 복지당 당수 에르바칸에게 내각을 구성하도록 그를 수상으로 지명했다.

1996년 7월 20일에 복지당 당수 네즈메틴 에르바칸(Necmettin Erbakan)

이 의회에서 신임을 얻어 수상으로 취임했다. 그 결과, 터키공화국 역사상 처음으로 이슬람주의 정당의 당수가 수상으로 행정권을 장악할 수 있었다. 그러나 세속주의 신봉자로 자처하는 군부와 사법부가 이슬람 세력의 성장을 견제하여 복지당의 성장에는 여러 가지 난관이 있었다. 복지당의 집권 후 종교활동이 강화됨으로써 헌법의 세속주의 원칙에 대한 위배를 이유로 군부와 사법부가 중심이 돼 복지당에 강력한 경고를 보냈다. 헌법재판소는 복지당의 정강과 활동이 헌법정신에 위배된다는 검찰의 기소를 받아들였고 1998년 1월에는 복지당을 해산시킴과 동시에 핵심 정치인들의 활동을 금지하였다. 2000년 2월에는 민주좌익당과 우익계의 민족행동당이 연정으로 집권하게 되었다.

III

문화와 민족, 언어

III 문화와 민족, 언어

1. 문화

문화는 사회관계의 기본이 되는 의미(신앙, 신화, 전설, 상징), 가치(규범, 이데올로기 등) 또는 의미와 가치가 물질로 표현된 총체적인 것이며, 사회는 문화적 배경에서 이룩된 조직이나 제도의 유형을 포괄하는 것이다.

여기에서는 터키문화를 외부로 표출하는 가시화된 터키문화의 현상에 대한 세부적인 설명을 피하고 터키문화를 형성시키는 데 근간이 된 요소를 살펴보고자 한다.

터키문화는 다양성과 복합성의 특질을 가지고 있다. 터키민족이 중앙아시아서 이동하기 시작하여 아나톨리아 반도에 정착하기까지 주변의 여러 민족과 접촉하였다. 이 과정에서 터키민족은 8~9세기에 걸쳐 이슬람을 받아들여 중앙아시아 유목민족적 요소에 이슬람적 요소를 흡수하였고 그 후 아나톨리아 반도에 진입, 정착하는 기간에도 이 반도의 기존 정착민으로부터 문화적 영향을 받지 않을 수 없었다. 또한 오스만제국이 이슬람권은 물론 기독교권 동유럽을 포함하는 광대한 영토를 통치하였기 때문에 유럽인들도 다양한 경로를 통하여 오스만제국으로 입국하여 터키민족과 접촉하였다. 따라서 터키문화는 중앙아시아의 유목민적 전통을 포함하는 터키적 요소, 터키족이 이슬람을 받아들임으로써 흡수하게 된 이슬람적 요소, 그리고 인근 유럽 국가와 민족과의 접촉을 통해 들어온 유럽적 요소 등이 다양하게 혼재되거나 융합되어 있다.

1) 터키적 요소

알타이 산맥 주위의 스텝지대에서 생활하던 터키인들의 신앙은 크게 정령숭배, 조상숭배와 천신숭배 등 세 가지로 분류된다. 고대 터키인들은 산, 언덕, 바위, 계곡, 강, 샘, 동굴, 나무, 숲, 호수, 철, 무기 등의 자연물에 정령이 있다고 믿었다. 또한 태양, 달, 별, 번개, 천둥 등도 신으로 숭배되었다. 아시아 흉노와 돌궐의 군주들은 연초(年初), 봄, 가을에 강의 상류에서 천신, 조상신과 정령에게 숭배의식을 거행했다. 국가의 고위 관료들이 참석한 숭배의식에서 희생 제물로 동물이 드려졌고 낮에는 태양에, 밤에는 보름달에 희생물을 바쳤다. 흉노, 돌궐, 위구르족은 원정의 성패를 달과 별의 움직임으로 판단했으며 특히 봄과 가을에는 조상신에게 희생제물을 바쳤다.

사람이 죽으면 애도를 표하는 장례식이 치러졌는데 고인의 천막 주변을 말을 타고 빠르게 달렸으며 고인의 말이나 꼬리를 제물로 바쳤다. 고인을 매장하거나 화장하는 풍습이 있었고 매장하는 경우에는 묻고 난 뒤 봉분(封墳)을 쌓고 주위에 돌을 놓았다. 돌궐족은 신성하게 여기는 동굴 입구에서 조상신에게 동물을 희생 제물로 바쳤으며, 영향력 있는 인물이 죽으면 그의 혼령을 보호신으로 삼을 만큼 중요하게 여겼다. 영향력 있는 인물의 혼령을 보호신으로 삼는 관습은 오늘날까지 지속되고 있는 것으로 보아야 한다. 이와 같은 관습은 오늘날 성인숭배 의식으로 형태가 변하여 계속되고 있다. 과거 셀주크와 오스만제국 시대에 타계한 저명한 이슬람 지도자들이나 성인들의 시신이, 고인들이 주로 활동하던 모스크 안에 관(棺)이 돌출된 상태로 매장됐다. 성인이 묻힌 모스크에 가면 터키인들이 관 앞에 서서 손을 들고 기도를 하는 장면을 볼 수 있다.

터키민족은 이동하는 과정에서 주변 이슬람국가들로부터 종교, 사상적 영향과 함께 언어적 영향을 받았다. 그리하여 현재 일상적으로 사용되는 터키어 가운데 이란어와 아랍어 어휘가 많이 발견되고 있고 특히

소원을 들어주는 나무

종교적 용어에는 이란어와 아랍어 어휘가 많다. 그러나 터키어는 알타이어 계통의 문법체계와 그 특성을 유지하며 발전해왔고 터키공화국 건립 이후에는 의도적으로 외래어의 사용을 가급적 지양하고 고유 터키어를 활용하고 발전시키려는 정책이 도입, 시행되고 있다. 학자들은 터키어가 접촉해 왔던 타 언어에 대해 저항하는 탁월한 능력이 있음을 지적하여 왔다. 터키어는 다른 어떤 요소에 비해 터키 문화의 우선적이며 명확한 상징인 것이다.

터키민족의 종교와 관례에서 이슬람 수용 이전의 양식을 볼 수 있다. 터키 학자들은 중앙아시아의 잔존물, 즉 터키족이 이슬람으로 개종한 후 중앙아시아 터키족에 의해 보존되었던 샤머니즘, 불교, 마니즘(Manichaeism)의 요소들이 여러 형태로 위장되어 터키족의 이슬람 내부에 자리잡고 있다. 그리하여 대중신앙 생활 속에서 이슬람과 신비적 요소의 혼합형태의 적지 않은 예를 보게 된다.

일례로, 터키의 비주류 이슬람 종단의 알레비 파의 중심 사상은 알리의 신성화, 신의 육체구현과 윤회사상 등을 포함하고 있다. 신이 알리와 그의 자손들의 형상을 통해 진리를 보여주었던 것으로 믿어져 왔다. 이밖에도 신들이 인간의 모습으로 나타나기도 하는 데 때로는 흰 수염을 가진 할아버지 모습으로 마치 알타이족 신화에서 자주 등장하는 산신령의 모습으로 보이며, 예쁜 처녀의 모습을 갖기도 하며, 때로는 14살의 순수한 어린이의 모습으로 나타난다는 믿음을 가지고 있다. 이처럼 알레비 파의 사상에서 샤머니즘으로부터 영향 받은 요소를 찾아볼 수 있다.

2) 이슬람적 요소

이슬람이 터키국민의 총체적 의식 가운데 차지하는 비중이 절대적이라고 할 수 없지만 생활 전반에 걸쳐 매우 중요한 영향력을 미치고 있다. 터키족은 이슬람을 받아들인 뒤 기독교 비잔틴제국을 공격하여 새로운 이슬람 영토를 확보하였으며 이슬람권에 전투적, 종교적 활기를 불어넣었고 십자군으로 구성된 서구의 대공세에 저항하여 궁극적으로 그들을 격퇴시켰다.

하지만, 터키인들이 이슬람화 이전에 그들이 가지고 있던 전통과 관행을 완전히 제거하거나 무력화하지 못했다. 지역에 따라서 이슬람이 선재(先在) 문화에 영향을 받은 사실은 그 영향 정도에는 다소 차이가 있지만 뚜렷하게 확인된다. 그럼에도 불구하고 터키인들이 가지고 있던 고유의 전통과 관행의 흔적이 점차 미미해지고 있는 것과는 대조적으로 이슬람은 신앙을 명목적으로 유지하고 있는 무슬림들에게도 정체성 확인의 필수적 요소로 인식되고 있다.

오스만제국은 건립초기부터 쇠퇴하기까지 이슬람 신앙의 보호와 진보에 기여하였다. 오스만제국이 초기 원정에서는 주도권을 잡았으나 나중에는 유럽의 끊이지 않는 역습을 중단시키거나 지연시키려는 방위태세의 입장을 취할 수밖에 없었다. 오스만제국이 쇠퇴하는 과정에서 신민들의 충성심을 고취하려고 오스만제국의 왕과 종교 지도자들은 이슬람 원리를 중심으로 신민들이 단결하도록 이슬람 형제애와 지지를 강조했다. 특히, 오스만제국 말기에 접어들어서 아랍인들의 분리주의 운동이 시작되자 이를 차단하기 위해서도 오스만제국 지도층은 이슬람주의를 내세워 터키인들과 아랍인들의 협력을 통해 종교 공동체를 지켜야 한다고 설득했다.

이슬람의 영향은 과거 오스만제국의 법의 영역에서 명백하게 나타났다. 오스만제국 전역에 걸쳐 이슬람 성법이 적용되었고, 이 법을 집행하는 사법부와 법관들이 완전한 권위를 누렸으며 자신의 재판관할 지역에서 절대적 위치를 차지하였다. 1924년 이슬람법을 적용하는 종교법정이 폐쇄되었으나 그 이후에도 가족법의 해석에 있어서는 이슬람의 영향이 단호히 배제되지 않았다. 특히, 1926년 마침내 터키에 서구식 민법이 도입될 때까지는 혼인, 혼인 생활에 대한 규정, 이혼 및 상속에 관한 내용을 포함하는 이슬람 가족법이 적용되었다.

이스탄불 블루 모스크

터키공화국 선포 60년 이후인 오늘날에도 터키에서 비무슬림은 터키 국민은 될 수 있지만 결코 진정한 의미의 "터키인"은 될 수 없다. 터키공화국 선포 후 정부와 군부 엘리트 계층의 주도로 세속화 작업이 강력하게 전개됐지만 일반 대중이 지키는 종교적 의식과 관행을 결코 약화시키지는 못했다. 오늘날 터키의 정치를 이해하려면 정당의 종교적 성향을 파악하고 어느 특정 정당이 추구하는 이슬람 노선과 그에 대한 대중의 호응도를 알아야 한다. 예를 들면, 보수적 대중은 이슬람의 보수노선을 추구하는 정당을 지지하며, 중도적인 종교 의식을 가진 대중은 일반적으로 중도 우파적 노선을 가진 정당의 후보자에게 표를 준다.

터키는 헌법상 국교를 명시하고 있지 않으나 전체 국민의 98% 이상이 무슬림이다. 따라서 이슬람 전통과 관행이 매우 중요시되며 특히 법을 해석하고 적용하는데 있어서 종교적 전통의 영향을 받기 쉽다. 또한 이슬람 역(曆)으로 9월에 해당하는 금식월(Ramadan : 라마단)이 종결되는 날 이후의 3일과 희생절은 종교 축일로서 성대한 행사가 이루어진다. 종교적 명절에 대한 터키인들의 애착은 터키인들의 삶에서 차지하는 이슬람의 영향력을 적나라하게 보여준다. 또한 종교적 성향이 강한 가정에서는 아이들이 태어나면 그들에게 이슬람 성인의 이름을 그대로 붙여

주고 신의 축복을 위해 기도한다. 이슬람 성인의 이름을 붙여주는 것은 아이가 일생 동안 신의 뜻에 따라서 살기를 바란다는 의미를 말해준다. 터키인들 사망하게 될 경우에 대부분 이슬람 사원에서 장례를 치르게 되므로 터키인들이 태어나서 살아가고 죽을 때까지의 전 생애가 이슬람의 가르침과 분리되어 생각될 수 없다.

3) 유럽적 요소

오스만제국의 터키인들은 유럽지역을 흡수하면서 유럽인들과 접촉해 왔으며 또한 무역, 외교, 전쟁 등을 통하여 문화를 교류하였다. 특히 서구에 관한 적지 않은 지식이 유럽 외교관과 상인뿐만 아니라 오스만제국의 공직에서 종사하려는 다수의 개종자와 망명자에 의하여 소개되었다. 터키인과 유럽인들은 병법과 무기, 의복과 음식 등을 서로 모방하여

그리스 양식으로 지어진 이스탄불의 주택

영향을 주었으며 귀화 또는 개종, 결혼 등의 미묘한 과정을 통해서 점점 더 서로에게 가까워졌다. 적지 않은 수의 터키인들이 그리스인 모친들에 의해 길러지기도 하였다. 터키의 유럽과의 접촉은 주로 물질적 측면에서 영향을 미쳤으나 터키의 열세가 드러나기 시작한 18세기부터는 문화, 사회적 분야에도 영향력을 나타냈다.

오스만제국 근대화의 시발점인 소위 튤립기(Tulip Periods)를 주도한 이브라힘 파샤(Ibrahim Pasa, 총리대신재직 : 1717~1730)는 유럽과의 외교관계의 중요성을 인식한 첫 오스만제국의 관료이었다. 유럽식 정원을 화려하게 꾸밀 목적으로 튤립 재배와 튤립 구근에 대한 관심을 고조시켰던 일부 상류사회 유행으로부터 이 시대를 튤립기라고 지칭하게 됐다. 이 시기에 이스탄불 주재 유럽의 대사들과 정기적 접촉을 꾀하였으며 처음으로 파리와 비엔나로 특사를 파견하여 유럽의 군사, 외교에 대한 정보입수를 시도하였다. 튤립기는 유럽의 외교방식을 비롯한 외형적 생활양식에 대한 모방이 지나치게 부각되어 보수주의자들의 반발이 있었다. 인쇄술의 도입과 언어, 지리, 과학 분야의 서적출간으로 근대화사상을 확산시킬 수 있는 새로운 환경이 마련되었다.

술탄 셀림 3세(1789~1808)와 마흐뭍 2세(1808~1839)도 개혁의 필요성을 절감하고 관료기구개편, 런던, 파리와 빈 등에 대사관 설치, 신식군대의 도입, 군사학교 설립 등의 군사적 근대화에 역점을 두었다.

오스만제국의 근대화는 1839년의 탄지마트(Tanzimat : 개혁) 선포로 새로운 국면을 맞이하였다. 1839년에 시작된 개혁기에 오스만제국을 회생시키려고 기존의 군사교육 기관과 더불어 서구식 민간교육기관을[17] 설립하였다. 그 결과 제국 내에는 서구식 교육과 서구여행을 통한 서구인들과의 접촉으로 그들의 사상과 정치적 발전과정을 이해하게 된 지성인들이 현저히 증가하였다. 이들이 오스만제국의 서구화를 주도했으며

17) 김대성, “아타튀르크기(期) 터키의 고등교육”, 한국중동학회논총 제5호, 1984, pp.4~6

터키공화국을 세우는 과정에서도 기여한 바가 컸다.

이처럼 어느 한 문화에 의한 타문화로부터의 모방은 완전히 차단될 수 없고 외부로부터 소개된 각 문화 요소는 지속적으로 새로운 결과를 파생할 것이다. 오늘날에도 터키인들은 유럽문화와 접촉하면서 어떤 형태로 그것을 도입할 것인가, 자신들의 고유문화와 어떻게 접목시킬 것인가에 관해 검토, 결정하는 과정에 있다. 이제는 터키 정부가 유럽 공동체의 일원이 되기 위해서 외교적 노력을 적극적으로 전개하고 있는 만큼 터키 국민들도 유럽 문화의 수용에도 개방적인 자세를 보이게 되었다. 터키는 유럽과의 무역에서 관세를 철폐했으므로 경제적으로는 이미 통합되었고 축구, 가요제, 미인대회 등과 같은 각종 국제적 문화행사에 유럽국가로 분류돼 참가하고 있는 만큼 터키의 유럽화는 현재 진행 중에 있다.

2. 민족

터키 공화국의 주류를 이루는 터키 국민은 600년 이상 존속된 오스만 제국을 건국하고 제국으로 발전시키는 과정에서 다양한 민족이 혼합하여 구성되었다. 터키 국민은 중앙아시아에서 이동한 투르크족을 바탕으로 정복지의 피지배 국민인 중동의 아랍인과 동유럽의 헝가리, 세르비아, 루마니아, 그리스인 등이 혼합된 것이다. 따라서 터키 국민의 외형적 모습을 보면 아시아인 같은 외모, 아랍인 같은 외모, 유럽인 같은 외모 등 다양한 얼굴을 만나게 된다. 그 가운데 중앙아시아에서 이동한 투르크족을 터키 국민의 원류로 볼 수 있다. '터키'라는 국명은 무스타파 케말이 제1차 세계대전으로 인한 오스만제국의 패망 이후 1923년 공화국을 건국하면서 국가의 이름으로 채택하였고, 이 국가의 영토 내에 거주하는 모든 이들을 인종의 특성과 차이를 막론하고 터키 국민으로 부르게 되었다.

투르크족에 대한 인류학적 설명은 매우 다양하다. 투르크족은 황색인

도시의 어린이들

종의 몽골족의 특성을 지니고 있는 것으로 알려져 왔다. 이러한 견해는 투르크족이 소아시아로 이동하기 이전 자신들의 주요 활동무대였던 중앙아시아에서 몽골족과 자주 접촉하였던 역사적 사실에 기인하고 있다. 상당수의 몽골족이 투르크족의 통치권으로 흡수되기도 하고 투르크족의 이동에도 참가하였다. 이와 같이 장기간에 걸친 밀접한 관계 속에서 인종적인 혼합 및 동화 현상 또한 자연발생적임을 감안해 볼 때 투르크족과 몽골족간의 유사성은 결코 부인될 수 없다. 그러나 최근 반세기 동안에 이루어진 인류학의 발전과 그 연구 결과 투르크족은 알타이 산맥의 남동부 스텝지역에서 발원하였고 인종학적으로는 몽골로이드가 아닌 백인계 투라니드(Turanid) 계 종족에 속하는 단두형(Brachycephalic)의 특징을 띠고 있다는 일설이 제시되기도 했다. 그러나 1939년에 중앙아시아 스텝제국사의 대가인 프랑스의 르네 그루쎄는 투르크족이 몽골 인종에 속한다는 사실을 밝힌 바 있어서 투르족의 근원에 대한 후속 연구가 필요하다고 본다.

현재 투르크족은 중앙아시아 일대에서부터 발칸제국 및 동유럽 여타 국가에 광범위하게 분포되어 있으며 그 수는 약 2억 명이 넘는 것으로 추산된다. 2005년 기준으로 터키공화국에 약 7천 2백만 명, 중앙아시아, 중국, 발칸제국 및 동유럽에 1억 명에 가까운 투르크계 민족이 거주하고 있다. 터키공화국 외에 투르크족이 가장 많이 분포하는 지역은 우즈베키스탄, 키르기즈스탄, 카자흐스탄, 투르크메니스탄, 아제르바이잔 등이며 이 지역에 7천만 이상의 투르크계 인종이 집중적으로 모여 산다. 중앙아시아 다음으로 많은 수의 투르크계 민족이 거주하는 국가는 중국이

식탁에 둘러앉은 터키인들

며 특히 중국 서부의 동투르키스탄 지역에 위구르(Uygur)족을 비롯하여 카작, 키르기즈, 우즈벡 터키족이 자치구를 형성하여 거주하며 그 인구가 1천5백만 명을 넘는 것으로 보고 있다. 이밖에도 이란, 이라크, 아프가니스탄, 시리아 등의 이슬람 국가에도 1천5백만 이상의 투르크족이 거주하며, 불가리아, 루마니아, 헝가리, 알바니아, 그리스, 유고 등지에도 수백만이 넘는 투르크족이 분포해 있다.

터키공화국 외부에서 살고 있는 투르크족의 숫자는 정확한 통계치가 되지 못한다. 이것은 범 투르크주의자들이 전 세계에 광범위하게 퍼져 있는 투르크 계의 인구를 확대 발표하려는 경향을 보이는 반면, 투르크족이 소수민족으로 살고 있는 여타 국가들 또한 범 투르크주의자들의 영향력 확대를 우려하여 정확한 투르크족의 숫자를 밝히기를 꺼리기 때문이다. 아무튼 투르크족의 인구 증가율은 유럽인이나 러시아인에 비하여 높기 때문에 유럽과 중앙아시아에서 투르크족 인구의 급속한 증가가 기대된다.

3. 언어

터키어는 형태와 음성적 특성상 몽골어, 한국어와 함께 알타이어족에 속하는 것으로 받아들여지고 있다. 이 이론은 하나의 가설로서 터키계, 몽골계 그리고 퉁구스계 언어들이 친족적 공통성을 가진다는 것이다. 이 이론을 핀란드의 언어학자 게.이.람스테드(G.J.Ramstedt)가 제시하였고 한국어도 알타이어군에 포함시켰다. 이에 대해 터키어, 몽골어, 한국어 등은 장기간에 걸친 복잡다단한 상호 영향 관계로 유사성이 확대되었다는 반알타이어 관점이 제기되기도 하였으나, 오늘날에는 한국어와 몽골어 혹은 한국어와 만주-퉁그스 사이의 공통 요소보다는 한국어와 투르크계어 사이의 공통 요소가 형태론적 면에서 더 많이 나타는 것으로 발표되었다.[18)]

고대 터키어는 오르혼(Orkhon)강 유역에서 발견된 기념비에 기록된 비문의 돌궐어를 지칭한다. 이 비문들은 7~8세기에 걸쳐 기록된 것인데, 당시 오르혼강 유역 투라(Tura)지방, 세렌가 강변 등지는 돌궐제국의 주요 근거지였기 때문에 이 비문에 기록된 언어는 주로 돌궐족에 의해서 사용되었다. 바로 이 돌궐어가 오늘날의 터키어의 형성에 기여했다고 보고 있다. 중기 터키어는 대체로 10세기 이전의 기록으로서 위구르 문자로 기록되었다. 현대 터키어는 13세기부터 기록되기 시작하였는데 중기 터키어인 위구르어에 몽골어와 페르시아어로부터 어휘를 차용하였고 이슬람 문화와 접촉하기 시작하였다. 15세기말부터 터키어의 문자혁명이 있었던 20세기 초까지를 오스만터키어 시대라고 하며 오스만터키어는 아랍어의 영향을 받아 아랍어 어휘를 받아 들였고 약간의 문법적 변화를 수반하기도 했다. 터키어는 터키족이 이동하는 과정에서 주변의 여타 민족과 접촉함으로써 일부 용어를 차용하기는 하였으나 그 언어적 특성은 변하지 않았다. 그리하여 학자들은 터키어가 접촉해 왔던 타 언어에 대한 추방, 대체, 저항하는 탁월한 능력이 있음을 지적하고 있다. 오늘날에도 터키의 언어학자들은 터키어의 고유성을 유지, 회복하기 위해서 정화운동을 꾸준히 전개하고 있다.

터키어는 위구르어와 아랍어 문자로 표기되기도 하였다. 특히 터키족이 이슬람을 받아들인 뒤에는 아랍 문자를 차용하여 약 10세기 이상 터키어를 아랍 문자로 표기하여 왔었다. 아랍인들이 터키어를 배우는데 활용할 수 있도록 Mahmut Kashgarli에 의해 편집된 사전인 “Divanu

18) 최한우,“우랄-알타이제어 개관”, 세계주요언어, 한국외대 외국학종합연구센터, 1993, p.728.

Lugat-it-turk"는 11세기 경(1072)에 아랍어로 기록되었다. 이 사전은 터키어와 터키인이 아랍의 문화적 영향을 받게 되었음을 증명하는 자료이다. 오스만터키어가 아랍어의 영향을 받아 오면서도 언어적 자정노력 또한 끊이지 않았다. 특히 19세기 초부터 정치 문화적 개혁이 시도되면서 언어에 대한 관심이 부각되었고 민족의식의 강화와 함께 터키어 내의 외래어를 제거하려는 경향이 뚜렷해졌다. 아울러 터키어의 아랍어 표기에 대한 터키인의 발음상의 문제점과 터키어와 아랍어 사이의 음성학적인 차이가 지적되었다. 이러한 언어에 대한 민족의식의 강화는 터키어의 단순화와 터키어 문자개혁의 원동력이었다. 1923년 터키공화국 선포이후 문자개혁 논의가 본격화되었고 무스타파 케말을 중심으로 한 개혁주의 정권이 권력을 장악함으로써 문자개혁안이 신속히 마련될 수 있었다. 그리하여 언어개혁법이 1928년 11월 3일 의회에서 통과되어 현재의 터키어가 출현한 것이다. 아타튀르크는 문자혁명을 통하여 문맹률을 현저히 감소시켰음은 물론이거니와 터키인들에게 미래지향적 방향을 제시하려 하였다.

4. 터키 국민의 동질성

터키공화국에서의 인구조사는 사회, 군사, 경제적 문제의 해결에 필요한 기초적 참고자료의 확보를 목적으로 1927년에 처음으로 실시되었다. 이 인구조사는 1935년부터 매 5년마다 실시되어 왔다.

제1차 세계대전과 터키의 해방전쟁이 종결된 직후 드러난 가장 심각한 사회적 문제는 성인 남성인구의 커다란 감소였다. 성별 인구분포를 보자면 공화국 초기에는 여성 인구가 남성 인구보다 많았으나 1954년부터는 남성인구가 여성 인구를 능가하기 시작하였다. 1923년 터키공화국이 건국되었을 당시 터키의 인구는 1,250만 명 정도였는데 1927년의 첫 번째 인구조사에서 1,350만 명으로 나타났다. 첫 번째 인구조사 이후 제2차 세계대전까지의 인구 증가율은 비교적 낮은 편이었으나 1950년부

우즈벡 인을 닮은 터키 인

터 이러한 추세는 변화하기 시작하여 인구가 계속적으로 높은 비율로 상승한 결과 터키공화국 건국 이후 60년 동안 건국 당시에 비하여 약 4배 이상 증가하였다. 이와 같이 높은 인구 증가율의 원인을 크게 두 가지로 볼 수 있다. 첫째 원인은 공화국 건립 이후 다방면에 걸쳐 나타난 심각한 인력난을 해소하려는 출산장려 정책의 도입이며, 둘째는 전반적인 위생 조건의 개선으로 인한 사망률의 현저한 감소이다.

1950년대에 접어들면서 농촌에서 도시로 인구가 집중하였는데 이러한 현상은 산업화와 더불어 더욱 가속화되었다. 그리하여 전체 인구 가운데서 차지하는 농촌 인구의 비율은 점차 감소하였다. 1970년 통계에서 농촌과 도시의 인구 비율이 56.1%와 43.9%로 각각 나타났던 반면, 1985년 통계에서는 47%와 53%로 상황이 반전하였다. 인구의 도시 집중화는 이스탄불, 앙카라와 이즈밀 등과 같은 대도시의 불균형적인 발전과 심각한 사회 경제적 불안의 근원이 되고 있다.

터키의 인구증가

연도	인구	인구밀도(㎢)
1927	13,645,270	18
1935	16,158,018	21
1940	17,820,950	23
1945	18,790,174	24
1950	20,947,174	27
1955	24,064,763	31
1960	27,754,820	36
1965	31,391,820	41
1970	35,605,176	45

연도	인구	인구밀도(㎢)
1975	40,347,719	52
1980	44,736,957	58
1985	50,644,458	66
1990	56,473,035	73
2000	67,803,927	88

2000년 브리태니커(Britannica) 연감에 따르면 인종분포는 다음과 같다.

1990~2000년에 인구증가율은 1.83%로 나타났다. 전체 인구 가운데 터키족이 85.7%, 쿠르드족이 10.6%, 아랍인이 1.6%, 그밖에 아르메니아인, 그리스인, 유태인등이 2.1%를 각각 차지하고 있다. 터키 정부 당국은 소수민족에게 평등한 권리를 보장하고 있으나 이들 소수민족 중에서도 쿠르드족은 터키 남동부에 8백만 명 이상, 이라크 북부에 6백만 명, 이란과 시리아에도 각각 백만 명씩 살고 있는 큰 민족이어서 미래의 독립국가의 건설을 꿈꾸며 호기를 기다리고 있다고 보아야 한다. 터키에서 소수민족들의 분리주의적 동향이 두드러지게 나타나고 있지는 않으나 전체 국민 가운데 10% 이상을 차지하는 소수민족이 존재한다는 사실 때문에 정부당국은 적지 않은 부담을 느끼고 있으며 민족간 화합의 차원에서 과거에는 금지되었던 쿠르드어의 방송을 허용하며 쿠르드인의 인권 보호를 위한 정책을 제시하고 있다.

IV

종교와 사회

IV 종교와 사회

1. 종교와 윤리관

1) 종교

터키는 정치와 종교가 분리된 세속국가이다. 이슬람은 1924년에 제정된 최초의 공화국 헌법에서 국교로 지정되었으나 1928년에 삽입된 헌법 수정안에 의해서 국교의 지위를 상실하였다. 1961년 헌법 제 19조에는 '모든 개인은 양심과 종교적 신앙과 의견의 자유를 가지며 모든 종류의 예배나 종교행사 및 의식은 도덕 및 법률에 저촉되지 않는 한 자유이다.'라고 명시되어 있다. 어느 누구도 종교 행사와 의식에 참가하도록 강요받지 않는다. 1982년 헌법 24조에서는 '모든 이는 양심, 신앙, 신념의 자유를 가진다.'고 명시하는 동시에 3항에서는 종교(이슬람)와 도덕 과목을 초등 및 중등학교에서 필수과목으로 정하는 내용을 담고 있어서 세속주의 원칙의 선명성이 일

모스크가 있는 농촌의 거리

부 약화되었다는 평을 받고 있다.

터키는 헌법상 국교를 명시하고 있지 않으나 전체 국민의 98% 이상이 무슬림이기 때문에 이슬람국가라고 할 수 있다. 따라서 이슬람 전통과 관행이 매우 중요시되며 특히 법을 해석하고 적용하는데 있어서 종교적 전통의 영향을 받기 쉽다. 또한 이슬람 역(曆)으로 9월에 해당하는 금식월(Ramadan : 라마단)이 종결되는 날 이후의 3일과 희생절은 종교 축일로서 성대한 행사가 이루어진다. 라마단의 27일째 되는 밤 (권능의 밤 또는 계시일)은 쿠란의 첫 계시가 있었던 날로서 더욱 큰 의미를 갖고 있다. 많은 무슬림들은 이 마지막 열흘을 더욱 신성하게 여겨 밤새 기도하며 쿠란을 낭독한다. 라마단은 금식을 푸는 축제인 사흘 동안의 금식 종료일과 함께 끝나게 된다.

정부는 1924년 3월 3일자 법률에 따라 신설된 수상청 산하의 종교청을 통하여 국민들의 신앙과 예배생활을 관리하고 필요에 따라서 재정적으로 지원한다. 종교청은 이슬람과 관련된 행정업무를 관장하기 위하여 본청을 비롯한 81개의 주(州) 교구청과 875개의 일체(Ilçe)[19] 지부장 (일체 : ilce, 우리나라의 군에 해당함)에 종교관리로서 뮈푸티(Muftu)를 임명한다. 각 행정구역에는 뮈푸티의 지도, 감독을 받는 다수의 이맘(Imam)이 있다. 이들 이맘은 행정 관리체제의 하부구조를 이루고 있으며 종교청으로부터 급여를 받는다. 종교청은 이슬람 교회의 모든 성직자들을 관리하며 쿠란(Koran)강의, 방송설교, 종교

이슬람 명절에 불을 밝힌 블루모스크

19) 일체는 매년 증가하고 있으며 2003년 12월 기준으로 875개였으며, 2005년 초에는 881개로 그 수가 늘어났다.

서적의 출판 및 성지순례 행사 등을 지도한다. 이밖에도 해외의 무슬림을 지도, 관리할 해외 지부가 있다. 종교청의 조직은 방대하여 직원 수가 1999년 기준으로 약 79,600명에 이른다.

1933년에 폐교되었던 신학의 중등과정에 해당하는 이맘-하텝(Imam-Hatip) 양성학교는 1951년 10월에 재설립되었다. 1949년부터는 초등학교 4학년 이상의 학생들에게 종교과목을 선택하여 수강하도록 하는 한편 앙카라 대학교에 신과대학을 설립하여 고위 종교지도자를 배출시켜 왔다. 최근에는 신학대학의 정원이 증가하였고 외형적 규모는 물론 그 영향력이 확대되고 있다. 초등학교 교과목 가운데 하나인 윤리의 강의 내용이 주로 쿠란과 이슬람의 관행으로 이루어지기 때문에 터키인들은 유년기부터 종교적 도덕교육을 체계적으로 받는 셈이다.

터키에서 종교는 주요 정치적 관심사 가운데 하나이며 종교와 정치는 상호 밀접하게 연관되어 있다. 국민 전체의 98% 이상이 무슬림이며 무슬림의 80% 이상이 순니파(Sunni)에 속한다. 터키인들은 주민등록증에 종교를 기재해야 하며 각종 행정 신상서류에 종교란이 있어서 생활 전체가 종교의 영향을 받지 않을 수 없다. 따라서 정치인들은 국민 생활의 바탕을 이루고 있는 종교에 관심을 가질 수밖에 없으며 정치력을 확보하기 위해서는 종교적인 행사에 어느 정도 관여해야 한다. 터키의 주요 정당들은 국민들의 종교적 성향을 이용하여 집권을 시도하기도 하지만 그렇다고 정교분리 원칙에 정면으로 배치되는 종교적 정당들이 커다란 영향력을 행사하는 것도 아니다. 이러한 현상은 도시화된 지역의 진보적인 시민과 농촌 지역의 보수적인 주민간의 종교적 성향의 차이에서 비롯된다고 보아야 할 것이다. 종교 정당인 국민구세당(National Salvation Party)은 1973년 선거에서 11.8%, 1977년 선거에서 8.5%의 지지율을 확보했을 정도이다. 정교분리를 정식으로 반대하며 국가연주를 거부하는 등의 공화국 원칙을 무시하는 정치집단은 1980년 9월 12일의 군사혁명으로 해산되었다. 현시점에서 볼 때 공화국 초기의 세속주의의 선명성이 퇴조된 것은 분명하며 이전과 비교하여 많은 수의 신학대학 출신 관리들이 행정부의 고위직에 임명되고 있다.

터키에서 종교적 성향을 가진 인물들이 일반과 경찰 공무원직에도 다수 진출하고 있다. 1995년 12월 총선에서 이슬람 노선에 입각한 정치 강령을 채택한 복지당(Refah Partisi)이 21.2%의 지지율을 얻어 제1당으로 부상하게 됐다. 1996년 7월 20일에 복지당 당수 네즈메틴 에르바칸(Necmettin Erbakan)이 의회에서 신임을 얻어 수상으로 취임했다. 그 결과, 터키공화국 역사상 처음으로 이슬람주의 정당의 당수가 수상으로 행정력을 장악할 수 있었다. 그러나 세속주의 신봉자로 자처하는 군부와 사법부가 이슬람 세력의 성장을 견제하여 복지당의 성장에는 여러 가지 난관이 있었다. 이와 더불어 국민들도 과거 세속주의 정당이 70년 이상 집권해 왔지만 부정부패와 경제적 침체를 해결하지 못한데 대한 반작용으로 국민들이 일시적 대안으로 종교주의 정당에 투표한 것으로 분석된다. 복지당의 집권 후 종교활동이 강화됨으로써 헌법의 세속주의 원칙에 대한 위배를 이유로 군부와 사법부가 주축을 이루어 복지당에 강력한 경고를 보냈다. 헌법재판소는 복지당의 정강과 활동이 헌법정신에 위배된다는 검찰의 기소를 받아들였고 1998년 1월에는 복지당을 해산시킴과 동시에 핵심 정치인들의 활동을 금지하였다. 2000년 2월에는 민주좌익당과 민족행동당이 연정으로 집권하였다.

비무슬림 소수민족들은 터키 전체 인구의 약 2%를 차지하며 기독교인과 유태인으로 구별된다. 기독교인은 주로 그리스 정교도와 아르메니아인, 가톨릭교인으로 구성된다. 이들은 조상으로부터 물려받은 종교를 믿으며 터키내에서 자신들의 고유한 종교행사에 참여할 수 있다. 이스탄불과 일부 도시에는 가톨릭 교회와 아르메니아 정교회가 활동하고 있다. 소수민족들은 대체로 대도시인 이스탄불과 이즈밀에 거주하여 왔는데 유럽으로의 이민을 선호하기 때문에 이들의 인구는 갈수록 감소하고 있다. 유럽연합에 가입하려는 터키는 비무슬림 소수민족의 종교에 점차 호의적인 시각으로 바라보는 경향을 보인다.

2) 윤리관

전통적 윤리가 대도시의 평범한 시민에 비하여 촌락지역과 보수적인 소도시의 거주민들에게 일반적으로 더 커다란 영향을 미친다. 하지만, 터키에서는 이슬람이 전통적 윤리의 근간을 이루고 있어서 지극히 서구화된 일부 계층을 제외하고는 일반 대중의 의식구조가 이슬람의 가치관을 크게 벗어나지 않는 것으로 보아야 한다. 케말 아타튀르크가 주도한 일련의 개혁과 세속화 정책의 적용에도 불구하고 이슬람이 여전히 터키인들의 사고방식을 좌우하는 것이 사실이다.

이슬람을 믿는 다른 국민들도 마찬가지이겠지만 터키인들의 윤리는 무슬림들의 신앙과 가치관을 규정한 쿠란에 기초하며 신앙생활을 지탱시키고 활성화하는 모든 행동 규범을 권장하고 있다. 종교윤리에는 의무행위, 권고사항, 중용적행위, 혐오사항, 금지행위가 포함된다. 무슬림의 의무행위는 신앙고백이 우선적으로 있어야 하고, 하루 5회 기도, 헌물 또는 헌금 행위, 일생에 한번 이상 성지인 메카 순례 그리고 라마단 기간에 행해지는 금식 등이다. 권고사항은 부모를 공경하는 행위, 무슬림 형제를 사랑하는 행위, 기혼자는 혼인 반지를 끼는 것, 선을 베푸는 행위 등을 들 수 있다. 중용적 행위는 근면하게 생활하는 것, 남을 해롭게 하지 않는 행위, 몸의 청결을 유지하는 것 등이다. 근면하게 생활하면 자신과 주변에 유익하지만, 지키지 않는다고 자신에게 즉각적으로 제재가 가해지는 것은 아니다. 따라서 중용행위는 하면 좋지만 하지 않는다고 즉각 불이익이 따르지 않는 행위이다. 혐오행위는 남녀 공히 노출이 심한 옷을 입거나 부적당한 장소에서 남녀가 포옹하거나 키스하

기도하기 전 얼굴, 손, 발을 닦는 무슬림

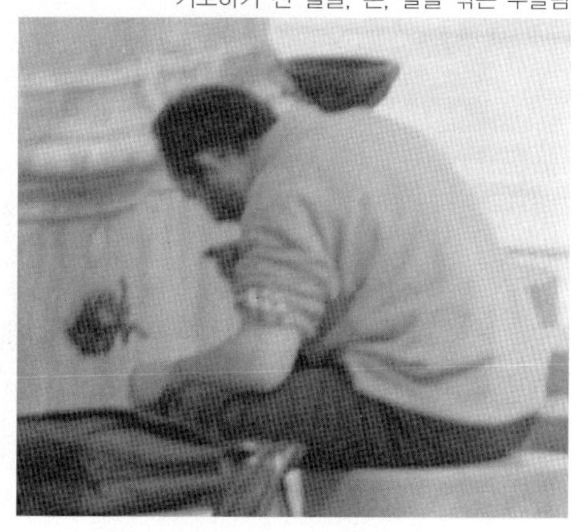

는 행위를 말한다. 금지행위는 이슬람이나 쿠란을 비난하는 행위, 예배 드리는 곳이나 사람 주위에서 떠들거나 방해를 하는 행위, 음주행위, 돼지고기를 먹는 것 또한 터키인들 사이에는 드문 현상이지만 유태인이나 기독교인을 친구로 삼는 것, 형제가 무신앙자가 될 경우 그들을 허용하는 행위 등이 해당된다.

터키인들은 '신앙의 전사(戰士)'라고 할 수 있는 가지(Gazi)의 정신을 윤리의 주요 덕목으로 생각한다. 군인, 개척자 또는 신앙의 수호자로서 반드시 갖추어야 할 가지의 자세는 절제, 용맹, 충성심과 과감성을 수반해야 한다. 이러한 가지 정신은 터키인들에게 있어서 이상적인 사회윤리로 인식되고 있으며 이슬람의 정의구현에 필수적 요소이기도 하다. 물론, 요즈음 신세대에서는 가지 정신이 일반적으로 강조되고 있지는 않으나 신앙심이 강한 일부 젊은 세대에서는 여전히 영향력을 가지고 있다.

숙명론적 가치관은 터키인들의 사고와 행위를 지배한다. 인간은 신의 뜻에 철저히 따라야 하고 이 뜻을 거부하는 것은 신성모독인 동시에 부질없다고 여겨진다. 그러므로 어떤 행동이나 계획을 자신의 의지로 실현시키려는 의사 표명은 바람직하지 않으며 전능한 신의 뜻에 맡긴다는 고백이 보편적으로 있게 된다. 터키에서 공적 또는 사적 대화 중에 '신의 뜻에 합치된다면'이란 의미의 표현인 '인샬라(Inshallah)'를 종종 들을 수 있다. 예를 들자면, 친구와의 대화 가운데 "내일 나와 함께 여행을 가자!"고 제의했을 경우 대체로 상대자는 "그래, 꼭 가자!"보다는 "인샬라(Inshallah)"로 답하는 경우가 많다.

친구들의 입대환송

오늘날 대부분의 터키인들은 도시의 지식인뿐만 아니라 농부

들도 전통적인 명예 윤리에 큰 가치를 부여하고 있다. 명예는 가족, 예절과 자존심의 개념의 기초를 이루는 사회적 가치이다. 명예에 대한 개념은 남성과 여성에게 다소 다르게 적용되지만 여성보다는 남성을 더 광범위한 사회 상황 속에 개입하게 만든다. 특히 명예를 중시하는 남성은 자신과 가족의 명예를 수호하기 위해서 기꺼이 희생할 준비가 되어 있어야 한다. 명예를 중시하는 남성은 모욕을 당했을 경우 보복하기 위해 분투해야 하며 반드시 명예를 훼손한 자를 징계해야 한다. 명예가 결여된 사람은 그의 신체적인 면에서 무엇인가 부족한 사람과 같다. 그 결과 많은 촌락지역에서는 명예를 회복하기 위해 가족이나 혈족들 사이에 싸움이 일어나며 때로는 물리력이 동원되기도 한다. 자기 가족에 속한 여성이 명예를 더럽혔다고 인정됐을 경우에도 그 여성도 처벌의 대상이 되기도 한다.

2. 사회

1) 가족

지난 30년간 터키 사회의 급속한 변화에도 불구하고 농촌에서의 전통적인 가족관계는 크게 변화하지 않았다. 가부장제의 대가족은 농촌의 전통적인 사회 구조를 지탱시키는 기본 단위이다. 모든 가족 구성원은 가족과 분리되어서 행동할 수 없으며 가장의 절대적 권위에 복종해야 한다. 농촌 지역에서의 가족은 소규모 생산단위라고 할 정도로 모든 노동력이 가족 구성원에 의해서 거의 제공되어 왔다.

친족과 가족의 유대관계는 농촌뿐만 아니라 도시에서도 터키인 생활의 핵심적 위치가 되어 왔었다. 오스만제국의 지배 엘리트들이 조상의 유산에 근거하여 결정되었고 오늘날에도 이러한 조상의 영향력이나 유산이 지배 엘리트를 결정하는 데 영향을 미치는 요인으로 남아 있을 만큼 가족과 친족으로부터 물려받은 유형, 무형의 재산 및 관계를 어느 누

산책하는 시민

구도 소홀히 여길 수 없다. 이처럼 가족 및 친족은 가족 구성원 개개인의 현재와 미래를 결정하는 소규모 집합체로 여겨지기 때문에 가족 구성원은 가장의 권위를 존중하며 연장자와 상의 없이 독단적으로 행동하기를 주저한다. 특히 전통이 고수되는 농촌에서는 개인의 자율성보다는 집단의 결속이 더욱 중요한 의미를 가진다.

터키 가정에서 어른들에게 어떤 일이 결정될 때 우선권이 주어지며 어른을 공경한다. 어른이 오면 앉아 있다가도 일어나거나 그에게 자리를 양보하는 것이 보통이다. 어른의 요구 사항이 있으면 가능하다면 그것을 수용하는 것을 미덕으로 삼는다. 어른이 말할 때에는 끼어들지 말아야 하고 연장자에게 큰소리로 말하지 않도록 주의해야 한다. 연장자의 말에 동의하지 않을 경우에는 공손한 태도로 자신의 의사를 전달하도록 한다. 만일, 어느 가정을 방문했을 경우에는 가정의 부모에게 인사를 먼저하며 그들이 악수하려고 손을 내밀면 그들의 손을 잡고 입을 맞추어야 한다.

터키인들이 특별히 의미를 부여하여 지키는 행사는 생일, 입학, 졸업, 입대, 제대, 입사, 라마단(금식월), 쿠르반(희생절), 할례식, 칸딜(무하마드 탄생일, 기도일, 승천일, 사죄일, 계시일) 등이 있다. 칸딜은[20] '등잔불'을 의미하는데, 이날을 축하하기 위해 등잔불을 밝히는 전통이 있었다. 지금은 칸딜이 되면 모스크의 첨탑에 전등불을 밝히고 예배를 드리며 쿠란을 읽고 기도한다.

터키인들에게 가정은 '하나의 돈주머니, 하나의 항아리와 하나의 식탁'을 공유한 사람들을 의미하는 데 이것은 경제적 결속이 가정의 근본적인 성격임을 지적하는 표현이다. 가정은 농촌 사회에 있어서는 생산과 소비를 공유하는 유일한 경제적 단위이다. 가정의 일은 성과 연령, 그리고 개인의 형편에 따라 분배되며 가장은 획득된 총소득을 구성원의 필요와 사회적 지위에 따라 나누어 주는 것이 일반적이다.

가정에서 남녀간의 차이는 가능한 한 모든 면에서 강조되고 있다. 이러한 구별은 특별히 노동의 분배에 있어서 분명하다. 남자는 힘든 야외 노동을 하고 모든 중요한 결정을 내리며 외부와의 관계를 처리하며 가정과 가정의 명예를 보호해야 한다. 여성은 가정 내의 일을 책임지며 밖에서 힘이 덜 드는 일을 하고 외면상으로는 그들 남편의 권위에 복종한다.

최근 터키 대도시의 가족관계는 과거 전통적인 가부장적 대가족 제도로부터 벗어나 단순화되어 가는 경향을 띠고 있다. 대도시의 주택 구조, 생활비, 노동여건 등의 생활환경이 과거와는 크게 변했기 때문에 대가족 생활을 지속하기가 매우 어려워졌다. 여성이 남성에 복종하는 전통적 남녀관계가 변하여 이들에게 동등한 지위와 권리가 부여되었다. 생산 활동이 가정 외부에서 주로 이루어지며 경제적 독립이 가능하기 때문에 가족 구성원간의 분리가 커다란 구속을 받지 않는다. 신세대는

단란한 가정의 모습

20) 제9장의 이슬람 명절을 참조하시오.

명령적인 대가족 제도보다는 독립된 핵가족을 선호하고 있다.

터키에서 결혼은 민법에 따라 한 쌍의 남녀가 출생증명서와 건강증명서와 건강진단서를 첨부하여 관할 관청에 결혼신고를 함으로써 공식적으로 인정을 받는다. 그러나 농촌에서는 결혼신고에 특별한 의미를 부여하기보다는 오히려 사무적인 절차로 여기는 경향이 있다. 농촌 인구의 일부가 종교의식을 통한 결혼을 유일한 방법으로 여기고 결혼신고를 하지 않기 때문에 정부 당국은 결혼신고를 강제규정으로 정하고 있다. 결혼신고가 이루어지지 않을 경우 일부다처제가 확산될 가능성이 크고 2세들의 법적 보호, 상속권, 세금 공제 등과 관련된 복잡한 법적 문제가 야기되고 있다.

과거에 이루어지던 전통적인 결혼방식은 근친결혼이라 할 수 있다. 전통적인 관습에 역행하며 소속 집단을 이탈하여 이루어지는 결혼은 바람직하지 않았기 때문에 본인의 의사와 관계없이 소속 집단 내에서 배우자를 찾을 수밖에 없었다. 이러한 결혼방식은 친족간의 유대를 더욱 강화시킴은 물론 친족간의 비밀 유지 및 재산의 분산방지를 위해서 요구되었다. 또한 근친결혼은 새로이 며느리가 될 신부가 신랑의 가족 구성원과 이미 친숙한 관계를 맺고 있어 가정에 쉽게 적응할 수 있을 것이기 때문에 선호된 것으로 평가되고 있다.

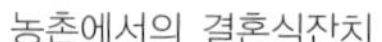
농촌에서의 결혼식잔치

농촌에서는 이슬람의 관행에 따라 일부 남성이 다처와 결혼하는 경우가 있기는 하지만 실제로 일부다처 가정은 매우 드물다. 그 이유는 터키

가족법이 일부다처제를 엄격히 금하고 있으며 일부다처는 비공식적으로만 이루어지고 있다고 보아야 한다.

가족법 124조에서 혼인 연령을 남녀 공히 만 18세 이상으로 규정하였다. 만 18세 미만의 여성이 혼인할 경우 신체적, 정신적 측면에서 부정적인 영향을 미칠 수 있음을 근거로 2001년 개정 민법에서 혼인 연령이 상향조정되었다. 농촌에서 가장의 결정과 승인 하에 이루어지는 조혼이 보편화되어 있는 반면 도시에서는 교육, 군복무 기간 및 안정된 직업선택 등의 문제로 평균 결혼연령이 높아졌으며 결혼 적령기의 남녀 스스로가 보편적으로 결혼을 결정하는 편이다.

2) 농촌과 도시생활

터키 농촌에서 가장 보편적으로 볼 수 있는 전통적 가옥은 직사각형 구조로 지붕이 납작하며, 벽이나 담은 흙, 벽돌 또는 돌을 사용하여 단층 혹은 이층으로 지어졌다. 빈농은 대체로 소규모의 집에서 대가족이 함께 거처하는 반면에 부농은 자신의 집에 10명 이상의 사람들이 모여 대화할 수 있는 커다란 사랑방을 소유하고 있기도 하다. 가장은 넓은 방을 사용하고 대부분의 가옥은 주로 남자 손님들을 접대할 수 있는 응접실을 하나씩 가지고 있다. 응접실에는 디반(Divan)이라는 낮고 긴 의자가 있으며 농촌에서도 식탁과 의자의 사용이 점차 확산되는 것을 볼 수 있다. 가옥의 형태와 구

고층아파트 건설

조는 지역에 따라 다소 차이를 보이기도 하지만 그 가운데 가장 현저한 특징은 북부 산악지대와 흑해 연안에서 나타나며 이곳에서는 목재생산이 풍부하여 건축 자재로는 목재가 많이 쓰인다.

농촌에서 생산되는 주요 농산물로는 밀, 보리, 호밀, 옥수수, 귀리 쌀 등이 있으며 산악 및 해안 지방에서는 감자, 목화, 사탕무우, 담배, 호두, 포도, 무화과, 차 등을 경작하고 있다. 목초지에서 쉽게 볼 수 있는 양, 염소와 소는 양모, 우유와 고기를 제공함으로써 유목민의 주요 소득원이 되고 있다.

현대 터키 남성들은 과거와는 달리 양복을 즐겨 입는다. 그들의 전통적인 복장의 상징인 터반과 원통형 모자인 페즈(Fez)의 착용이 이미 1925년에 금지되었다. 요즈음 도시인들은 중절모를 쓰고, 농부들은 일을 할 때 편하게 쓸 실용적인 모자나 실로 짠 모자를 쓴다. 농촌에서는 남녀가 공히 농사를 짓기에 편리하도록 불룩하고 축 늘어진 바지를 입으며 특히 동부에서는 이러한 고유 복장의 착용이 눈에 띄게 증가한다. 농촌에서 여성들이 남성들에 비하여 고유 복장을 더 자주 입지만 과거와 같이 베일(Veil)로 얼굴을 가리는 경우는 드물고 상징적으로 스카프를 머리에 쓰고 스카프의 끝을 입 언저리에 동여맨다. 이에 반하여 대도

농촌 풍경

시의 서구화된 직장 여성들은 양장을 하고 최신 유행을 따라 자유롭게 복장을 선택한다.

이스탄불 번화가

터키의 사회를 농촌과 도시로 양분하는 것은 터키적 상황을 전혀 고려하지 않은 지나치게 단순화시킨 구분법이다. 농촌 사회의 구성원들은 정부 주도에 의한 농촌 개발사업을 접하고 일부는 농촌의 문명화를 적극 추진하고 있다. 더욱이 농촌 거주자들이 사업, 일, 오락, 무역과 친지 방문 등을 목적으로 수시로 대도시에 가기 때문에 도시와의 접촉과 교류가 증가하여 도시와 농촌 사이에 생활하는 방식에서 나타나는 외형적인 격차는 점진적으로 좁혀지고 있는 실정이다. 그러나 중앙의 대도시로부터 멀리 떨어진 중부와 동부 산악지역의 농촌은 정책 결정과정에서 일부 소외되어 온 감이 없지 않다. 하지만 정부 당국이 최근 대단위 댐을 건설하는 계획(GAP)을 이행했고 여기에 도로 건설도 광범위하게 이루어져 농촌복지 향상이 궁극적으로 실현될 것으로 보고 있다.

터키의 대도시들은 세계의 여타 대도시와 크게 다를 바 없다. 이스탄불, 앙카라와 이즈밀 등의 대도시에 정치, 경제, 사회적 힘이 집결되어 있으며 다양한 개인들과 집단의 주요한 만남이 대도시에서 이루어진다. 대도시에는 군사조직, 법체계, 통신 연락망, 행정 및 경제 조직을 통하여 국가발전을 이룩할 계획을 창안하는 고위 엘리트 집단이 있는가 하면, 지식인 샐러리맨과 상인들을 비롯한 중간계층과 공장의 비숙련공과 임시직 고용인 등과 같은 저임금 노동자들이 공존하고 있다. 그러므로 대도시는 계층간의 갈등, 인구과잉 유입에 따른 주택부족, 도시의 기형적 발전 등의 문제를 안고 있다. 또한 도시는 재능과 인력의 주요원천이다. 유능한 사업가와 전문가들이 도시에서 더 많은 기회를 얻을 수 있으므로 도심지역으로 몰린다. 이처럼 터키의 대도시는 일반적인 측면에서 다른 개발도상국의 도시들과 닮은 점이 많다.

3. 산업화와 사회구조의 변화

터키의 사회구조는 공화국 건립 이래 오늘날까지 꾸준히 변화해 왔다. 아직까지도 농업에 종사하는 인력이 전체 노동력의 과반수를 차지하고 있으므로 노동력 분포의 측면에서 터키는 농업국가라고 할 수 있다. 그렇지만 정부의 주도로 국가사회주의적인 노선에서 산업화가 추진되어 전체 산업부문에서 농업이 차지하는 비중이 현저히 감소하였다. 60년대와 70년대에는 괄목한 산업성장이 이루어져 국민소득 가운데 농업소득은 전체의 1/4정도로 축소되었다. 산업별 노동력의 분포를 보더라도 과거와는 달리 제조업과 서비스업에 종사하는 인구가 증가하였는데 특히 산업화 과정에서 서비스업에 종사하는 인구는 급속히 늘어났다.

공화국 건립 이래 추진된 산업화는 사회의 구조적 변화를 야기했다. 사회구조 변화의 특징을 파악하기 위해 터키 사회를 도시와 지방으로 편의상 구분하여 보았다.

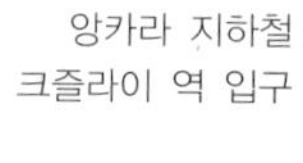
앙카라 지하철 크즐라이 역 입구

공화국 초기만 하더라도 도농간의 생활수준의 격차가 매우 컸으며 양 집단간의 교류 또한 빈번하지 않았다. 1946년부터 1960년까지의 경제정책의 주요 목표는 지방경제의 활성화이며 지방의 시장경제 체제로의 흡수였다. 그리하여 농민들은 판매를 목적으로 한 농산물을 본격적으로 생산하였고 폐쇄적인 농촌도 어느 정도 개방되기 시작했다. 1960년과 1971년 사이는 산업화가 가속화되었다. 이 기간에 민간기업의 대규모 자본투자로 말미암아 종전의 국가 주도의 산업이 차지하는 비중이 감소하였고 사회구조에도 구체적인 변화가 일어났다. 소비가 미덕으로 강조되었고 도시에서의 일자리의 증가로 농촌 인구가 도시로 이동하는 현상이 크게 증가하기 시작했다. 뿐만 아니라 도시에서 양질의 교육을 받으려는 욕구와 농업의 기계화는 지방 인구의 도시 진입을 자극시켰던 것이다. 그리하여 도시의 인구 증가율이 평균 인구 증가율을 훨씬 상회하였고 농촌인구의 과잉유입은 도시의 거주지역을 불균형적으로 확대시켰으며 주택부족과 도시 외곽의 열악한 주거환경이 사회문제로 발전하였다.

백화점 내부

지방인구의 이동이 도시와 농촌 간 교류 확대와 폭을 넓혔음은 물론 양 지역간 의식 구조의 차이를 축소시켰다. 과거에는 농민들이 마을의 지도자나 유지를 통하여 외부 세계와 접촉하였으나 이제는 그들 스스로가 은행, 관공서, 세일즈맨, 중소상인, 혹은 도시로 진출한 친지를 통하여 일을 처리해 나간다.

인구이동은 도시와 농촌 양 지역을 복합적이며 급속하게 공히 변화시켰다. 터키 정부당국은 지역의 변화와 발전을 교통, 통신, 교육과 행정조직을 활용하고 지역간의 균형에 역점을 두어 유도해 나갈 것으로 전망된다.

직업분포의 변화

연도	농업	산업	서비스업	기타
1962	77.1	8.3	13.9	0.7
1967	71.3	9.2	16.8	2.7
1972	65.0	11.3	22.7	1.0
1975	60.9	12.3	25.9	0.9
1980	60.2	12.65	25.65	1.5
1985	58.85	12.86	26.66	1.73

터키 통계청 자료

직업별 고용인원(15세 이상)

(단위 : 천명)

연 도	2001		2002		2003		2004	
직업 \ 성별	남	여	남	여	남	여	남	여
엘리트 집단	1,594	138	1,636	119	1,732	114	1,737	122
전문가	827	410	882	442	940	443	892	425
엔지니어, 지식인 샐러리맨	736	316	737	299	762	300	755	309
사무직과 보조직	622	330	715	425	718	478	695	420
판매, 서비스업	1,666	262	1,830	342	1,827	352	1,842	353
농, 축산, 어업	4,113	3,660	3,501	3,283	3,486	3,269	3,676	2,774
중소상공인, 자영업	2,910	389	2,661	418	2,597	347	2,661	350
숙련공	1,597	119	1,627	138	1,639	161	1,918	188
비숙련공	1,491	345	1,643	656	1,555	427	1,847	827
합계	15,556	5,969	15,232	6,122	15,256	5,891	16,023	5,768

4. 교육제도

1) 초등교육

현재의 초등교육은 5년의 초급과정과 3년의 중학교 과정을 통합하여 8년의 의무교육이며 국립학교에 한해 무상으로 이루어진다. 사립학교는 학교가 정한 소정의 수업료를 납부해야 한다.

처음에 초등교육의 의무교육법이 1913년에 의결되었으나, 1923년의 공화국 건립 이후에 이 법률을 시행할 수 있는 실질적인 조치가 취해졌

앙카라의 초등학교 건물

다. 초등학교부터 학사관리가 엄격하여 상급학년으로의 진학은 일정 수준 이상의 점수를 획득하여야 가능하다. 초등학교의 수는 1950~51학년도에 17,428 개교였는데 1987~88학년도에는 50,455 개교로 증가하였으며 1987~88학년도 초등학교의 취학아동은 6,880,000으로 밝혀졌다.

1990년대 중반부터 터키는 초등교육을 8년으로 확대하고 지역에 따라 단계적으로 통합하여 운영하기로 결정했다. 초등교육 과정에 36,117개 학교에서 10,479,538명이 등록된 것으로 나타났다.

2) 고등학교 교육

고등학교 교육은 인문계와 실업계 교육으로 나누어지며 초등교육을 이수한 자의 희망에 따라 각각 3년간 무상으로 받게 된다. 고등학교 과정은 기능상 상급학교에 진학하려는 인문계 학교와 취업을 고려하는 실업계 학교로 구분되며 목적에 따라 교육과정이 다르다.

고등학교 과정을 마치고 전문대학 이상의 고등교육기관에 진학하기 위해서는 국가주관의 2단계의 대학입학 고사를 통과해야 한다.

1987~88학년도에는 1,436개 인문계 고등학교에 697,000명, 2,237개 실업계 고등학교에 721,000명이 재학하는 것으로 나타났다. 2003~04학년도에는 2,831개 인문계 고등학교에 1,963,998명, 3,681개 실업계 고등학교에 1,050,394명이 각각 등록되었다.

3) 고등교육

대학교를 비롯한 대부분의 고등교육기관은 국가재정으로 운영되는

대학강의실

국립이며 학비는 소액의 수수료를 제외하고 전액이 무료이다. 4년제 대학교는 졸업정원제에 따라 철저하게 학사를 관리하고 있어서 적지 않은 수의 학생들이 중도에 탈락하게 된다.

터키의 대학교들 가운데 일부는 모든 강의를 영어로 하고 있다. 앙카라의 중동공과 대학교(Middle East Technical University)와 빌켄트대학교(Bill-Kent University), 이스탄불의 보아지치대학교(Bogazici University)가 여기에 해당된다. 국가대학입학고사를 통해 상기 대학에 입학이 확정된 신입생들은 별도의 영어시험을 치러야 하며 일정 기준에 미달된 이들은 1년간 영어교육을 받아야 한다. 이밖에도 이스탄불 소재 마르마라(Marmara)대학교의 경제와 행정대학, 이스탄불대학교의 국제관계학과가 영어로 강의를 하고 있다.

1984년까지 터키의 고등교육기관 전체가 국립이었는데, 1984년에 처음으로 앙카라에 사립대학교인 빌켄트대학교가 설립되었다. 1992년부터는 최신식 시설을 갖춘 사립대학교도 꾸준히 증가하고 있다. 사립대학교를 제외한 모든 고등교육기관은 국가재정으로 운영되는 국립이며 학비는 소액의 등록금을 납부한다.

제2,547호(1981.11.6)법령에 의해 구성된 고등교육위원회는 모든 고등

교육 기관을 관리할 책임과 권한을 교육부로부터 일부 이양받았다. 이 위원회는 대학의 발전, 평가, 예산투자, 사업계획 및 조정에 관한 사항을 의결한다. 일부 대학의 관계자들은 이 고등교육위원회를 대학의 전문성과 독립성을 침해하는 어용기관으로 비판하고 있다. 1987~88학년도에 이스탄불에 6개, 앙카라에 5개 종합대학교를 비롯한 총 343개의 전문대학 이상의 고등교육기관에 504,000명의 학생이 등록하였다.

빌켄트대학교

터키도 세계화(globalization) 추세에 따라 고등교육의 확대를 단계적으로 추진하고 있다. 이를 뒷받침하기 위한 정책의 하나로 고등교육을 받는 학생이 필요한 경우에는 '고등교육신용대출 · 기숙사 재단'으로부터 학자금 융자를 받는 제도가 있다. 터키에서는 대학교 캠퍼스 내외에 기숙사를 세워 타 도시에서 온 학생들에게 우선적으로 제공한다. 1999~2000 학년도 기준으로 기숙사를 이용하는 학생들은 총 174,373명으로서 이 가운데 남학생이 84,762명, 여학생이 89,611명이었다. 터키에서도 기숙사 생활을 하지 않는 타 도시 출신의 일부 학생들은 캠퍼스가 가까운 지역의 소규모 아파트를 공동으로 임차하여 생활하기도 한다.

2001년 당시 터키의 대학교의 수는 77개, 재학생 1,677,936명, 교수 71,290명이며 터키 인구 증가와 더불어 고등교육에 대한 관심이 커지고 있다. 2003~04학년도에 전문학교와 대학교의 수는 1,248개, 교수 78,804명, 재학생 1,841,546명인 것으로 집계되었다.

4) 교육 발달사

터키의 현대적 의미의 교육은 개혁칙령이 발표된 1839년 이후에 본격적으로 도입되었다. 개혁칙령 발표 이전의 교육은 주로 이슬람사원과 이슬람신학교, 그리고 왕궁내의 왕립학교에서 이루어졌다. 종교인들과 왕궁관리들의 양성이 주요 교육목표이었던 이 교육기관은 15세기 초부터 17세기 중엽까지 오스만제국의 팽창과 터키적 이슬람문화의 확산에 크게 기여하였다.

터키의 현대식 교육이 오스만제국 쇠퇴의 가속화와 함께 시작되었다고 하여도 과언이 아니다. 유럽 국가들과의 전쟁에서 패배한 오스만제국은 유럽의 우세를 인정하고 유럽식 군사교육체제를 우선적으로 도입하였다. 유럽식 군사교육기관은 유럽에 대한 오스만제국의 군사적 열세를 만회시킬 수 있는 군사요원의 양성에 역점을 두었다. 그러나 군사교육기관의 서구화를 통해서만 유럽의 우위를 극복할 수 없다는 한계를 인식한 개혁주의자들은 보수주의자들의 극렬 반대에도 불구하고 유럽식 민간인 교육기관의 설립을 추진하여 성과를 거두었다. 그리하여 오스만제국 말기에는 기존의 종교적 색채를 띤 전통적 교육기관과 현대식 교육기관이 양립하여 교육기관의 이원화 현상이 초래되었다.

어렵게 건립된 현대식 교육기관은 보수파 종교인들의 반대와 19세기 말에 유럽 국가들과 오스만제국간의 장기화된 전쟁으로 말미암아 정상적으로 교육을 진행하지 못했다. 상당수의 학생들이 징병되어 전선으로 투입되었고 학교 건물이 병동으로 사용될 수밖에 없는 상황에서 원만한 수업 진행을 기대하기 어려웠다.

제1차 세계대전에서 연합군이 승리하여 아나톨리아반도 북부를 제외한 오스만제국의 전체 영토를 분할 점령하였다. 국가수호를 열망하는 터키민족을 이끌고 독립전쟁을 성공적으로 마친 무스타파 케말은 민족주의에 입각한 교육을 국가존립의 필수적 조건으로 생각하고 특히 교육의 세속화를 추진하였다. 케말을 중심으로 한 개혁주의자들은 오스만제국의 붕괴원인으로 이슬람교리에 집착한 사고의 정체성을 지적하고 교육과 종교의 분리의 필요성을 역설하였다.

교육의 세속화 정책의 골자는 교육기관 관리체제의 일원화였다. 오스만제국의 교육기관 가운데 다수를 차지하는 이슬람 신학교와 그 하급학교들은 종교부에 속해 있었고 19세기 초부터 설립된 유럽식 교육기관은 교육부의 통제를 받았으므로 교육기관의 이원적 관리체계가 형성되어 있었다. 이러한 교육기관의 이원화는 사회구성원을 이원적으로 분리시킬 위해 요인이었다. 따라서 공화국 정부는 세속화 정책의 일환으로 1924년 3월 3일 승인된 '교육통일법'에 이하여 모든 교육기관을 교육부의 관리 하에 두었다.

1927년 교육부 장관인 무스타파 네자티(Mustafa Necati)는 한 연설에서 교육의 세속화와 관련하여 다음과 같이 언급하였다.

"과거의 교육은 종교적 특성을 소유하였음은 물론 민주적으로도 이루어지지 못했다. 오늘날의 교육은 세속적 방식으로 이행되어야 하며 사상과 양심의 자유를 저해하는 어떠한 영향도 배제한다."

정부당국은 터키의 존립과 발전을 위해 추구하던 교육의 세속화 정책에 대학의 적극적 참여를 요청하고 대학의 개혁을 시사하였다. 이에 따라 과거 보수주의적 지성인들의 모체였던 이스탄불의 다률퓨눈(Darulfunun)을 1933년 7월 31일자로 폐교시키고 이스탄불 대학교로 명칭을 바꾸었다. 정부는 기존의 다률퓨눈에 재직하던 151명의 교수 가운데 59명만을 재임용하였다. 교육의 세속화 작업의 일환으로 다률퓨눈의 이슬람 신학대학의 규모를 축소시켜 '이슬람연구소'로 개칭하였고 오히려 국가적 개혁의 이념적 바탕을 제공할 '터키 혁명연구소'를 신설하였다. 이와 더불어 공화국의 새로운 수도가 된 앙카라에는 법과대학(1925.11.1), 농과대

이스탄불대학교 정문

학(1933. 10.30), 언어, 역사, 지리학대학(1936.1.9)이 설립되었고 이스탄불 소재 정치학교는 앙카라로 이전되어(1936.11.15) 앙카라대학교의 단과대학으로 설치되었다. 공화국 정부당국의 앙카라에 이공대학보다 인문, 사회과학과 관련된 대학의 우선적 설립은 수도인 앙카라를 비롯하여 터키 전역에 개혁운동을 정착시키려는 의지의 표현인 것이었다. 케말 아타튀르크가 집권한 1923~1938년에 대학교를 비롯한 모든 교육기관은 정부의 주도로 크게 발전하였다. 특히 케말 아타튀르크의 위대한 업적인 문자개혁으로 문맹률이 1924년의 약 90%에서 1985년의 약 16.5%내외로 감소하였다.[21)]

21) 고등교육의 발전에 대한 구체적인 내용은 『제14장 터키의 고등교육』에서 다루어짐.

V

정치

V 정치

1. 단일정당제의 폐지

케말 아타튀르크가 1938년 11월 10일 서거한 직후 공화국의 제2대 대통령으로 이스멧 이뇌뉘(Ismet Inonu)가 대통령으로 선출되었다. 이뇌뉘의 집권기에는 제2차 세계대전이 발발해 국내외적으로 많은 도전을 극복해야 했다. 이뇌뉘는 국가계획경제를 실시하여 산업 발전을 꾀했으며 커다란 진전을 이루었다. 그의 집권기에 터키는 제2차 세계대전에 참전하지 않으려고 중립정책을 유지했다. 터키는 독일과 거리를 두기 위해서 1939년 10월 13일에 영국, 프랑스와 각각 상호 지원협정을 체결하고 그 결과 경제적 원조를 받았다. 1941년 3월 25일에는 소련과는 불가침조약을 맺었다. 1941년 6월 독일이 소련을 침공하기 직전 터키는 독일과도 불가침조약을 맺어 제2차 세계대전이 진행되는 동안 중립정책을 표방했다. 하지만, 전쟁이 종결되기 전에 터키는 영국, 미국, 소련 등의 진영에 가담하여 독일과 일본에 전쟁을 선포했고 1945년 1월 24일 유엔 성명서에 서명함으로써 유엔 설립회원국이 될 수 있었다.

터키의 국부 케말

제 2차 세계대전 직후 서구에서는 민주화와

자유화의 의미가 강조되었고 터키도 이러한 정치현상에서 제외될 수 없었다. 공화국 건국 이후 아타튀르크가 조직했던 공화인민당(Republican People's Party)은 단일 정당체제를 유지하며 장기간 집권하였다. 그러나 국내외적 여론으로부터 압력을 받아 이스멧 이뇌뉘 대통령은 1945년 11월에 단일 정당체제의 폐지를 선언하고 야당의 필요성을 인정하였다. 공화인민당 내에서 당내 주류 세력의 일방적인 정당의 운영을 비판하는 일부 그룹이 조직되었다. 이들은 아타튀르크 대통령 재위시 마지막 수상이었던 제랄 바야르(Celal Bayar)를 비롯해 후아트 쾨프률루(Fuat Koprulu), 아드난 멘데레스(Adnan Menderes)와 같은 의원으로서 커다란 정치적 영향력을 가지고 있었다. 이들은 공화인민당의 정강을 수정하고자 제의했지만, 이 제의가 거절되자 탈당하였다. 바야르, 쾨프률루, 멘데레스는 협력하여 1946년 1월 7일에는 야당으로 민주당(Democratic Party)을 창당하였다. 이때 새로 창당된 여러 정당 가운데는 국민당(National Party, 1948.7)도 포함되어 있었다. 민주당의 창당은 공화국 건국 이래 장기간 단독으로 집권해 온 정권에 불만을 갖은 사람들에게 기대감을 불러 일으켰다. 자유주의 경제정책을 표방한 민주당은 경쟁력 있는 야당으로 점차 발전해 갔다.

1946년 7월에 실시된 선거에서 민주당은 416석 가운데 70석을 확보하여 국회에 들어갈 수 있었으며, 1950년 5월 14일 총선에서는 민주당이 압승하여 정권이 교체됐으며, 제랄 바야르(Celal Bayar)가 대통령으로 취임하고 새로운 내각이 아드난 멘데레스(Adnan Menderes)를 수상으로 하여 출범하였다. 멘데레스 정권은 국가사회주의 노선의 경제정책을 일부 수정하여 내외국인의 사기업 투자 장려를 포함한 자유주의 경제정책을 도입하였다.

멘데레스 정권 하에서 아타튀르크 혁명으로 성취된 개혁조치를 무효화시키려는 일부 종교인들의 활동이 전개되기도 하였는데, 야당은 종교인들의 반개혁적 보수성을 공화국의 원칙을 위협하는 요소로 평가하기도 했다. 민주당은 1954년 선거에서도 승리하여 정권을 유지할 수 있었지만 민주당의 기대에는 미치지 못했다. 1957년 선거에서도 민주당이 비교적 선전(善戰)함으로써 1960년 5월 27일까지 정권을 잡고 자유주의 원칙에 따라 경제를 활성화시키려 했다. 민주당 집권기에 경제발전, 국민소득의 증대, 농촌의 근대화가 일부 이루어져 긍정적인 측면이 있었다. 또한 외국자본의 유치와 국제 무역이 장려되기도 했다.

이뇌뉘 집권기에 시작된 친미적 외교정책은 민주당 정권 하에서도 유지되었다. 1946년 미국의 전함 미주리(Missori) 호가 이스탄불을 방문했으며 트루만 독트린(Truman Doctrine)과 마샬 플랜(Marshall Plan)으로 시작된 군사, 경제적 원조로 터키의 서구 지향적 외교정책이 더욱 강화되었다. 이뇌뉘는 케말 아타튀르크의 서구화 정책을 수용, 발전시켜 나갔다. 민주당 정권 하에서 터키는 한국전에 참전했으며 1952년에 NATO 회원국이 되었다.[22)]

민주당은 1954년 총선에서는 이전에 비해서 국민의 지지를 일부 상실하게 되었다. 그 주요 이유는 국제적으로 경기가 악화돼 터키 경제성장에도 침체현상이 나타났다. 특히, 인플레이션의 가파른 상승으로 고정된 급여를 받는 도시의 샐러리맨과 공무원들은 생활이 어려워져 불만이 고조되었다. 민주당에 대한 야당의 비판이 커졌고 매스컴도 연일 이를 보도하였다. 민주당은 비민주적인 방법인 언론 검열을 실시하게 되자 지성인들은 불만이 더욱 증폭되었다. 대학생들은 반정부 시위를 시작했고 상황은 더욱 어려운 상태로 전개되자 계엄령이 선포되었다.

2. 1960년 혁명

1950년 5월 민주당의 승리는 평화적 정권 교체가 가능할 수 있는 터키의 정치적 성숙을 의미하는 듯 하였다. 그러나 이러한 기대감은 시간이 감에 따라 실망의 목소리로 변하기 시작했다. 야당인 공화인민당은

22) 터키정부는 한국전 참전을 기념하기 위해서 앙카라에 한국공원을 세웠다.

앙카라의 한국공원

정부의 경제, 종교정책이 아타튀르크 이념에 배치되고 있음을 지적하자 정부는 여러 가지 수단을 동원하여 야당을 탄압하기에 이르렀다. 멘데레스 정부는 당시 전체국민의 75%가 넘는 다수 농민의 지지를 얻기 위해 농업소득세 면제, 곡류가 인상 등을 실시하였는데 이로 인해 국가 재정에 막대한 손실을 가져왔고 민주당 정권의 말기에 이르러서의 경제상태는 크게 악화되었다. 민주당은 경제적 침체에서 비롯된 국민들의 불만을 일부 무마하기 위해 특히 농민들에게 선심성 정책으로 접근하였다.

군대 내의 일부 지휘관들은 민주당 정권이 경제, 정치적 발전을 가로막고 있으며 정치의 민주화를 위해서 정권 교체가 필요하다고 평가했다. 이들은 1960년 5월 27일 조직적으로 군사혁명을 일으켰으며, 그 목적은 민주주의의 수호와 소모적인 정쟁의 중단이라고 발표했다. 단기간 내에 선거가 이루어져 다시 민간인들이 정권을 인수할 것이라고 덧붙였다. 바야르 대통령과 멘데레스 수상을 비롯해 여당의 지도급 정치인들이 구금 상태에 놓이게 되었다. 계엄사령관 제말 귀르셀(Cemal Gursel)이 국민통합위원회(National Unity Committee : MBK)를 구성하여 대통령과 수상의 권한을 행사했으며 국회는 해산되었다. 1960년 6월 17일에 민간인 중심의 새로운 내각이 구성되어 국정을 이끌어 나갔다. 민주당 정권은 약 10년에 걸쳐 집권하면서 야당과 언론에 대한 탄압, 종교의 정치도구화, 장기집권 획책 등의 이유로 해체되었다. 국민통합위원회는 동년 12월에 헌법제정과 조기 선거를 통괄할 제헌의회를 만들었다. 제헌의회는 1961년 1월 5일부터 활동에 들어가 헌법 초안을 작성하였고 수차례의 논의 과정을 거쳤다. 헌법 초안은 1961년 7월 9일 실시된 국민투표에 의해 채택됐으며 1961년 10월 15일의 총선거의 결과에 따라 민간에게 정권을 이양했다. 신헌법에 따라 대통령은 국회에서 선출되고 7년간 단임하며 정당을 탈당해야 한다. 의회는 양원제로서 450석의 하원과 150석의 상원으로 구성되며 임기는 각각 4년이다.

혁명으로 인해 구금된 정치인들은 국가통합위원회가 특별히 구성한 최고치안재판소에서 다양한 형을 선고받았다. 수상 멘데레스와 외무장관 뤼스트 조를루(Rustu Zorlu), 재무장관 폴라트칸(Polatkan)을 비롯한 다수의 정치인이 헌법 모독죄로 사형을 선고받았는데, 이들 3명에게는 형이 집행됐으며, 다른 정치인들은 1964년까지 특별사면을 통해 1964년까지 모두 석방되었다. 혁명 직후에 이루어진 혁명재판소에 의한 멘데레스의 사형집행은 이후 터키국내 정치의 발전에 부정적 요인으로 작용하였다.

1961년 10월에는 총선이 있었으며 공화인민당과 정의당(민주당의 후신)이 가장 많이 득표를 얻었다. 공화인민당이 제1당이 됐지만 정의당 또한 득표를 많이 얻었다는 것은 국민들의 일부가 혁명과 그 방법에 있어서 찬성하지 않았음을 의미했다. 혁명 이후 첫 번째 선거의 결과에 따라 공화인민당과 정의당은 연립내각을 구성해야 했다. 조기에 민정을 이루려고 이 두 정당이 연립 정권에 일단 합의했으나 정당의 성격상 연립정권이 오래 유지되기는 어려웠다.

공화인민당의 이뇌뉘를 수반으로 하고 정의당의 아크프 이이도안을 부수상으로 하는 새로운 연립내각이 구성됨으로써 민간정부로의 정권이양이 비교적 조기에 이루어졌다. 그러나 이 연립내각은 형 집행 중에 있는 정치인들의 사면을 둘러싼 불화로 인해 해체되었다. 그리하여 1962년 6월말에 이뇌뉘는 정의당을 배제시키고 신터키당과 공화농민민족당을 중심으로 새로운 연립내각을 구성하였으나 민정이양 이후 나타난 이념의 대립, 경제상태의 악화 그리고 1964년 싸이프러스를 그리스에 병합시키기 위해 터키계 주민 탄압과 같은 정치적 문제에 직면하여 고전하였다.

3. 데미렐 내각의 출범과 60년대 후반의 정치상황

싸이프러스 문제는 여당 정권의 커다란 정치적 걸림돌이었다. 야당인 정의당은 싸이프러스 문제를 최대한 이용함으로써 1964년 6월 상원의원 선거에서 보궐의석 51석 가운데 31석을 차지하였고 이로 인해 상원에서 다수를 차지하고 있던 세력을 더욱 증대시킬 수 있었다.

1965년에 공화인민당은 정치적 참패를 경험하였다. 10월 11일에 실시한 총선거에서 정의당은 총 450석 가운데 반수가 넘는 240석을 차지하여 술레이만 데미렐(Suleyman Demirel)을 수반으로 하는 단독내각을 구성할 수 있었다. 1965년 총선에서는 좌익계 터키노동당이 처음으로 선거에 참여해 15석을 얻어 국회에 진출할 수 있었다는 점이 특이하다.

1965~71년 사이에 정의당 정권은 반공정책, 사회정의 구현 및 산업화에 역점을 두어 정책을 수립, 추진하여 커다란 성과를 거두었다. 인플레이션 비율이 비교적 안정적으로 유지되었고, 산업화가 원만하게 이루어졌다. 하지만, 농촌 지역 투자에 우선순위를 두어 투자의 효율성 측면에서 문제점이 드러나기도 했다. 이 기간에는 정치적 자유가 확대됐으며 비민주적 법률 집행이 최소한으로 수준으로 유지됐다. 매스컴도 다양한 견해를 표출할 수 있어서 언론과 출판의 자유를 누렸다. 1968년에 프랑스에서 시작된 학생운동이 전 세계로 퍼졌고 터키도 이로부터 영향을 받지 않을 수 없었다. 터키에서 대학생운동은 초기에 학사문제를 이슈로 내걸었으나 점차 정치, 사상적 성격을 띠기 시작했다. 60년대 말 사회주의 정치의식의 대두로 터키의 국내정치는 새로운 위기를 맞이하게 되었고 의식의 양극화 조짐마저 나타났다.

1966년 6월에 실시된 상원의 3분의 1 의석에 대한 선거에서도 정의당의 대중적 지지가 약화되지 않았음이 입증되었다. 이와 같은 정의당의 정치적 성과는 터키 농민들의 보수적 성향과 전통적 신앙심에 어느 정도 기인하고 있다고 볼 수 있다.

야당인 공화인민당은 케말 아타튀르크의 개혁노선을 이어받아 개혁을 추진하여 왔으나 그 일부 지도층이 소수 지식인, 노동자와 학생들의 의견을 수렴하는 과정에서 좌경화하게 되었다. 심지어 전당대회에서 1961~1965년에 노동부장관을 지낸 빌렌트 에제비트(Bulent Ecevit)가 사무총장으로 선출됨으로써 공화인민당의 사회주의적 색채가 드러나기도 하였다. 이에 반발하여 투르한 훼이지오울루(Turhan Feyzioglu)를 비롯한 일부 의원이 탈당하여 공화인민당의 입지는 더욱 어려워졌다. 에제비트는 탈당 의원들의 논박에 대해 공화인민당의 진보정책이 공산주의의 출현을 미연에 방지하는 선견적 전략이라고 대응하였다.

4. 군부의 간섭

데미렐의 정의당 정권은 1968년부터 정치적 혼미 속으로 빠져들어 갔다. 대학가의 소요와 좌우익 과격주의자들의 충돌은 정치적 폭력의 확산을 점화시켰다. 1970년대로 들어서자 화염병의 사용은 물론 좌우익간에 총격전이 벌어졌고 혼란의 와중에서 다수의 사상자가 있었다.

의회 내의 정당정치도 원만하게 전개될 수 없었다. 1969년의 총선거에서 정의당은 재집권하였으나 당내의 일부 극우파 의원들이 탈당하여 민주당을 창당하였다. 파벌과 이해관계에 따라 연합이 이루어지기도 하고 해체되기도 하여 국정운영에 필요한 법안의 통과가 지연되었다. 1970년 1월에는 신권적 정치를 추구하는 민족질서당(National Order Party)이 창당되어 종교성이 짙은 국민을 대변하려 했다. 이러한 정치부재의 현상은 쿠르드족 분리주의자들과 자칭 터키 인민해방군이란 좌익 지하조직의 게릴라운동에 의하여 심화되었다.

마침내 1971년 3월 12일 군부는 대통령에게 각서를 전달하고 '터키의 무정부 상태화와 아타튀르크 원칙에서 이탈'에 대한 책임을 묻고 정부의 무능을 비난하였다. 또한 만일 강력하고 신뢰할 만한 초당적 정부가 구성되지 않는다면 군부가 행정부를 인수하겠다고 경고하였다. 군부는 아타튀르크 원칙에 입각한 개혁과 테러행위의 방지를 정치인들에게 요구했다. 이러한 환경에서 데미렐 수상과 그 내각은 사임할 수밖에 없었다. 신정부는 니하트 에림 교수를 수반으로 하고 원외에서 임명된 15명의 각료로 구성되어 출범하였다. 하지만 좌우익 학생들 간의 충돌과 총격전이 중단되지 않고 격화되자 니하트 에림 내각은 1971년 4월 28일 앙카라와 이스탄불을 비롯한 11개 대도시에 계엄령을 선포하였다. 극우파와 극좌파 정당인 민족질서당과 터키노동당은 각각 1971년 5월과 7월에 해체되었다.

1972년 4월 에림 내각은 내각 구성원의 비협조에 부딪쳐 사임하고 5월에 정의당, 공화인민당, 민족신뢰당의 잠정적인 동의 하에 에림 내각에서 국방부 장관직을 맡았던 페리트 멜렌(Ferit Melen)을 수반으로 하여 연립정부가 구성되었다. 25명의 의원이 탈당한 공화인민당의 조직변화와 비협조로 멜렌 내각이 또 사임하고 나임 탈루(Naim Talu) 내각이 구성되었지만 계엄령 하에서도 안정된 정당정치의 기반이 마련되지 못했다. 나임 탈루 내각은 정권을 이양받기 위한 작업에 착수하였다. 군부는 가시적인 폭력사태가 진정되자 1973년 9월 계엄령을 해제하였고 이에 따라 10월에 총선거가 실시될 예정되었다.

아타튀르크 집권기에 유일한 정당이었던 공화인민당 내에서 70년 초반부터 갈등이 드러나기 시작했다. 사무총장 빌렌트 에제비트(Bulent Ecevit)를 비롯한 일부 당직자가 이스멧 이뇌뉘의 온건한 사회주의 노선에 이의를 제기하고 나섰다. 1972년에 열린 전당대회의 결과, 에제비트와 그 계열의 정치인들이 정당 지도부의 다수를 차지하기 되었다. 공화인민당을 주도해 왔던 원로 정치인인 이스멧 이뇌뉘는 당수직과 국회의원직에서 사임함으로써 그 자리를 에제비트가 승계하였다. 진보좌익계 성향을 가진 에제비트 당수의 리더십 아래 공화인민당은 새로운 시대를 개척해야 했다.

5. 70년대 정당정치

1973년 10월 14일의 총선에서 공화인민당은 185석을 확보하여 여당으로 변신할 수 있었으나 과반수의 의석을 얻는 데는 실패하였다. 그리하여 공화인민당은 제2야당인 국민구제당(National Salvation Party)과 정치적 연합을 추진할 처지에 놓이게 되었다. 국민구제당은 보수적 이슬람주의 정책을 정강으로 채택하였기 때문에 개혁노선을 추구하는 공화인민당과의 정치적 연합이 순조로울 것으로 기대되지 않았다. 이 양당간의 견해 차이는 싸이프러스를 병합하려는 그리스의 움직임을 차단하기 위한 1974년 터키의 군사 개입이 이루어질 때까지는 일단 잠복하고 있었다. 하지만, 싸이프러스 위기가 일단 매듭을 짓게 되자 표면으로 부상하여 파란을 일으켰다. 민정 이양을 받아 형성된 연립 정권도 처음부터 조화를 이루지 못함으로써 정치의 불안정을 해결하기에는 역부족이었다. 터키의 싸이프러스 군사 개입이 정치, 경제적으로 터키에게 커다란 부담을 주었다. 터키에 대한 유럽의 부정적 입장, 미국의 무역제재, 군사작전에 따른 엄청난 재정 지출 등은 경기 침체를 불러 일으켰다. 싸이프러스 군사 개입 이후의 외교정책을 둘러싸고 공화인민당과 국민구제당이 마찰하게 돼 연정이 더 이상 진행될 수 없었다.

국회의원 총회

급기야 1974년 9월 14일에 에제비트 수상은 내각의 해체와 조기총선의 필요성을 발표하고 사임하였다. 그러나 조기총선이 즉각적으로 이루어지지 않아 대통령 코르튀르

전경

크(Koruturk : 1973~80 재임)는 새로운 정부를 구성하도록 상원의원인 사디 으르막에게 요청하였다. 사디 으르막(Sadl Irmak)교수를 수반으로 하는 과도내각이 구성됐으나 국회에서 신임을 얻지 못하여 약 6개월 간 불안정한 정치가 이루어졌다. 짧다고 할 수 없는 이 기간에 정치 불안은 좌우익 정파간의 대립과 학생들 간의 충돌로 인해 더욱 고조되었다.

1975년 3월에 술레이만 데미렐이 우익연합을 추진하였고, 그 결과 내각을 정의당, 국민구제당(Milli Selamet Partisi), 공화신뢰당(CGP), 민족행동당(MHP)으로 구성하게 되었다. 우익연합은 1977년 총선까지 연정을 유지해 나갔지만, 4개 정당의 연합은 효과적인 정책수행을 진행시키지 못하는 약체정부의 구성을 의미하는 것이었다. 우익계 정당의 연합이었음에도 불구하고 각 정당의 이해가 미묘하게 얽혀 현안문제인 경제의 악화와 정치적 폭력사태를 해결할 강력한 대책이 적시에 마련되지 못했다.

데미렐 내각은 논란의 대상이 되는 경제악화, 싸이프러스 문제, 그리스 및 ECC와의 관계 등의 쟁점사항에 대해서는 가급적 확고한 결정을 유보시키며 1977년까지 권력을 지탱해왔다. 1977년 6월 선거에서 공화인민당은 총의석 450석 가운데 과반수에 미치지 못하는 213석을 확보하여 최다 의석을 가진 여당으로 변모할 수 있었지만 군소정당의 지원을 얻을 수 없어서 내각구성에는 실패하였다. 따라서 189석을 확보한 정의당의 데미렐에게 조각의 책임이 부여되었고 데미렐은 '제2의 우익연합'을 추진해 극우파 노선의 국민구제당과 민족행동당에게 요직을 배정하는 무리한 방법으로 조각을 성사시켰다. 제2의 우파연합은 각 정당의 견해 차이 때문에 경기 침체를 대처해 가는데 적절한 방안을 제시하지 못했다. 정치 불안으로 인해 터키에 해외자본이 투자되지 않자 외환 부족

현상이 나타났고, 이를 해결하려고 데미렐 정부는 고율의 단기외채를 도입했다. 경기침체와 더불어 정당의 비정상적인 야합에 불만을 품은 대학 내에서 학생소요가 격렬하게 일어남으로써 1977년 12월 중순에 터키 전체의 1/3 가량의 대학에 휴교령이 내려졌고 250명 정도가 사망하는 연쇄적인 정치적 충돌로 확대되었다. 1977년 12월말 11명의 의원이 정의당에서 탈당하자 우익 연립내각이 와해 위기에 처했다. 따라서 데미렐 내각은 12월 31일에 사임하였고 1978년 1월 2일 에제비트가 신정부를 구성하였다.

이번에는 에제비트가 민주당, 공화신뢰당 그리고 정의당 탈당의원들의 지원을 받아 조각하였으나 역시 근본적인 경제정책을 변경시키는데 한계가 노출되었다. 국민생활에 가장 필요한 에너지 공급조차 원활하게 이루어지지 못했다. 대학은 정상화되었지만 오히려 증가된 정치테러로 인해 희생자가 늘었으며 심지어 경찰당국과 정보기관까지 좌우익으로 나뉘어져 치안부재의 현상이 나타났다. 1978년 12월까지 800여명의 사상자가 났으며 특히 민족행동당이 정치유세를 강행했던 동부 아나톨리아에서 정치테러가 급증하였다. 결국 12월 26일 앙카라와 이스탄불을 제외한 13개 도에 계엄령이 선포되어 2개월간 지속되었다.

1979년 4월에는 정의당을 탈당했던 6명의 각료가 에제비트 수상의 정치 노선을 공식적으로 비난함으로써 예상되었던 정치적 위기가 표면화되었다. 특히 서구의 자본 투자와 사기업 활동의 광범위한 허용을 촉구하는 이들의 견해는 에제비트의 좌익계 지지자들의 반발을 불러 일으켜 에제비트의 입지를 크게 동요시켰다. 마침내 1979년 10월 상원의 1/3 의석을 교체하는 선거에서 공화인민당은 패배해 에제비트 수상은 10월 16일에 사임하였다.

1979년 11월 25일 국민구제당과 민족행동당의 지원을 받아 구성된 데미렐 내각은 테러방지를 도모하였으나 공화인민당의 반대에 부딪쳐 별 진전을 보지 못하였다. 1979년 말 군부의 경고와 군사적 개입의 위협에 직면하여 의회는 테러방지 법안을 둘러싸고 공방을 벌였지만 이번에는 우익 야당 국민구제당의 반대로 동 법안이 1월 15일 부결됨으로써 정치 혼란에 대한 의회 차원의 대책 마련은 요원한 것처럼 보였다. 1980년 1월부터 8월까지 좌우익 충돌로 약 2,000명의 사상자가 발생했으며 테러단체는 노조, 공무원, 경찰, 학생, 교수집단에까지 침투하여 있었다. 1980년 1월 24일에 발표된 데미렐 내각의 경제회복 조치는 단기간에 긍정적인 효과를 나타냈지만 정치 혼란과 테러행위를 막지 못했다. 대통령 코르튀르크의 임기가 1980년 초에 만료되는 상황에서 국회가 신임 대통령을 선출하지 못할 만큼 의견이 갈라져 있었다.

6. 80년 군사혁명

1980년 9월 12일 육·해·공군 총사령관 케난 에브렌 장군을 중심으로 한 군사혁명위원회는 전국에 계엄을 선포함과 동시에 국회를 해산시켰다. 정의당, 공화인민당, 국민구제당(MSP), 민족행동당(MHP) 등의 당수는 구금되었다. 9월 21일 합참의장 케난 에브렌을 비롯해 5인으로 구성된 국가안전위원회(Milli Guvenlik Konseyi)는 해군 사령관을 역임한 뷜렌트 울루수를 수상으로, 정의당의 마지막 정권에서 수상실 차관을 지낸 투르구트 외잘을 부수상으로 지명하고 민간인 과도정부를 출범시켰다. 투르구트 외잘은 경제 전담 부수상으로 터키 경제 발전을 위한 청사진을 만들어야 했다. 외잘은 경제 발전을 위해 외국과의 교역을 장려했고 자유주의 경제체제를 적극 옹호했다. 신정부의 급선무는 테러분자의 발본색원, 아타튀르크 이념의 고취, 경제 위기의 극복이었다. 국가안전위원회는 정치를 안정시키려고 70년대 정쟁의 주역이었던 기존의 정당을 모두 폐쇄하고 그 재산을 몰수했다.

81년 10월 23일 구성된 입법회의는 신헌법을 제정하고 82년 11월 7일 국민투표에 회부하여 91.2%의 지지를 얻어 확정하였다. 이 신헌법에 따라 케난 에브렌이 대통령으로 취임했고, 대통령은 7년 단임제로 국회에서 재적의원 2/3 이상의 찬성으로 선출되며 국가안보유지와 헌정질서를 회복하기 위해 필요시에 언론의 자유를 포함한 국민의 기본권을 일부 제한할 수 있었다. 국회는 단원제로서 5년 임기의 400석으로 조정되었다. 또한 80.1.1 이후 정치활동을 하던 주요 정치인들의 정치 활동을 5~10년 금지하는 잠정조항을 두기도 하였다. 국민투표 이후 군사정권은 좌익계 신문을 폐간시키고 언론 검열을 강화시킴을 물론 좌익계 교수들 마저도 해직시켜 지성사회에 파문을 일으키기도 하였다. 1983년 4월 24일 정당법이 발효됨으로써 새로운 정당 설립을 위한 정치 활동이 재개될 수 있었다. 퇴역 장성인 투르구트 순알프(Turgut Sunalp)가 중도우익 성향의 민족민주당(MDP)을 창당했고, 외잘도 현직에서 물러난 뒤 조국당(ANAP)을 창당하여 자유주의 경제정책의 유지와 시장경제체제의 도입을 약속했다. 중도좌익계인 사회민주당과 중도우익계인 정도당도 등장했다. 정도당(DYP)은 중도우익계의 정의당을 계승하기 위해 창당되었고, 사회민주당은 이전의 중도좌익계 공화인민당의 성향을 가지고 있었다. 그러나 국가안전위원회는 과거의 정치인이 다수 포함된 정도당과 사회민주당을 제외한 조국당, 민족민주당, 국민당만이 1983년 11월 6일의 총선에 참여할 수 있도록 결정했다.

7. 민정이양

1983.11.6 민정이양을 위한 총선거를 준비하는 과정에서 에브렌 대통령은 중도우익인 민족민주당(Nationalist Democracy Party)을 간접적으로 지지하였으나 선거 결과 중도보수 성향을 추구하는 외잘의 조국당이 단원제의 400개 의석 가운데 211석을 얻었고 민족민주당이 중도좌익계로서 117석을 얻은 국민당(Populist Party)에게 제1야당의 자리를 내주기까지 하여 80년 혁명군부가 구상했던 중도우익 중심의 정계개편 구도가 실현되지는 못하였다. 1983년 11월 24일 국회가 소집되어 민간에게 정권이 이양되자 국가안전위원회의 역할은 종료되었다.

총선거에서 혁명군부의 기대를 뒤엎고 집권한 조국당의 외잘 수상은 정통관료 출신을 중심으로 실무내각을 구성하고 대통령의 헌법상 권한을 존중하는 한편 정치안정을 도모하면서, 혼합경제체제를 개방경제체제로 과감히 전환하였으며 국영기업의 민영화, 자유경쟁원칙의 도입, 수출지원 정책 등을 통하여 인플레이션의 둔화와 시장경제체제로의 전환에 어느 정도 성공하였다. 외잘 정부는 경제부흥정책의 일환으로 국가기획청의 기능을 강화시킴과 동시에 수출확대를 위해 재무무역청을 신설하고 무역특혜금융제를 도입하였다. 서민이 주택을 용이하게 마련할 수 있도록 지원할 주택공사가 신설되고, 무역 활성화를 위해 자유무역지대 또한 지정되었다. 그 결과, 생산이 증대돼 경제성장이 가속화될 수 있었다. 수출 증가와 함께 관광 수익도 늘어나 외잘 정부는 국민의 지지를 받는데 성공했다.

이 기간에 외교정책의 중요한 변화는 유럽 국가들과의 관계가 호전되었다는 점이다. 유럽 의회는 1984년 5월 회의에 터키 의회의 의원들이 참가할 수 있도록 승인하였다. 1974년 터키군의 싸이프러스 개입 이후 냉각된 미국과의 관계도 호전되고 있었다. 1980년 9월에 발발한 이란-이라크 전쟁(88년 8월에 종전)에 대해서는 중립을 선언하여 양국과의 무역을 유지해 갔다.

외잘 정권이 경제적 문제를 원만히 처리하며 국민의 지지를 받는 과정에서 중도좌파적 국민당과 사회민주당이 사회민주국민당(SDHP)으로 통합하여 여권을 견제할 정치 환경을 만들었다. 이전의 공화인민당(CHP)의 당수였던 에제비트(Ecevit)는 민주사회당(DSP)을 창당했다. 1986년 6월에 실시된 국민투표를 통해서 구정치인들의 정치활동 금지가 풀릴 수 있었다. 따라서 에제비트는 DSP의 당수로, 데미렐은 정도당(DYP)의 당수로 다시 등장하게 되었다. 네즈메틴 에르바칸(Necmettin Erbakan)도 이슬람성향의 복지당(RP)을 창당하여 활동을 시작했다.

1987년 11월 27일에 진행된 조기총선에서 조국당은 득표율 36.3%를 차지하여 여당의 위치를 고수할 수 있었으며 새로이 50석이 확대된 총의석 450석 가운데 65%에 해당하는 292석을 확보하여 안정된 기반 위에 국정을 운영해 나갈 수 있게 되었다. 사회국민당(SHP)이 24.75%의 득표율로 제2당, 정도당(DYP)은 19.15%의 득표율로 제3당이 되었다. 다른 정당은 국회에 진출할 수 있는 제한선인 득표율 10%를 넘기지 못해 국회에 진출할 수 없었다. 복지당도 7.2%의 지지를 받았으나 하한선 10%를 넘지 못해 국회에 진출할 수 없었다.

케난 에브렌(1982~1989) 대통령의 임기가 만료되자 외잘 수상은 1989년11월 9일에 대통령으로 취임하였다. 그러나 외잘 대통령은 국회 재적의원 2/3이상의 찬성으로 선출되지 못하고 제3차 투표에서 263표를 얻어 대통령으로 확정되었다. 사회국민당과 정도당이 대통령 선출에 불참함으로써 정당간의 대립이 심화되고 있다는 우려가 없지 않았다. 1989년 1월 율드름 악불루트(Yildirm Akbulut)가 조국당(ANAP)의 전당대회에서 당수로 선출되었고 수상직을 맡았다. 하지만, 1990년 초에는 소문으로만 떠돌던 조국당의 당내 불화가 외무장관과 재무관세 장관이 사임하여 구체적으로 드러나기도 하였다.

1990년 8월 이라크의 쿠웨이트 점령으로 시작된 걸프 전쟁 때문에 터키 경제는 새로운 위기에 직면하게 된다. UN 안전보장이사회가 결의한 대 이라크 무역제재 조치에 터키도 참가함으로써 터키의 대 이라크 수출이 공식적으로 중단돼 이라크 무역에 종사하던 사업가들이 고통을 피할 수 없었다.

1991년 6월 조국당의 전당대회에서 메수트 율마즈(Mesut Yilmaz)가 당수로 선출돼 조국당의 정권을 이끌게 되었다. 율마즈는 야당의 공세와 경제 악화로 인한 불만을 해결할 의도로 조기총선을 실시했다. 하지만, 1991년 10월에 이루어진 선거에서 정도당(DYP)은 조국당(ANAP) 집권 기간에 경제성장과 함께 나타난 인플레이션을 잡겠다고 공약을 내세워 득표율 27.03%로 제1당으로 부상했다. 조국당, 사회국민당(SHP), 복지당(RP), 민주사회당(DSP) 순으로 득표했으므로 어느 정당도 단독으로 내각을 구성할 수 없었으므로 연정이 불가피해졌다. 술레이만 데미렐은 DYP-SHP 연정을 이끌어내 내각을 이루었다.

1991년 터키는 새로운 도전을 풀어가야 할 과제를 떠안게 되었다. 1991년 12월 소련이 해체되자 구소련 지배 하에 있던 투르크계 국가들이 독립하여 국제무대로 등장하였다. 터키는 국제무대에서 경험이 없는 중앙아시아 국가들에게 정치적, 경제적 지원을 제공하지 않을 수 없었다. 외잘 대통령은 중앙아시아 국가들과의 관계 증진을 위해 그 지역을 순방하며 정치, 경제적으로 지원하겠다고 약속했다. 중앙아시아 5개국에서 공무원과 수 천명의 유학생에게 장학금을 제공하고 초청하여 중앙아시아에 터키식 모델을 이식하고자 했다. 그 과정에서 외잘 대통령은 1993년 4월 17일 심장병 악화로 서거했고, 뒤를 이어 술레이만 데미렐이 대통령으로 국회에서 선출됐다. 데미렐 대신 탄수 칠레르(Tansu Ciller)가 정도당 당수로 선출돼 수상직을 계승했다. 칠레르는 터키 역사상 최초의 여성 수상으로 1993.6.25~1995.12.25의 기간 동안 DYP-SHP 내각을 이끌었다.

1995년 12월 총선에서는 터키공화국 사상 처음으로 이슬람계 정당인 복지당(RP)이 득표율 21%로 최다 득표를 얻어 제1당으로 등장했다. 그러나 ANAP과 DYP가 연립하여 내각을 구성함으로써 1996년 ANAP의 당수 율마즈가 수상직을 맡게 되었다. ANAP-DYP 연정은 DYP가 RP에 호의를 보이자 4개월밖에 지속하지 못하고 끝났다. DYP 당수를 역임했던 대통령 데미렐은 RP의 당수 에르바칸에게 내각을 구성하는 권한을 주어 RP-DYP 연정을 구성하는 환경을 마련해 주었다. 탄수 칠레르는 외무장관 겸 부수상으로 RP-DYP 내각에 참여했다. RP 중심의 내각이 구성되자 터키에서는 이슬람주의 정당 주도의 정부 구성에 반대하는 의견이 대두됐으며 득표율 21%를 얻은 정당이 정국을 주도할 수 없다는 여론이 커졌다. 국가안전위원회(National Security Council)가 1997년 2월 27일 원리주의의 위험이 증가하고 있다고 경고하자, 이 경고가 RP를 겨냥한 것임을 알고 수 개월간 고민을 한 RP 당수 에르바칸이 6월 18일 수상직을 사임했다. 마침내, RP-DYP 연정이 중단되었고, ANAP-DSP(민주좌익당)-DTP(민주터키당)이 연정에 합의했고 ANAP의 율마즈를 중심으로 한 내각이 국회에서 7월 12일 신임을 얻어 활동에 들어갔다. 90년대 말 소수 정당 간의 연립정권 하에서는 정치가 안정되기 어려웠다. ANAP-DSP-DTP 정권도 야당의 지속적인 정치적 공세에 시달려 더 이상 지속되기 어려워져 1998년 11월 25일 해체되고 말았다. DYP의 당수 탄수 칠레르는 에제비트(DSP의 당수)가 내각을 구성하면 지원하겠다는 의사를 밝혀 에제비트 내각은 1999년 1월 17일 신임을 얻어 4월 18일 총선이 열릴 때까지 활동하였다.

4월 18일 선거에서는 DSP가 가장 득표율이 높았고, 그 다음이 MHP(민족주의행동당)이었다. 중도우파 정당인 ANAP과 DYP는 지지를 얻지 못해 고전했다. DSP의 당수인 에제비트는 수상직을 맡고 MHP와 ANAP이 연정에 참가함으로써 DSP-MHP-ANAP 정권이 1999년 5월 28일 구성되었다. 57대 정권은 '화해와 발전'을 모토로 삼아 활동을 시작했고 우선 국가안전위원회의 민간화, 은행법, 사회안전개혁법 등을 처리하였다. 57대 정권은 경제 안정화를 추진하여 인플레이션을 억제하는데 크게 성공하였다. 또한 2000년 5월 16일 술레이만 데미렐 대통령의 임기 만료에 따라 새 대통령을 선출하는 과정에서도 과거에 종종 나타났던 사회적 불안을 부추겼던 정당 간의 갈등을 해결하고 57대 정권은 헌법재판소 소장이었던 네즈데트 세제르(Necdet Sezer)를 제10대 대통령으로 선출할 수 있었다.

EU회원국 대표들과 터키수상(아랫줄 왼쪽에서 네 번째)

현재 터키의 가장 중요한 정치적 현안은 유럽 연합의 정회원국으로 가입하는 것이다. 유럽은 터키의 중요한 경제 파트너로서 터키는 중동 국가들에 비해서 유럽 국가들과의 경제교류 비중이 더 높은 편이다. 종교는 유럽과 다르지만 경제, 정

치, 문화적으로 교류가 많으므로 터키는 유럽 연합에 가입할 수 있기를 희망하고 있다. 또한 터키는 EU에 가입하려고 사회, 문화적 수준을 유럽 수준으로 끌어 올리려는 계획을 가지고 사회 전반에 걸쳐서 개선을 해가고 있다. 하지만, 국민의 98%가 무슬림인 국가가 유럽 연합에 가입하기가 곤란하다는 소수 유럽 국가들의 견해도 있어서 이 문제가 해결되려면 좀 더 시간이 필요하다고 본다.

VI

정치제도와 헌법

VI 정치제도와 헌법

1. 정치 제도

터키공화국은 수상 중심의 내각책임제와 내각을 견제할 수 있는 실권적 대통령제가 병행되고 있는 강력한 중앙집권적 국가이다. 중동과 동유럽을 지배하며 약 6세기동안 존속했던 오스만제국에서는 국가의 중대한 결정기능이 술탄에 속해 있었고, 군대와 울레마라는 고위 종교관리집단도 중대한 결정에 영향을 미칠 수 있는 중요한 권력 집단이었다. 국가의 개혁이 절실히 요구되었던 18세기 중엽부터 입헌체제를 주장하는 지성인들과 소장파 군부세력으로 구성된 청년터키당의 조직적인 정치활동에 굴복하여 압둘하미드 2세는 1908년에 입헌체제를 받아들이겠다고 선언하였다. 그러나 1914년 제1차 세계대전의 발발로 다민족, 다종교 국가인 오스만제국을 이상적으로 통치하려 했던 청년터키당의 원대한 계획이 수포로 돌아갔다.

제1차 세계대전에서의 패배의 결과로 연합국에 의해 아나톨리아반도가 분할 점령된 1919년부터 1923년까지의 4년간의 구국전쟁에서 무스타파 케말은 커다란 성과를 거두어 1923년 10월 29일에 터키공화국을 선포하였다. 케말 아타튀르크 대통령은 삼권분립에 입각한 공화국을 건설하였으나 공화국 초기에는 정치적 권한이 입법부와 행정부에 집중되는 현상이 나타났다.

1) 대통령

1980년 군사혁명 이후 개헌된 1982년 헌법으로 대통령의 권한이 과거에 비하여 대폭 강화되었다. 대통령의 임기는 7년이고 연임이 불가능하다. 대통령 후보자는 만 40세가 넘어야 하며 고등교육을 받은 국회의원 혹은 이와 동등한 자격을 가진 터키국민 가운데 추천되고 국회에서 비밀 무기명 투표에서 2/3 이상의 표를 얻은 자가 대통령으로 선출된다. 대통령은 국가를 대표하며 자신을 지지했던 정당과의 관계를 단절해야 함은 물론 그가 국회의원이었다면 의원직은 종결되어 정치적 중립을 지켜야 한다. 대통령은 필요한 경우에 국회를 소집할 수 있고, 국회에서 통과된 법령을 공포하거나 경우에 따라서는 법령을 재고하도록 국회에 보낼 수 있다. 대통령은 국회에서 결정된 헌법수정안을 국민투표에 붙일 수 있다. 대통령은 헌법에 위배되는 법령이라고 생각할 경우 헌법재판소에 소원을 낼 수 있거나 필요하다면 새로이 국회의원 선거를 결정할 수 있다.

행정부와 관련된 대통령의 권한은 매우 포괄적이다. 대통령은 국민이 선출한 수상을 임명하거나 그의 사임에 동의할 수 있으며 수상이 임명한 각료들에 대한 임명 및 거부의 권한을 가진다. 대통령은 외국에 사절을 파견하거나 외국 사절의 신임장을 수리한다. 그는 필요한 경우에 기결수를 사면할 수 있다. 또한 그는 국가의 질서 파괴, 경제 위기, 천재지변과 같은 위기상황에서 비상사태를 선포할 수 있다.

대통령을 보좌하는 기관으로 국가안보위원회와 고등교육위원회가 있다. 특히 고등교육위원회는 대학 및 이에 준하는 고등교육기관을 감독하며 대학행정과 예산, 대학총학장의 임명, 교수의 임명과 승진, 면직에 대해 심사할 수 있다.

2) 내각

내각은 수상과 장관으로 구성되며 다수당의 당수가 일반적으로 수상으로 취임하고 장관들은 대체로 국회의원 가운데서 임명되지만 특별한 경우에는 이에 준하는 자격을 가진 자들도 장관으로 임명될 수 있다. 장관은 수상에 의해 추천을 받으며 대통령이 이들을 임명하거나 수상의 제의에 따라 장관을 해임할 수 있다. 내각이 구성되면 국회에서 신임을 받아야 한다. 내각은 국회에서 신임을 받았을 때 그 기능을 시작할 수 있다. 내각은 국가의 제반문제들을 검토하여 시행령을 공표하며, 여론이 악화될 때는 국회에 신임투표를 요구할 수 있다. 각 장관은 책임을 맡은 부처의 행정 전반에 대해서 책임을 진다.

내각의 중요 장관이 참여하는 국가안보위원회의 의장은 대통령이고, 내각에서는 수상, 국방부 장관, 내무부 장관, 외무부 장관 등이 참여하고, 군부에서는 육군, 해군, 공군과 헌병대 사령관 등이 참여한다. 국가안보위원회는 국가안보정책을 결정하고 적용한다.

2005년 현재 AK Partisi(정의발전당) 중심의 내각은 수상 타입 에르도안(Tayyip Erdoğan)을 비롯하여 주로 전문적 행정 경험과 지식을 가진 정치인, 엔지니어, 행정관료, 사업가, 변호사, 학자 출신들로 구성되었다. 이들의 대부분이 집권 시에 중도우파적 성향을 가진 정치인들로 알려져 있어서 대외관계에서 이슬람주의 노선을 추구할 것으로 예상되기도 했으나 현재에는 유럽과의 관계에서 실리주의 노선에 따라 EU 가입을 최우선의 외교정책으로 내세우고 가입절차를 꾸준히 실행해 가고 있다. 에르도안 수상은 2004년 2월 한국을 방문한 바 있으며 한국의 노무현 대통령은 당시 에르도안 수상을 접견하였다. 2005년 4월 15~17일에 노무현 대통령은 양국 관계의 강화를 위해 터키를 방문하였다. 노무현 대통령은 대통령궁에서 아흐메트 네즈데트 세제르 터키 대통령과 정상회담을 갖고 “양국간 교역확대와 균형을 위해 매년 개최되는 구매상담회 활동을 활성화하고 올해 하반기에 대규모 구매사절단을 파견하겠다.”고

밝힌 바 있다.

3) 지방행정

전국의 행정 구역은 81개 도와 875개 군으로 나뉘어 있으며[23] 도지사와 군수는 내무부 장관에 의해 임명된다. 지방 행정은 도(道) 행정과 도시, 군 · 읍, 마을 등의 행정 단위로 구분된다.

터키의 지방행정체제는 프랑스의 형태를 주로 모방하였다. 지방자치단체의 의원들은 선거를 통해서 선출되며 이들의 임무는 법으로 규정되어 있다. 지방 행정은 국방, 치안, 세무 행정 등과 같은 중앙정부의 소관 행정 이외에 지방 주민들에 의해 선출된 지방자치단체의 장에 의해 이루어진다. 지방자치단체는 중앙정부와는 별도로 예산을 편성, 운영하고 특별한 법적 지위, 의무와 권리를 가지고 있다. 지방선거에서 승리한 정당의 일방적인 이익 추구를 견제하기 위해서 감시와 감독의 차원에서 중앙정부는 행정관리단 제도를 도입, 활용하고 있다. 예를 들어, 지방 의회에 의해서 이루어진 결정이 도지사의 승인을 받아야 하는데 도지사는 수상의 제청으로 대통령에 의해 임명된다.

터키대통령 궁에서 노무현 대통령과 세제르 대통령

각 도에는 도지사를 장으로 하는 민선도의회가 있으며 인구 2,000명 이상을 단위로 구성되는 시에는 민선시장(Mayor)과 시의회가 있다. 지방자치단체는 지방이 필요로 하는 사항을 자치적으로 결정하여 시행할 수 있다. 이밖에도 전국적으로 37,366개의 이(里)가 있으며 이장(里長)과 이의회 의원은 정

23) 2001년 터키 통계청 자료(Devlet Istatistik Enstitusu)

당의 추천을 받지 않고 지역주민들 가운데 선출된다.

4) 의회

법률을 제정할 수 있는 권한은 터키대국민의회(Turkish Grand National Assembly)에 속하며 의회는 국민을 대신하여 입법권을 행사한다. 2005년 현재 국회의원의 총수는 550명이다. 1982년 헌법개정에 의해서 상원제는 폐지되었다. 1982년 헌법은 국회의원의 총수를 400명, 그 임기를 5년으로 정하였으며 1987년 총선에서 정원이 5월 23일 제3377호 법률에 따라서 450명으로 확대, 조정되었다. 1995년에 선거법을 개정하여 유권자 연령을 18세로 하향 조정하고 의석수를 550석으로 확대하였다. 의회는 의원 임기의 만료 전에 선거일을 결정할 수 있으며, 대통령도 헌법에 의거하여 필요한 경우에 새롭게 의원선거를 결정할 수 있다. 국회의원 의석이 공석이 될 경우 보궐선거를 할 수 있다. 의회는 의원의 해임을 결정할 수 있다. 소속 정당을 떠난 의원은 무소속으로 의원직을 유지한다. 그러나 헌법재판소에 의해 해산 명령을 받은 정당의 소속 의원들은 의원직을 상실한다.

의회는 법률의 제정, 변경과 철폐, 정부예산, 국제협약, 전쟁선포, 자국 군대의 해외 파병, 외국군대의 자국주둔에 등에 관해 승인 여부를 결정하며 내각을 견제할 권한과 책임을 가진다. 의원들은 위원회에 속하여 활동을 유지한다. 위원회는 전문 분야별로 나뉘어 구성된다. 화폐 발행의 결정, 계엄 선포와 비상사태

국회의사당

선포 등의 승인 여부도 의원의 기능과 권한에 속해 있다.

터키의회는 1920년 4월 23일 구성된 이래 1961년까지 7,478개의 법률을 승인했다. 의회는 1961년 헌법이 채택된 기간에 351개의 법률, 1961년부터 2000년 5월까지 4,565개의 법률을 승인하였다.

터키의회는 주권재민의 원칙에 의거하여 1920년 4월 23일 구성되었다. 초창기에는 의회가 행정권과 입법권을 소유하고 있어서 엄밀한 의미에서 삼권분립이 이루어지지 않았다. 의회는 무스타파 케말을 의장으로 선출하고, 의회가 국가권력의 최고기관으로서 입법기능과 행정기능을 동시에 소유하였다. 의회는 독립전쟁과 같은 특별한 환경에서 입법, 행정 및 사법권을 동시에 행사하였다. 그러나 사법권은 일정 부분 독립성을 유지했으며, 행정권 또한 일종의 내각이라고 할 수 있는 '행정위원회(Executive Council)'에 부여하였다.

1961년의 헌법에 의하여 행정부와 입법부가 완전히 분리되었으며 의회의 양원제도 또한 도입되었다. 상원은 총 165명으로서 대통령이 임명한 15명의 의원과 보통선거로 선출된 150명의 의원으로 이루어졌고(헌법 70조), 하원은 보통선거로 선출된 450명의 의원으로 구성되었다. 그러나 기대했던 바와는 달리 양원제 운영의 이점을 살리지 못하고 오히려 법률제정 및 철폐 문제를 둘러싸고 상하원간의 심각한 의견대립이 자주 노정됨으로써 의회운영 및 의회행정이 마비되다시피 했고 이에 따라 상원제도 존립에 대한 의문이 제기되어 왔다. 결국 1982년의 헌법은 상원제도를 철폐시키고 효과적인 의회의 의결과 조속한 국정의 운영에 역점을 두었다.

5) 사법부

과거 오스만제국의 사법권은 대율법사인 세이휼이슬람(Sheyhulislam)과 종교 지도자들에게 속해 있었는데 오스만제국의 근대화 과정에서 1858년 유럽식의 형법을 도입하여 종교적 및 세속적 체제로 분리되는 이분화 현상이 나타났다. 터키공화국 선포 이후 1924년 케말 아타튀르크가 이슬람법을 적용하는 종교 법정을 폐쇄시킴으로써 사법체제는 세속적 형태로 단일화되었다. 1926년 터키는 서구적 특징을 갖는 가족법을 받아들여 여성의 이혼권과 일부일처제를 보장하였다.

사법부의 독립은 터키 헌법의 기본 원칙 가운데 하나이다. 법관은 재판에 영향을 미칠 명령, 지시 또는 정치적 간섭을 받지 않는다. 사법부의 독립은 법치국가의 기본으로 인식되며 법관의 독립적 권리는 보장된다. 사법부의 독립은 인권과 자유를 보장하는 초석이다. 또한 모든 개인은 법 앞에서 자신의 권리를 보호할 자유를 갖는다.

터키의 법원은 원칙적으로 일반 사법법원, 행정법원, 특별법원 -군사법원과 국가보안법원- 등의 3개 법원 조직을 갖고 있다.

헌법재판소

1962년에 설치되었으며 사법부의 최고위 조직이다. 그 권한으로는 법과 규정의 합법성 검토, 법 적용의 분쟁 시 법률해석, 헌법 수정문제의 검토, 정당의 재정 감독 등이 있다. 헌법재판소의 주요 기능으로 국민의 인권과 기본적인 자유를 보호하기 위해서 법의 효력을 갖는 법과 국가의 결정에 대한 합헌성을 검토하는 것이다. 헌법재판소는 9명의 재판관과 4명의 부재판관으로 구성되며 결정은 9명의 정식 재판관의 독립적인 견해에 의해서 이루어진다.

행정법원

행정법원은 국가 또는 행정부서와 관련된 행정상의 분쟁에 대한 재판권을 행사하며 행정검사는 정부관리나 공무원의 행정범죄를 조사한다.

군사법원

군사법원은 군인들의 범죄행위 및 군복무 임무와 관련된 범죄에 대한 재판권을 갖는다. 1971년 설치된 최고군사재판소, 1930년에 설치된 고등 군사행정재판소 및 하급군사법정이 군사법원을 구성하고 있다.

2. 헌법

1) 헌법의 변화

오스만제국에서 최초의 입헌체제 선포는 1876년 압둘하미드 2세(1876~1909) 재위기에 이루어졌다. 이 1876년 헌법(Kanun-i Esas)은 기본적 인권, 판사의 중립성과 법원의 독립 등을 규정하였으나 1878년 2월 술탄이 의회를 해산시킴으로써 헌법은 그 효력을 상실하고 말았다. 청년터키당의 근대화 요구에 굴복하여 1908년에 입헌체제가 회복되었다. 그러나 이번에는 이탈리아의 오스만제국의 속령인 트리폴리 침공(1911), 제1, 2차 발칸전쟁(1912~1913), 제1차 세계대전 등의 외환으로 인하여 오스만제국의 입헌제도의 적용은 사실상 실현되지 못했다.

1924년 헌법

1923년 10월에 선포된 터키공화국은 1924년 헌법으로 독특한 의회적 정부제도(Assembly government)를 도입하였다. 말하자면 입법권과 행정권을 공유한 의회가 행정부를 감독하고 해산시킬 수는 있었으되 정부는 의회해산권을 가지고 있지 못했으며 다만 행정권 행사는 의회에서 선출된 대통령과 각료회의를 통해서만 이루어질 수 있었다. 각료들은 의회에 출석해서 의원들의 질의에 답변해야 하는 책임을 갖고 있었다. 그러나 사법부는 입법부로부터 완전

터키 헌법재판소

히 분리되었고 재판은 반드시 독립적인 법원의 소관업무였다.

1928년에 헌법에서 이슬람 국교조항이 삭제됐으며 그 주요 특징인 케말리즘(Kemalism)으로 알려진 공화주의, 민족주의, 인민주의, 국가주의, 세속주의와 개혁주의 등의 6개 공화국 기본 이념이 채택되었다.

1961년 헌법

1924년 헌법에 의해 도입된 의회제와 의회적 정부제도의 혼합적 형태는 1961년 10월 25일 헌법개정으로 대폭 수정되어 입법부와 행정부로 완전히 나누어졌다. 의회의 양원제 운영이 결정되었고 보통선거로 450명의 하원의원을 선출하며 또한 보통선거로 150명과 대통령 임명으로 15명의 상원의원을 결정하였다. 이밖에 국가통일위원회 위원과 전직 대통령은 상원의원이 되었다. 입법 과정에서 하원이 최종적인 결정권을 소유하였다.

대통령은 국가의 통합과 계속성을 대표하는 인물로서 특정 정당에 소속되지 않으며 상징적 권한과 책임을 소유하는 반면 수상과 각료들이 정치적 집행권과 책임을 가진 내각책임제가 도입되었다. 내각 구성 시에 대통령은 의회의원 가운데 수상을 지명하고 수상이 추천한 자를 각료로 임명하였다.

1961년 헌법으로 사법권의 독립성과 신분이 철저히 보장되었고 헌법재판소의 개념이 도입되었다.

1982년 헌법

1961년 헌법은 80년 9월 12일의 군사혁명으로 일시 정지되었으며 81년 10월 23일 구성된 제헌입법의회가 신헌법을 제정하여 82년 10월 23일 공고하였다. 신헌법은 82년 11월 7일 국민투표에 회부되어 92%의 찬성으로 확정되었다.

신헌법에 따라 60,70년대의 개혁적 성향을 지닌 좌익계와 보수주의적인 우익계간의 극심한 대립과 정치적 혼란의 방지와 국가안보유지 및 헌정질서의 회복을 위해 필요시에는 언론의 자유를 포함하여 국민 기본권의 일부를 제한할 수 있게 되었다. 의회의 양원제를 폐지시키고 단일제를 채택하였으며 국회의 의석을 400석으로 축소, 조정하였다.

대통령 권한의 실질적 강화는 신헌법의 주요 특징이었다. 특히 대통령은 비상사태와 계엄령 선포권, 수상의 제의에 따른 장관 해임권 등을 부여받았다.

1982년 헌법은 잠정조항을 두어 80년 1월 1일 이후 군사혁명 이전까지 정치활동을 하던 구정치인들의 정치행위를 5~10년간 금지한 바 있다.

2) 서구법의 수용과 법의 적용

터키공화국의 법 제도는 헌법을 필두로 행정부 조직의 법률 및 절차(법규, 법령, 명령) 등으로 구성된다. 또한 정부의 일반적인 문서고지와 회람도 법의 일부를 구성하고 있다. 행정부 조직 및 정부의 규제절차는 국가의 모든 조직에 일반적으로 적용될 수도 있으며 특정 기관, 지방정부, 자치기구 등에도 적용이 가능하다. 또한 정부가 법적 명령으로 인정한 국제협약도 국내법으로 직접 적용하게 된다.

공화국 시기에 나타나게 된 변화의 하나로 세속적 법제도와 세속적 원칙의 채택을 들 수 있다. 공화국 설립 후 초기에는 공화국의 근본철학에 부응하는 서구의 제도를 터키의 사정에 맞추어 수정 및 적용하는 것이 바람직한 것으로 받아들여졌다. 이러한 상황 하에서 민법과 채권법은 스위스 민법을 기초로 만들어졌으며, 민사소송법 역시 스위스 법을 모체로 하였다. 형법은 이태리 형법을 근간으로 하였으며 형사소송법은 독일의 소송법에 기초한 것이었다. 상법은 독일, 영국, 일본, 그리고 심지어는 브라질 법 등을 각각 참조하여 제정하였다. 이들 법률은 사회의 변화로 현상이 바뀔 때마다 수정을 거듭하여 왔다. 헌법재판소는 일부 법규, 특히 남녀평등에 위배되는 민법상의 일부 법규의 수정과 폐지에 중요한 역할을 하였다.

헌법과 마찬가지로 형법 역시 보편적인 법리를 포함하고 있다. 누구도 범죄사실이 입증되기까지 죄인 취급을 받지 않는다. 누구도 범죄가 행해졌던 당시 해당 범죄에 대한 법에 따라 예견되었던 처벌이, 그 후 법의 변경으로 인해 애초에 예견되었던 것보다 더 중한 처벌을 받지 않는다. 만일 범죄가 행해질 당시의 법률과 판결이 내려질 당시 시행중인 법률이 다르다면 피고인에게 유리한 쪽의 법률을 적용하는 것으로 한다. 처벌에 대한 책임은 해당 개인이 진다.

개인의 자유는 오직 법률로써만 제한이 가능하다. 구속 및 구금기간과 관련된 결정은 판사가 내린다. 판사의 결정이 없는 구속은 현행범이거나 불가피하게 체포를 미룰 수 없는 상황에만 허용된다. 구속의 당사자는 그 사유에 대해 고지를 받아야 하며 가까운 친척도 구속사실에 대한 고지를 받아야 한다. 국가보안법의 관련사항에 해당하는 범죄를 저지른 개인은 최장 48시간 이내에 판사 앞에서 영장실질검사를 받아야 한다. 기타 범죄의 경우는 최장 24시간 이내에 영장실질검사를 받도록 한다. 누구도 이 기간이 경과한 후 판사의 결정 없이 개인의 자유에 더 이상 제한을 받지 아니한다. 단 계엄령, 전쟁 등 특수한 상황 하에서는 구속기간이 연장될 수 있다.

모든 개인은 법정에서 원고 또는 피고로서 개인의 권리를 주장 또는 옹호할 권리를 가진다. 이는 헌법에 정한 권리로서 법치국가의 중요한 원칙 중 하나에 해당한다. 누구도 자신이 법적으로 구속된 법원 외에 다른 기관에 의해 강요당하지 않는다. 판결의 권한은 독립적인 판사에게만 있다. 판사와 검사는 사법 및 행정 판결과 관련된 각자의 임무를 수행한다. 판사와 검사는 원칙적으로 65세가 될 때까지 퇴직을 강요당하지 않으며 본인의 요청이 없는 한 해고되거나 월급, 수당, 기타 피고용인의 권리를 박탈당하지 않는다.

사법 심리는 두 단계로 분리된다. 사건은 경범죄를 다루는 하급법원에서 또는 특수한 기능을 하는 법원을 제외한 1심법원에서 일차적인 심리를 거친다. 특수 법원으로는 고등형사법원, 노동법원, 아동법원, 교통

법원, 토지법원, 국가보안법원 등이 있다. 사법 심리에서의 항소 기관은 최고항소법원이다. 최고항소법원은 민사담당 부서와 형사담당 부서로 나뉜다.

헌법은 군인과 관련된 사건의 판결에 대해서도 다루고 있다. 군인과 관련된 사건은 군사법원에서 일차적으로 다루어지며 최고군사항소법원에서 최종적인 결정을 내린다.

3. 정당과 이익집단

1) 정당

터키인들에게 있어서 서구적 의미의 정당은 오스만제국의 근대화 과정이 진행되던 19세기 중엽에 처음으로 출현하였다. 이 시기에 근대식 교육기관과 사관학교를 졸업한 청년지식층이 오스만제국의 국력회복과 국민의 정치참여를 목적으로 조직적인 정치활동을 전개하였고 평등, 자유와 민족주의의 개념을 소개하였다. 청년터키인들이 조직한 연합진보위원회(Committee of Union and Progress)는 1908년에 입헌체제를 도입하는 데는 성공하였으나 내외정세의 급격한 변화 때문에 헌정정치를 제도화시키기에는 역부족이었다.

터키공화국 초기 지배적 정치집단이었던 공화인민당은 1923년부터 민주당이 창당되었던 1946년 1월까지 단일정당체제를 유지하며 정권을 장악하였다. 1930년에 공화인민당의 정치이념에 배치되는 반(反)세속주의를 표방한 지주계층이 자유당을 창당하려 했으나 그 시도가 무산되었다. 이와 같은 보수주의 성향의 정당은 마침내 1945년에 결성될 수 있었다. 당시 의회에서 토지개혁법을 제정하려 했을 때, 공화인민당 내 지주계층과 이슬람전통주의자들의 지지를 받은 의원들이 탈당하여 민주당을 창당하였고 1950년에는 정권교체를 평화적으로 실현하였다. 터키공화국의 복수정당제도는 1946년에 시작되어 발전과 변화를 거듭하여 왔으며 오늘날에는 다수의 정당이 터키 국민들의 정치적 요구를 파악하여 의정활동에 반영하고 있다. 그러나 지난 60, 70년대 정당간의 과열경쟁과 대립은 국내의 사회적 불안은 물론 경제상황의 악화와 정국혼미의 악순환을 야기하여 60년대 초까지 이룩했던 모범적인 경제발전을 크게 손상시키게 되었다.

헌법에 따라 18세 이상이 된 터키 국민은 정당을 설립할 권리를 가지며 정당 가입과 탈퇴의 자유를 가진다. 정당에 가입할 수 없는 사람이 헌법에 명시돼 있는데, 여기에 주로 공무원, 판검사, 현역군인 등이 해당된다. 정당은 참여민주 제도의 근본적인 요소이다. 정당은 최소한 피선거권이 있는 30명 이상의 발기인으로 설립될 수 있고 내무부에 통보하면 법적 지위를 얻게 된다. 정당의 활동은 헌법과 법률에 저촉되지 않는 한 유지되며 민주주의 원칙과 정당의 내부 규정에 따라 이루어진다. 정당의 규정, 계획과 활동 등은 국가의 독립, 국가와 국민의 통합, 인권과 자유, 평등의 원칙, 국민 주권, 국가의 민주적이고 세속적인 원칙 등을 준수해야 한다. 만일, 어떤 정당의 규정이나 활동이 앞에서 제시된 원칙을 위배했을 경우 그 정당은 해산될 수 있다. 이와 같은 이유로 정당이 해산될 경우에는 명백한 이유가 제시되어야 한다. 정당의 해산을 결정할 수 있는 기관은 헌법재판소이다. 외국이나 국제기관 또 외국인으로부터 지원을 받은 정당도 해산될 수 있다. 정당은 대법원 검사장의 기소에 의해 헌법재판소는 정당의 해산을 결정할 수 있으며, 이에 대해 이의를 제기할 수 없다. 해산된 정당은 새로운 이름으로 다시 설립될 수 없다.

2) 선거제도와 주요정당

터키에서 선거는 일회에 한정하여 이루어진다. 비례대표제도에 따라 선거는 같은 날 평등하고도 비밀이 보장되는 방법으로 전국에 걸쳐 진행된다. 유권자는 자신의 자유의지에 따라 투표권을 행사한다. 개표의 진행과 기록은 철저히 공개적으로 이루어진다. 헌법 67조는 '선거와 국민투표는 자유, 평등, 비밀, 직접, 보통 및 공개로 하고, 공개개표와 공개 집계의 원칙에 따라 사법부의 관리와 감독 하에 행한다.' 고 규정하여 선거와 국민투표의 원칙을 명백히 밝혔다. 1995년 선거법을 개정하여 유권자 연령을 18세로 하향 조정하고 의석수를 550석으로 확대하였다. 의석수 확대의 이유는 인구 증가였으나 총의석을 늘리는 것은 각 정당에게도 유리하리라고 판단되었기 때문이다. 100석은 전국구에서 나머지 450석은 지역구에서 선출한다.

1995년 총선에서는 복지당(RP)이 20.9%의 득표율로 158석, 조국당(ANAP)이 19.9%의 득표율로 133석, 정도당(DYP)이 19.5%의 득표율로 134석, 민주좌익당(DSP)이 14.8%의 득표율로 76석, 공화인민당(CHP)이 10.5%의 득표율로 49석을 각각 확보했다. 복지당은 종교적 우익계 정당으로서 터키 선거사상 최초로 최다 득표를 얻었다. 복지당이 제1당으로 부상했지만 제2, 제3당인 야당이 근소한 차이로 제1당의 자리를 얻은 복지당의 정책에 비협조적이어서 제1당이 경제, 사회적으로 안정을 확보하지 못해서 1999년 4월 조기총선을 실시한 바 있다.

선거구는 각 도를 중심으로 하는데, 인구 비례에 따라 1~18석, 19~35석, 36석 이상을 선출하는 세 개의 선거구로 나뉜다. 선거에서 득표율 10%를 넘어야 정당이 국회에 진출할 수 있는 의석을 배분받는 최저한계득표선 10% 제도를 병행, 적용하고 있다.

정당은 회원의 회비와 기부금 및 정부 지원금을 바탕으로 필요한 재정을 충당한다. 정당법은 개인이나 법인에 의해 이루어질 수 있는 기부금의 한계를 정해 놓았다. 정치 조직이나 기관 또는 지방행정 부서가 정당에 어떤 형태로도 지원하는 것을 정당법이 금하고 있다. 정당은 외국의 어떤 조직으로부터 지원을 받을 수 없다. 헌법재판소는 정당법에 따라 정당의 활동을 감사할 수 있다.

(1) 조국당(Ana Vatan Partisi) : 1983년 5월 20일 창당

투르그트 외잘(Turgut Özal)이 창당 이후 조국당 당수이자 내각의 수반으로 7년간 정치일선에서 활동하였으며 1989년 11월 9일 터키공화국의 제10대 대통령으로 취임했었다. 전통보수주의 및 이슬람권과 관계강화를 주장하는 우익계 정당으로서 통제경제체제를 배격하고 자유시장경제 체제의 원칙과 자유무역주의를 선호하고 있다.

(2) **공화인민당**(Cumhuriyet Halk Partisi)

소득분배의 균형화, 토지개혁 및 노동자와 저소득계층의 권익보호를 중시하는 중도좌익계 정당으로 사회민주주의를 추구하고 있다. 터키에서 좌익계는 서구적 사회주의 노선을 추구하고 있으므로 이슬람을 지지하는 우익계와 대비시키고 있으며 공산주의를 추구하는 집단을 극좌익으로 분류한다.

(3) **정도당**(Doğru Yol Partisi) : 1983년 6월 23일 창당

술레이만 데미렐(Suleyman Demirel)을 주축으로 정당이 결성되었으며 데미렐은 수상과 대통령직을 수행한 바 있다. 정도당은 과거 정의당의 후신으로 볼 수 있으며 조국당과 유사한 정책노선을 유지하고 있다.

(4) **민주좌익당**(Demokratik Sosyalist Party) : 1985년 11월 14일 창당

당수직을 뷜렌트 에제비트(Bulent Ecevit)가 맡고 있으나 창당 초기에는 뷜렌트 에제비트의 부인 라흐산 에제비트(Rahsan Ecevit)가 당수로 활동했으나 전자의 복권 이후 후자는 사임하였다. 2000년 3월 뷜렌트 에제비트는 우익계 정당인 민족행동당과 연합하여 정부를 구성했으며 내각의 수반이다. 민주좌익당은 공화인민당과 유사한 정치적 성향을 가진다.

(5) **복지당**

복지당(Refah Partisi)은 에르 바칸에 의해 창당되었고 이슬람주의 노선을 표방하고 나섰다. 기존 정당들의 부패를 지적하고 종교적 원칙에

따라 정의로운 사회의 구현을 추구한다고 강조했다. 1995년 12월 총선에서 이슬람 노선에 입각한 정치 강령을 채택한 복지당(Refah Partisi)이 21.2%의 지지율을 얻어 제1당으로 부상하였다. 복지당은 집권 후, 종교활동을 강화함으로써 헌법의 세속주의 원칙에 대한 위배를 이유로 군부와 사법부가 주축을 이루어 복지당에 경고를 보냈다. 헌법재판소는 복지당의 정강과 활동이 헌법정신에 위배된다는 검찰의 기소를 받아들였고 1998년 1월에는 복지당을 해산시킴과 동시에 핵심 정치인들의 활동을 금지하였다.

(6) 정의발전당(Adalet-Kalkinma Partisi)

정의발전당은 2001년 8월 14일에 타입 에르도안(Tayyip Erdogan)과 압둘라 귤(Abdulalh Gul)을 중심으로 설립되었다. 정의발전당의 목표는 과거의 전통과 가치를 보전하는 것이며 케말 아타튀르크가 제시했던 국가의 현대화를 추구하는 것이다. 또한 인간의 행복, 안녕, 안전과 건강의 확보를 주요 목표로 삼고 있다. 타입 에르도안은 2005년 현재 수상이며 압둘라 귤은 외무장관으로 활동하고 있다.

정의발전당의 '보수민주주의' 노선에 나타난 '보수'와 '민주주의'는 대조적인 모습을 반영하는 듯하다. 여기에서 '보수'는 문화와 윤리적인 측면을 반영하는 성격을 의미한다. '보수'는 무조건적인 과거의 보호와 유지가 아니라 보호할 가치가 있는 물질적, 정신적 유산과 전통의 선별적인 보호와 유지를 표현한다. 경제 발전을 실현하는데 필요한 행정과 경영 방식은 현대화할 수 있도록 보수적 태도를 취하지 않고 변화와 효율성을 지향한다. 정의발전당은 자유 경쟁을 추구하는 시장경제 체제를 지지하는 한편 민중의 복지를 위해서는 사회주의 국가의 원칙을 부분적으로 적용하려는 의지를 가지고 있다.[24] 정의발전당은 '보수'는 문화, 정신적 정체성의 보수적 입장을 나타내며 '민주주의'는 정치적 과정과

24) 정의발전당 홈페이지를 참고. www.akparti.org.tr/haber (검색일자: 2008년 8월 1일)

경제 발전에 필요한 민주주의적 원리를 따른다는 노선을 반영하는 것이다. '보수'는 이슬람의 전통을 반영하여 문화, 윤리적 가치를 보호하려는 태도를 취하는 것으로 보이며, '민주주의'는 정치와 경제 발전에서는 서구적 방법을 활용하여 국민의 복지 수준을 높이기 위한 하나의 방법으로 실용주의를 중시하려는 정책이다. 정치에 있어서 서구적 방법론은 정치적 민주화를 뜻하며 민주주의의 가치, 인권과 자유, 민주적 절차를 존중하는 것이다. 정의발전당의 '보수민주주의" 노선에는 이슬람 전통의 유지와 서구적 가치의 실용적 적용과 조화가 동시에 함축되어 있다.

정의발전당은 2002년 11월 3일 총선에서 총 550석 가운데 363석을 차지하여 최대 의석을 확보했고 단독으로 집권하였다. 정의발전당은 집권 이후 지속적으로 유럽연합에 가입하는 정책을 통해 서구적 가치를 배타시하기보다 서구적 가치와 소통하는 노선을 추구함으로써 폐쇄적인 보수주의가 아니라 터키 입장에서 서구화와 현대화를 해석하고 수용하는 개방적인 전략을 적용하고 있다(Tekin 2004: 132).

정의발전당이 민주적 절차와 서구적 가치를 중시하며 전통과 소통하는 수단으로 활용하겠다는 입장을 표명함에도 불구하고 정의발전당의 정치적 노선은 세속주의 세력에 의해 의심의 대상이 되고 있다. 정의발전당의 보수적 노선은 세속주의자들에 의해서 이슬람주의로 평가되고 있으며 비판의 주요 대상에서 벗어나지 못하는 형편에 있다. '보수민주주의'보다 '무슬림민주주의'가 정의발전당의 정치 노선에 더욱 어울린다는 비난도 받고 있다. 그 이유는 현직 수상인 타입 에르도안을 비롯해 정의발전당의 지도세력이 과거 복지당과 미덕당의 보수민족집단 출신으로 간주되기 때문이다.

정의발전당은 단독으로 집권했을 때 복지당을 대체하는 정당으로 평가를 받아 보수적 성향을 띨 것으로 여겨졌으나 현재로는 실용성을 추구하고 있으며 EU 가입을 위해 꾸준히 노력하고 있다. 정의발전당 집권 후 가시적인 경제발전이 이루어지고 미국과의 외교관계를 강화하여 서구로부터 호의적인 평가를 받는 데 성공했다.

3) 이익집단

터키 군의 사열

(1) 군부

터키의 정치는 정당을 중심으로 모인 정치인들에 의해 운영되고 있지만 정치인들 외에 정치에 직, 간접으로 영향을 행사하고 있는 가장 큰 집단 가운데 하나가 군부이다. 터키민족은 유목민으로 생활해 왔기 때문에 국가수호에 있어서 군의 역할이 매우 중요하다는 것을 실제적으로 이해하고 있다. 터키공화국을 건립한 주도세력 또한 군부출신들이었으므로 오늘날에도 군부에 대한 인상이 부정적이지 않다.

군부는 아타튀르크 이념을 가장 모범적으로 준수할 뿐만 아니라 어느 집단도 이 이념으로부터 이탈하는 것을 원하지 않는다. 군부는 60,71,80년 세 차례에 걸쳐 정치에 개입했는데 군부의 개입 이전에 세속주의와 공화주의 원칙을 비롯한 아타튀르크 이념이 크게 도전을 받았기 때문이었다. 따라서 앞으로도 이슬람근본주의 운동의 조짐이 재현된다면 군부는 정치권에 대해서 압력을 행사할 것으로 전망된다.

(2) 종교집단

터키국민의 99% 정도가 무슬림이기 때문에 종교가 정치에 미치는 영향력은 절대적이라고 할 수 있다. 아타튀르크 시대와 이뇌뉘 집권기에는 세속주의와 공화주의 원칙에 따라 종교인들의 활동이 크게 위축되었었다. 그러나 1950년에 민주당이 종교인들의 지지로 집권하였고 또 정권을 유지해 가기 위해서는 종교인들의 요구사항들을 정치에 일부 반영할 수밖에 없었다. 아타튀르크 시대에는 학교에서는 쿠란강의가 금지되었으나 민주당 정권하에서는 쿠란강의가 필수과목으로 정해졌음은 물론 중등학교 수준의 종교학교의 설립이 가능해졌다.

현 정권에서도 다수의 고위층 인사가 이슬람운동 단체와 관련을 맺고 이들의 지지로 정치적 영향력을 행사하고 있다. 터키내에는 현재 술레이만파, 누루주파(Nurcu), 낙시벤드파(온건파로서 현 정권을 지지하고 있음), 알레비파, 시아파, 메브라나파(Mevalana) 등과 같은 온건적인 성향의 이슬람 종단이 존재하는 반면에 히즈볼라(Hozbullah)와 같은 극단적인 조직도 활동을 지속하고 있다.

(3) 노동조합

터키 전국규모의 노동자연맹(Confederation of Turkish Unions)은 1952년 7월에 설립되었다. 노동자연맹의 간부들은 일반적으로 사회주의 정당과 관련을 맺고 의회에 압력을 행사한다. 터키 노동자 연맹은 강력한 노조를 구성하여 노동자 권익 확보에 주도적인 역할을 맡고 있다. 터키 노조는 최저임금제와 주5일 근무제 및 정시 출퇴근 제도를 이미 도입했으며 부당 노동행위에 철저히 대응하고 있으며 노조원의 복지 조건을 확보하기 위해 파업을 강력히 전개하기도 한다. 아래 표에서 1981~1983년에는 군사정권이 들어서 파업을 철저히 통제하여 노조가 파업을 시도할 수 없었다. 1983년 11월에 정권이 민정으로 이양된 직후인 1984년부터 노조의 파업이 점진적으로 증가하여 그에 따라 작업 손실일도 늘어났다.

연도 별 터키의 파업 건수[25)]

연 도	파업건수	파업참여자수	작업손실일
1979	126	21,011	1,147,721
1980	220	84,832	1,303,253
1981			
1982			
1983			
1984	4	561	4,947
1985	21	2,410	194,296

25) 박덕규, 유럽 선진국의 노동운동, 민성사, 1989, p.372

연 도	파업건수	파업참여자수	작업손실일
1986	21	7.926	234,940
1987	307	29,734	1,961,940
1988	155	28,369	1,521,794

(4) 경영인단체

상공회의소(Turkish Union of Chambers), 고용주연맹(Confederation of Employer Unions), 상공인협회(Industrialist' and Businessmen' Association) 등을 중심으로 각계각층의 경영인들이 정부의 경제정책결정 단계에서 경제문제와 발전계획에 관하여 자문한다.

(5) 학생

1980년 군사혁명으로 학생운동은 일단 중단되었다. 70년대 말 극좌우익계 학생들 간의 총격전이 벌어지고 심지어 교수들까지 좌우익으로 나뉘어 수업이 진행되지 못했다. 80년 군사혁명 이후 학생운동의 과열화를 방지하기 위해 정부는 특별법으로 대학교를 대통령 산하의 고등교육위원회에 소속시켜 총학장과 교수를 임명하고 있다. 현재 학생운동이 가시적으로 나타나고 있지 않으나 학생들은 자신의 성향을 명백히 밝히는 편이고 이에 따라 여러 그룹으로 나뉘어 활동한다. 대학생들 간에 진보적 집단과 보수적 집단이 종교, 정치적 논쟁을 두고 마찰을 일으키는 경우도 발생한다.

시위하는 대학생들과 지켜보는 전경들

(6) 언론

터키에서 언론의 자유는 헌법 제 28조에 의해 보장되고 있으나 국가의 안전과 국민적 일체성을 위협하는 기사의 작성과 발행은 원칙적으로 금지되어 있다.

주요 일간지

신문명	발행인	비고
휴리에트(Hurriyet)	에롤 시마비(Erol Simavi)	중도
규나이듼(Gunaydin)	할둔 시마비(Haldun Simavi)	
테르쥬만(Tercuman)	게만 으르작(Keman inicak)	보수우익
밀레예트(Milliyet)	에르쥬멘트 카라잔(Ercument Karacan)	중도
줌후리예트(Cumhuriyet)	나디르 나디(Nadir Nadi)	중도좌익
영자신문(The Turkish Daily News)	일한 체빅(Ilhan Cevik)	중도

4. 주요 정치문제

터키가 당면한 주요 정치문제는 다음과 같이 요약될 수 있다.

첫째, 사회계층간의 이념적, 경제적 갈등은 정치불안의 주요 요소이다. 소수 지식인계층은 아타튀르크의 세속주의, 공화주의 원칙을 중시하여 꾸준한 개혁의 추진, 서구화 정책, 빈부격차의 조속한 해소 및 노동자의 권익보호에 우선순위를 둔 정책의 수립을 요구하는 반면 다수의 종교인들과 자본가 계층은 이슬람의 영향력 유지 및 확산과 사회안정위주의 정책노선을 적극 주장하고 있다. 종교인들과 자본가계층의 이해가 반드시 일치하지는 않으나 자본가계층은 급진적인 사회적 변화를 꺼리고 있고 종교인들은 기존의 질서를 중시하는 보수적 성향을 가지고 있기 때문에 이들은 소수 지식인계층의 정치적 이념과 활동에 대하여 공동의 보조를 취하며 제동을 걸게 된 것이다.

정치적 이념의 극한 대립으로 인한 극좌우익간의 무력충돌, 노동자들의 만성적 파업, 기업주의 공장폐쇄, 경기침체와 물가의 폭등 등은 70년대 중반부터 말까지 반복하여 나타나 1980년 9월 12일 군사혁명이 일어나기 직전에 터키경제는 침체를 벗어나지 못했다.

지난 20년 동안 경제상황이 호전되었고, 1991년 말 구소련 해체 이후 좌우 이념 대립이 크게 약화되어 과거와 같은 이념 차이로 인한 사회적 충돌이 현재에는 발생하지 않고 있으나 높은 인플레이션과 빈부의 격차는 조속히 해결되어야 할 난해한 과제인 것이다.

둘째, 1963년 터키가 유럽경제공동체(EEC)에 준회원국 자격으로 가입하였는데 아직도 EU 정회원국으로 가입을 전망하기 어려운 실정에서 가입찬성론자들과 가입반대론자들 사이에 견해 차이가 상충되고 있다. 외잘 정부는 그리스의 반대에도 불구하고 87년 4월 4일 EEC 각료이사회에 정회원국 가입신청서를 제출하였으나 그리스의 거부권 행사로 부결되었으며 현재로서는 조기에 가입하려는 의사를 강력히 전달하고 있는 정도이다. 찬성론자들은 터키의 EEC 가입으로 터키경제가 호전될 것으로 기대하는 반면 반대론자들은 오히려 EEC 내 선진국의 자본이 터키경제를 지배할 가능성에 대해 경계하고 있다. 2005년 10월에는 터키의 EU 가입을 위해 EU 집행부와 터키 정부간에 실무적 접촉이 진행되기 시작했다.

셋째, 싸이프러스 문제는 터키정부가 부담스럽게 여기는 현안이라고 할 수 있다.

그리스계 53만과 터키계 12만의 주민이 이질적 민족으로 구성되어 있는 싸이프러스는 기원전 3000년경부터 이집트, 로마, 비잔틴제국 등의 지배를 거쳐 서기 1570년 5월에 오스만제국 영토로 편입되었으며 1878년 영국의 군사기지로 조차되었다가 오스만제국의 패망으로 영국의 속령이 되고 말았다. 제2차 세계대전 이후 그리스계 싸이프러스 주민들과 그리스 민족주의자들이 싸이프러스의 독립과 그리스와의 병합을 주장함으로써 결국 1960년 8월 16일 영국, 그리스, 터키 3개국이 런던협정을 체결하기에 이르렀고 그 결과 싸이프러스는 독립하였다.

이 협정에 의거 대통령은 그리스계에서, 부통령은 터키계에서 선출되고, 내각은 그리스계 7명, 터키계 3명의 각료로 구성되며 부통령은 거부권을 행사할 수 있었다. 의회는 단원제로 그리스계 35명, 터키계 15명으로 구성되며 재판소는 그리스계 2명, 터키계 2명, 중립계 1명의 판사로 이루어졌다.

독립 이후에도 양계는 상호 반목하였고 1963년 11월 마카리오스 대통령이 터키계 부통령의 거부권 남용을 막으려고 헌법개정안을 제출함으로써 양 집단 간에 유혈충돌이 빚어지기도 하였다. 심지어 1974년에는 그리스의 싸이프러스 병합운동(ENOSIS)지도자들이 쿠데타를 감행하여 정권장악을 기도하였다. 터키정부는 ENOSIS파와 그리스 군부의 지원을 묵인하지 못하고 74년 7월 20일 4만명에 달하는 터키 병력을 투입시켜 싸이프러스 면적의 40%에 달하는 북부지역을 점령하고 75년 2월 13일에는 개별정부를 선포하였다. 1983년 11월에 북부 싸이프러스 터키공화국이 일방적으로 선포되자 앙카라의 터키 정부는 즉시 이를 독립국가로 승인함과 아울러 터키계주민의 이익 보호에 커다란 관심을 보였다. 이에 맞서 그리스 정부도 강경 일변도의 대응을 보이고 있기 때문에 싸이프러스 문제는 터키-그리스 관계개선에 있어서 걸림돌이라고 할 수 있다.

남싸이프러스는 이미 EU에 가입하여 북싸이프러스와 경제적인 격차가 더욱 커질 것으로 전망된다.

넷째, 터키 동부지역 유프라테스강과 티그리스강 상류 및 지류에 아타튀르크 댐(Dam)의 건설과 저수는 시리아와 이라크를 비롯한 주변 아랍국가에 물의 공급을 감소시키게 되어 국가간 외교갈등의 요소로 남아있다.

터키정부는 아타튀르크 댐을 건설하여 700,000ha에 달하는 우르파 평원에 농업용수 조달을 시도함과 아울러 연간 22,000Mwh의 에너지를 확보하였다. 이 사업은 터키 남부의 식량 증산과 노동력 흡수를 비롯하여 경기 회복이 기대되기 때문에 국가적 차원에서 적극 추진되었다.

반면에 방대한 양의 저수는 주변 아랍국의 수자원 활용 계획에 막대한 지장을 초래하고 있으며 특히 상류에서 공급되는 물의 양이 감소하여 시리아와 이라크가 직접적인 피해 당사국이 되고 있다. 하지만, 터키가 이 댐을 군사적 목적으로도 사용할 수 있다는 이라크와 시리아의 우려와는 달리 현재 건설된 댐을 평화적인 목적으로만 사용하고 있다.

【참고문헌】

권혜숙, 석사학위논문, 오스만제국의 근대화에 관한 연구, 한국외대, 1988.

김대성, "아타튀르크 집권기 터키의 고등교육," 한국중동학회논총, 1985.

루이스 버나드(Lewis, B), 오스만제국 근대사, 김대성 역, 동원문화사, 1990.

서재만, "터키공화국 수립과정에 관한 연구", 한국중동학회논총, 1990.

이민희, 석사학위논문, 토이기 정치와 군부, 한국외대, 1984.

Bacharach, Jere L.A, Near East Studies Handbook, the university of Washington press, 1976.

Britannica Book of the year, 1989.

Europa, The Middle East and North Africa, 37th ed. 1991.

Finkel A. and Sirman N,. Turkish Society, London, 1990.

Gozubuyuk, seref, Turkiye' nin Yonetim Yapisi, S.Yayinlari, Ankara, 1978.

Ilhan Tekeli, "Osmanli Imparatorlugundan Gunumuze Egitim Kurumlarinin Gelisimi", Turkiye Ansiklopedisi, Iletisim Yayinlari, 1984.

Kushner, D., The Rise of Turkish Nationalism, 1876~1908, London, 1977.

Mumeu, Ahmet, Ataturk ilkeleri ve Inkilap Tarihi, Yok Yayinlari, Ankara, 1986.

Ozdemir, Hikmet, Rejim ve Asker, Afa Yayinlari, Istanbul, 1989.

Roberts, T.D(ed). Area Handbook for The Republic of Turkey, The American University, 1970.

Shaw, S.J, History of the Ottman Empire and Modern Turkey, Vol. Ⅰ-Ⅱ, Cambridge University Press, 1976. 1978.

State Institute of Statistics Prime ministry Republic of Turkey, Statistical Year Book of Turkey, Ankara, 1990.

VII

거시경제와 경제구조

VII 거시경제와 경제구조

1. 터키경제와 개방정책

1980년 이전 터키 경제정책은 국내수요를 충족시키기 위한 물품을 수입하는 대신 자국 내에서 생산하는 것을 목표로 하였다. 내국인이 세운 신규사업은 일정 기간 동안 수입되는 경쟁 상품에 관세부과 또는 신규사업의 활성화를 지원할 세제상의 혜택을 통해 보호를 받았다. 다시 말하자면, 자국의 산업기반을 강화하기 위한 보호정책을 주로 채택하였다. 그러나 장기적 차원에서 볼 때 자국 산업을 보호하려는 정책이, 자국산업의 국제경쟁력이 지속적으로 약화되는데 큰 원인을 제공했다고 경제전문가들의 지적을 받아왔다. 따라서 터키는 자국 산업의 체질을 강화시키기 위해 실질적인 경제개혁을 목표로 하는 포괄적인 안정화 프로그램(Stability Program)이 1980년 1월 24일 준비돼 실행단계로 들어갔다. 이처럼 터키는 보호정책에 기반을 두고 있는 산업화 모델을 포기했으며, 국제경쟁력 강화를 목표로 수출에 초점을 맞춤과 동시에 수출중심의 산업화 모델을 채택하기에 이르렀다.

1980년대 초 터키는 대대적으로 경제 정책을 수정하는 과정에서 수출장려 정책에 최우선 순위를 두었다. 특히, 1980년에 채택된 경제정책으로 인플레이션 감소와 국제수지의 개선에 있어서 만족할 만한 결과가 발생했다. 1983년까지 3년 동안의 성공적인 경제 운영으로 터키는 국제적으로 신용을 회복하였고 경제 활성화를 추진할 국제금융시장의 지원을 받을 수 있었다.

당시의 개혁정책은 점진적으로 중앙의 통제적 시스템으로부터 벗어나 시장경제기구로 이행해 나가는 심리적이고도 실질적인 변화를 유도하였다. 1981년 구조조정이 일단락되고 자본시장이 발전하면서 자본시장법(Capital Markets Law)이 발효되었다. 동 법의 취지는 저축을 유가증권에 투자함으로써 경제개발 과정에 국민들의 광범위하고 효율적인 참여를 유도해내기 위한 것이었다. 다음 해 터키 자본시장에 대한 규제 및 감독의 기능을 담당하게 될 자본시장이사회(Capital Markets Board)가 설립되기도 하였다. 터키 경제의 발전에 매우 중요한 역할을 담당하게 되는 이스탄불 증권거래소(Istanbul Stock Exchange : ISE)도 1986년 1월 3일 개장하였다. ISE의 급속한 확장에 중대한 공헌을 한 요인으로는 터키 자본시장으로의 외국인 투자자본의 유입 자유화에 힘입은 자금 신장률의 증가를 들 수 있을 것이다.

ISE 보통주 시장의 모든 거래는 전산화된 거래시스템에 의해 이루어진다. ISE 보통주시장의 총 거래량은 2000년 5월말 미화 1,014억 달러이며 일일 평균 거래량은 미화 10억 달러이다. 2000년 5월말 ISE 채권 및 증권시장의 일일 평균 거래량은 미화 42억 달러에 달하고 있다. 광역 네트워크 체제 내에서 ISE는 채권 및 증권시장을 위한 신규 전산화 거래 소프트웨어를 채택하여 2000년 6월말까지 시스템의 도입이 이루어졌다. 신규 시스템의 활용으로 모든 가입자들이 자신의 사무실에서 거래할 수 있다.

국제금융 중심지로 발돋움하는 과정에서 ISE는 외국주의 예탁증권, 유로채권, 기타 외국인 채권, 환매 등을 위한 공정하고 조직화된 시장을 마련하고자 자유무역지대에 국제시장을 설립하였다. 예탁증권시장은 개인투자자와 다수의 거래사가 참여할 수 있는 연속적 경매시스템으로 조직되어 있다.

특히 외환 및 무역 부문에서의 재편을 통해 외국시장에 대한 문호를 개방하고 수출기반 산업화를 지속적으로 추진하려는 노력을 보이고 있다. 터키 리라에 대한 현실적인 외환정책을 추진하고 시장경제 시스템을 통해서 환율을 결정케 하려는 정책이 도입되었다. 1981년 5월 당시 외화 환율은 국내 및 대외 가격수준의 변화, 국제수지, 국제외환시장의 추이 등을 고려하여 일일 단위로 터키 중앙은행이 정하도록 하였다. 환율은 1988년 8월 이후 외환시장에서 결정되는 것으로 하였으며 1989년 4월에는 중앙은행에 의해 금시장도 개장되었다.

외환거래는 1984년 대폭 자유화되었다. 터키 통화가치 보호에 관한 법령이 발표되었고 외국통화체제와 거래를 대폭 자유화하는 관련 성명도 발표되어 터키통화의 태환성에 필요한 법체계는 '터키 통화가치 보호를 위한 법령 32호(Decree No. 32 on the Protection of the Value of the Turkish Currency)'에 의해 완벽하게 갖추어졌다. 동 법은 1989년 8월 11일 발효되었다. 1992년 7월 9일 터키 리라는 자유지대에서 '외화'로 간주되어 다른 외화대신 지불수단으로서의 사용이 가능하다.

터키 외환체제의 원리 및 변화는 다음과 같이 요약할 수 있다:

- 터키에 거주하는 자는 자유로이 외화를 보유할 수 있다. 은행, 승인기관, 사설금융기관 등으로부터의 제한 없이 외화를 구매할 수 있으며, 외화를 해외로 송금하거나 은행에 외화보유계좌를 개설할 수도 있다.
- 사업상의 자금조달 목적으로 대외신용을 개설할 수 있다.
- 외국에서의 상행위 또는 투자를 목적으로 자본을 해외로 송금할 수 있다. 자본 송금에 대한 유일한 제한은 일정 한도를 초과하는 금액을 재무부 차관(Undersecretariat of the Treasury) 또는 장관협의회(Council of Ministers)의 승인을 얻어 송금이 가능하도록 정책을 반영한 것이다.
- 유가증권의 수출 및 해외판매가 가능하다.
- 해외로 외화 담보 또는 채권을 보낼 수 있다.

앙카라 번화가

제6차 5개년계획(1990~1994)을 수립한 외잘(Ozal) 대통령은 대외개방, 수출에 비중을 두는 자유경제, 인플레 억제, 투자촉진 등에 역점을 두어 대외거래법에 필요한 관세법 개정과 행정 간소화 등을 통해 구조적 문제점을 해결하였다. 또한, 수출을 장려하는 새로운 정책에 힘입어 제조업자들은 보다 더 적극적으로 해외시장으로 눈을 돌리게 되었다. 해외시장을 겨냥한 생산 활동으로 특히 산업부문에서 생산능력 활용도가 높아졌으며 기업은 생산규모를 확장하고 신규 투자를 과감하게 실행함으로써 국제시장에서 터키 경제의 경쟁력도 높아지게 되었다.

7차 5개년 개발계획 기간에 해당하는 1996~2000년에 공공서비스는 교육, 보건, 사회보장 등의 분야에 집중되어야 한다는데 의견이 모아졌다. 공공부문을 축소하고 공공서비스가 제 기능을 발휘하게 하기 위한 정책의 일환으로 민영화도 적극 검토되고 있다. 또 민간기업의 산업 활동에 대한 지원과 시장기능의 활성화를 위한 노력도 병행되고 있다.

1980년대 이후 터키 경제발전의 전반적인 정책은 경제의 국제경쟁력 향상, 대외개방, 유럽과의 통합, 국영기업의 민영화, 외국 투자자의 유치라고 할 수 있다.

1) 민영화

민영화가 시작된 1984년 이래 발생하는 문제점을 해결하고 민영화 과정에 박차를 가하기 위해 다수의 법규가 마련되었다. 민영화와 관련되어 발표된 법규는 1994년 발효된 법률 제 4046호이다. 그러나 통신 및 에너지 부문에서의 민영화를 위한 법규는 각각 1995년과 1997년이 돼서야 비로소 마련되었다. 1985년 이래 민영화 포트폴리오의 범위에 포함되어 민영화최고협의회(Privatization High Council)로 넘겨진 공기업 성격의 회사 수는 2000년 5월 현재 211개 사에 달하며, 이들 중 반수 이상이 완전히 민영화 되었다. 민영화가 시작된 이래 2000년 5월 말까지 민영화에 따른 총 수입은 미화 59억 달러이며 특히 2000년 1월에서 5월 사이에 큰 성과가 있었다. 이 기간 동안 Petrol Ofisi(석유공사)의 주식 51%가 한꺼번에 팔려 미화 126만 달러의 수입을 올렸다. Tupras(석유-가스공사)의 주식 31.5%의 매각에서는 미화 114만 3천 달러의 수입을 거뒀으며 이 중 2억 6,600만 달러는 외국인 매수에 따른 것이다. 이로써 2000년 1월에서 5월까지의 다섯 달 동안 총 민영화 수입은 미화 12억 6,000만 달러에 달하게 되었다. 빠른 시일 내에 민영화 진행이 가속될 것으로 보인다.

2) 국민총생산 (GNP)

세계은행(World Bank) 자료에 따르면 터키는 1980~1991년 동안 연간 1인당 GNP[26] 성장률이 2.9%를 기록하여 127개국 중 16위를 차지한 것으로 나타났다. 세계은행이 발간한 '1997년 세계계발지수(World Development Indicators)' 보고에 따르면 터키가 중국, 브라질, 러시아, 인도, 멕시코, 아르헨티나, 인도네시아, 태국, 파키스탄 등의 신흥 개발도상국들과 함께 발전가능성이 가장 높은 10개 시장 중 하나에 꼽힌다는 지적이 나온 바 있다.

---

26) GNP(Gross National Product : 국민총생산)은 국민이 생산한 총액을 말하는데 해외에 체류하는 자국 국민이 송금한 내용도 여기에 포함시킨다. GDP(Gross Domestic Product:국내총생산)는 국내에서 생산된 총액을 말하며 국내에 있는 외국 기업의 생산 활동도 여기에 포함된다.

최근 터키 경제는 1980년과 1994년을 제외하고는 뚜렷한 성장세를 나타내고 있다. 1980~1990년 사이 평균 GNP 성장률은 5.3%였으며 1990~1995년에는 3.2%, 1995~1997년에는 7.8%를 각각 나타냈다. 그러나 1998년 8월부터 1999년 중반에 이르기까지 터키 경제는 모든 부문, 특히 수출에서 러시아 경제위기의 파급효과로 인해 성과가 저하되었으며 통화 및 재정상의 긴축정책으로 인해 압박을 받았다. 신규 세법에 의한 세금 납부 연기 및 정부의 중소 제조업 및 수출업 지원 프로그램 등으로 인해 1999년 중반 지표상으로는 경기회복의 조짐이 나타나고 있다. 그러나 같은 해 발생한 지진으로 인해 터키 경제는 러시아 사태 이후 위기를 맞이하게 되었다. 지진 발생 이후 생산성 소실은 자본 및 인명손실과 함께 GNP의 1~2%를 차지하는 것으로 추정되고 있다.

러시아 경제위기와 지진으로 인해 입은 생산성의 손실은 막대한 것이었다. 해외로부터의 순요소수입(Net Factor Income)이[27] 56.2% 하락한 가운데 GNP가 6.4% 가량 하락하였다.

그러나 1998년 이래 시작된 경제안정화 및 디스인플레이션 정책의 일환으로 터키는 2000년 초 포괄적인 거시경제 프로그램에 착수하였다. IMF에 의한 3년간의 긴급신용공여협약(Stand-By Agreement)의 지원을 받은 동 프로그램이 긍정적인 결과를 가져오기 시작했으며 이자율과 인플레이션도 하락세로 돌아섰다. 또한 민영화 성공으로 인해 기대 이상의 소득을 거두게 된 사실 때문에 거시경제 프로그램의 성공에 대한 자신감이 더욱 확대되었다. 실제로 2000년 말까지 계획하였던 민영화 목표액인 76억 달러 중 60% 이상이 2000년 4월 말 달성된 상황이다. 이러한 경제 호전으로 인해 국제신용평가기관에 의한 국가신용등급도 높아져 국제시장에서 터키경제에 대해 더욱 신뢰를 가지게 되었으며 국내시장에서도 긍정적인 분위기가 조성되고 있다.

27) 생산의 3요소인 자본, 토지, 노동을 통하여 발생된 수입

3) 산업 부문별 성장률

시멘트공장

1960년대 말 GDP에서 농업이 차지하는 비중은 30%에 달했으나 1990년대 초가 되자 이 수치는 약 15%로 하락하였다. 이와는 대조적으로 GDP에서 제조업의 비중은 같은 기간 동안 19%에서 25%로 증가하였다. 서비스 부문도 세계경제의 발전 추세에 힘입어 국민소득에서 차지하는 비중이 높아졌다. 서비스 부문이 GDP에서 차지하는 비중은 1980년 이전 50% 이하였으나 1995년 58%, 1999년에는 61.7%를 각각 기록하였다.

GDP 분포를 부문별로 검토해 보면 농업생산이 15%를 차지하는 반면 제조업은 23.2%를 차지하고 있다. 전년도 통계와 비교하여 1999년에는 농업 및 제조업 부문의 부가가치 비중이 4.6%와 5% 가량 각각 감소하였다. 농업부문이 축소된 주된 원인은 곡류 및 과일의 급격한 생산 감소였으며 제조업 부문의 후퇴는 민간부문 생산이 7.8% 감소한 가운데 공공부문 생산은 0.8% 밖에 증가하지 않은데 기인한 것이다. 1999년 기계장비, 섬유, 차량, 채석 등의 부문에서도 현저한 생산 감소가 있었다.

무역은 국민소득 증가의 기여도 측면에서 볼 때 서비스 부분 중 가장 성장이 빠른 부문이다. GDP에서 무역이 차지하는 비중이 높아지는 동시에, 최근 관광업계의 급속한 신장이 GDP 성장에 있어서 주요한 역할을 하였다. 그러나 1997년 이후의 세계 경제위기, 1998년 중반 주요 무역파트너인 러시아의 경제위기, 1999년의 지진 등으로 인해 1998년 무역부문은 1.4% 성장하는데 그쳤으며 1999년에는 6.8%의 감소를 나타냈다. 서비스 부문 중 가장 큰 폭의 감소는 무역부문에서 나타났다.

2. 대외 경제관계와 국제수지

터키 공화국은 1923년 10월 공화국 수립 이후에 정치와 사회 분야에서와 마찬가지로 경제 및 대외무역에 있어서도 큰 진보가 있었다. 공화국 선포 직전 1923년 2월 17일 열린 이즈밀 경제회의(Izmir Economy Congress)에서 터키 경제의 대외의존도를 줄이기 위해 국가산업의 보호 및 발전과 관련하여 합의한 바가 있었다.

1929년 대공황 및 제2차 세계대전으로 인해 터키는 국가의 생필품 및 식량의 자급자족을 우선적으로 추진하는 국가주도의 경제정책의 실행을 의무적 사항으로 여기고 경제의 공공성을 강조하였다. 그러나 1950년대 들어서 경제의 운영에 있어 자유주의적인 입장이 강하게 나타났다. 또 1950년대 초반에는 대외원조의 증가, 농업의 기계화, 광범위한 운송 네트워크의 구축, 세계시장의 변화 등으로 인해 국민소득도 크게 증대되었다.

1963년에 경제개발계획이 새로운 단계로 접어들면서 터키는 수입대체 산업의 육성을 최우선시여기는 자국 산업의 보호정책을 수립한 바 있다. 그러나 1970년대 말에 터키 리라가 크게 평가절하 되면서 국제경쟁력을 가진 수출산업을 지원할 투자가 주요 관심사로 대두되었다.

1980년 1월 24일 실행된 경제안정화조치(Economic Stability Measures)는 터키 경제의 전환점이 되었다. 터키 경제사에서 최초라고 할 만큼, 정부의 주도에 의해 수출이 국가 정책의 최우선 순위로 부상하였고 세금환불, 저리대출, 수출부문 제조업자의 수입 시 관세면제 및 기타 부문별 인센티브 등의 정책도 이를 뒷받침하였다. 1984년 이래 추진된 자유화 정책에 힘입어 국내시장에도 경쟁이 도입되었으며 이러한 정책의 결과

대형화되는 산업시설

수입도 크게 증가하였다. 반면 같은 기간 동안 수출의 증가도 주목할 만하다. 수출 품목도 농산품 위주에서 공산품으로 대체되었다.

1980년 이래 채택된 정책의 결과 안정적이고 신뢰할 만한 경제환경의 조성이 주요 목표로 제시되었으며 세계경제의 세계화(globalization)의 영향으로 대외무역 규모도 1980년 미화 110억 달러에서 1999년에는 미화 670억 달러로 증대되었다. 또 세계화(globalization)의 중요한 지표로 간주되는 GNP 대비 대외무역 규모의 비율도 1980년의 16%에서 1999년 36.3%로 크게 증가하기에 이르렀다.

터키는 현재에도 적극적으로 수출을 장려하고 있다. 최근 금융 부분에서의 인센티브는 생산과 투자 단계에서의 인센티브로 나타나고 있는 추세이다. 이러한 틀 내에서 수출업자들은 Turk Eximbank(터키수출입은행)를 통해 여신, 담보, 수출보험 등을 제공받고 있다. 광범위한 수출 장려의 차원에서 1980년 이후 수출에 필요한 행정절차도 크게 줄어들거나 간소화되었다.

1) 대외무역 지표

터키는 1996년 1월 1일 체결한 EU 관세동맹 이후 유럽연합(EU) 가입국들로부터 수입되는 공산품에 대한 무역장벽을 전면 철폐하였으며 다른 국가들과의 무역에서도 EU 공동관세(EU Common Customs Tariff)를 적용하기 시작하였다. 그 결과 1996년 대외 무역수지에서 200억 달러의 적자가 나기도 하였다. 1997년에는 수출이 13% 증가하여 262억 달러에 달하게 되었으며 수입도 11.3% 증가하여 486억 달러가 되었다. 실제로 1997년 발간된 세계무역기구(WTO)의 보고 '세계무역의 전개(Developments in World Trade)'에 따르면 터키는 21세기 대외무역 규모에서 성장속도가 가장 빠른 국가들 중 하나로 꼽히고 있어 대외무역에서 가장 활발한 움직임을 보이고 있는 것으로 드러났다.

1998년 대외수요에서 국지적으로 나타난 역성장으로 인해 전년 급속한 성장을 보였던 수출 증가율이 둔화되어 미화 269억 달러 수준에 머물렀으며 이에 따른 수출증가율도 2.7%에 그쳤다. 반면 수입은 내수위축과 국제경기의 침체 등으로 인해 미화 459억 달러로 5.4% 하락했다. 1999년에는 가장 중요한 산업지구인 마르마라 지역에서 발생한 두 차례의 지진의 여파로 생산이 감소했으며 이와 함께 수출은 266억 달러, 수입은 407억 달러로 감소하였다. 수입 및 수출이 모두 감소한 탓에 대외무역 규모는 673억 달러의 수준으로 7.7% 감소하였다. 대외무역 적자는 141억 달러로 25.6% 감소하였다.

2) 수입대비 수출 비율

수입대비 수출 비율은 1990년대 약 50% 수준을 유지하였으며 1994년 경제위기 동안 이 비율은 77.8%로 증가하였다. 1995년에는 53.5% 가량 증가한 수입으로 인해 수입대비 수출 비율은 60.6% 정도로 떨어졌다. 이러한 추세는 1996년에도 계속되어 그 결과 수입대비 수출 비율은 53.2%로 다시 감소하였다. 이후 이 비율은 꾸준히 증가하여 1997년에는 54.1%, 1998년에는 58.7%, 그리고 1999년에는 65.3% 수준에 다다르게 되었다.

최근 연도별 주요 경제 지표

	경제지표	단 위	2007	2008	2009	2010	2011
국내경제	GDP	억달러	6,491	7,303	6,153	7,353	7,433
	1인당GDP	달러	9,422	10,484	8,723	10,032	10,044
	경제성장률	%	4.7	0.7	-4.7	8.9	5.5
	산업생산증가율	%	6.9	-0.8	-9.8	13.1	7.7
	실업률	%	10.3	11.1	14.1	12.0	11.8
	소비자물가상승률	%	8.8	10.4	6.3	8.6	5.8

	경제지표	단 위	2007	2008	2009	2010	2011
대외거래	환율(달러당,연중)	YTL	1.30	1.30	1.55	1.50	1.60
	경상수지	백만$	-38.311	-41.946	-14.042	-48.530	-58.721
	경상수지/GDP	%	-5.9	-5.7	-2.3	-6.6	-7.9
	상품수지	백만$	-46.795	-53.021	-24.856	-56.402	-68.521
	수출	백만$	115.361	140.800	109.686	120.922	129.321
	수입	"	162.156	193.821	134.542	177.324	197.842
	서비스수지	"	13.344	17.121	16.186	14.201	15.122
	자본수지	"	48,707	33,547	6,227	59,903	
	FDI 순유입	"	19,941	15,720	6,080	7,154	10,250
	외환보유액	"	73,384	70,428	70,874	80,713	

3) 부문별 대외무역 구조

1980년대에는 터키 수출에 중요한 구조적 변화가 있었다. 1970년에 75%, 1980년에 57%의 높은 수준을 각각 기록하였던 총수출에서의 농산품 비율은 1999년 9%로 크게 감소하였다. 반면 1970년 18%, 1980년 36%를 각각 기록하였던 총수출에서의 공산품 비율은 1999년 89.4%로 대폭 상승하였다. 또 1980년 이후 기간 동안에는 제조업 수출에서 비농산품 위주로 제품구성의 변화도 있었다. 이는 터키 경제구조에서 '산업화로의 구조적 변화'와도 부합하는 것이었다.

터키의 수입구조를 검토할 때 수입에서 투자재와 원료가 차지하는 연평균 비율은 경제발전과 산업화 노력의 자연스러운 결과로 1990년대 내내 높은 수준을 유지하였다. 1999년 총수입에서 중간재가 차지하는 비율은 65.3%인데 반해 자본재는 21.5%, 소비재는 12.4%를 각각 기록하고 있다.

4) 국가군별 대외무역 분포

서유럽 국가군은 터키 대외무역에서 지속적인 중요성을 지니고 있다.

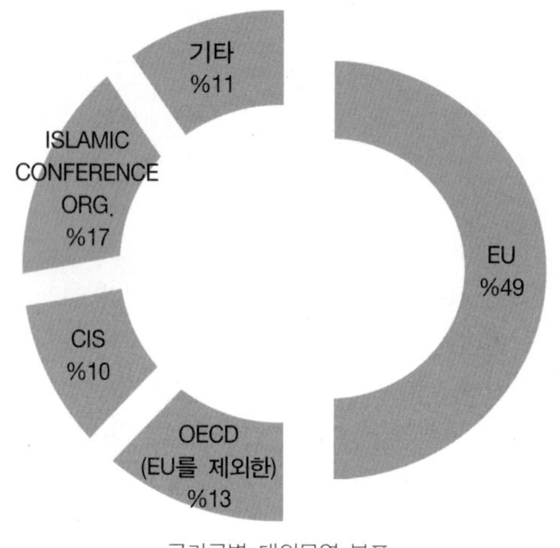

국가군별 대외무역 분포

1999년 터키 수출 및 수입에서 이들 국가군이 차지하는 비율은 각각 57.4%와 54.9%였다. 1999년 수출은 전체적으로 감소한데 반해 유럽으로의 수출은 153억 달러로 8.1% 증가하였다. 서유럽국가군 중에서도 EU 국가들이 가장 중요한 비중을 차지하고 있다. 1998년 EU 국가들이 수출에서 차지하는 비중은 50%였으나 1999년에는 53.9%로 올라 143억 달러가 되었다. 같은 해 EU 국가들로부터의 수입은 전체 수입 규모의 52.6%로 216억 달러를 기록했다.

EU 국가들 중 터키의 수입 또는 수출에서 가장 큰 비중을 차지하는 것은 독일이다. 미국, 영국, 이태리, 프랑스 등도 터키의 중요한 무역상대국들이다. 1990년 구소련이 해체된 후 터키 대외무역에서 러시아가 차지하는 비중도 차츰 증가하고 있다.

북미 국가들에 대한 수출은 1997년 총 수출의 8.2%에서 1999년에는 9.7%로 상승하였다. 중부유럽 및 동유럽, 그리고 발칸 국가들이 수출과 수입에서 차지하는 비중은 각각 9.7%와 11.8%였다.

중동 및 북아프리카 이슬람국가들 역시 1980년대에 접어들면서 터키 대외무역에서 중요성을 띠기 시작했다. 1999년 이슬람국가들은 총 수출의 14.9%, 총 수입의 10%를 각각 차지하였다.

최근 터키와 경제협력기구(ECO : Economic Cooperation Organization) 및 흑해경제협력기구(BSEC : Black Sea Economic Cooperation) 가입국가들 간의 무역관계도 서서히 발전하고 있는 상황이다. BSEC 지역에 포함되는 러시아와 ECO에 포함되는 중앙아시아 국가들은 터키 경제와의 상호보완성 때문에 현재는 아니더라도 장래에 중요무역상대국으로 발전할 가능성이 큰 국가군이다.

5) 국제수지

터키의 국제수지에 대한 자료는 외환기록에 바탕을 두고 있다. 대차대조표 상에는 미화가 총액을 표시하는 단위로 사용되고 있다.

터키의 국제수지를 나타내는 대차대조표는 현재 1984년 이후 자료로부터 월별, 분기별, 연별로 출간되고 있다. 이로써 터키는 IMF 국가들 중 국제수지의 월별 대차대조표를 내는 몇 안 되는 국가들 중 하나가 되었다. 대차대조표는 중앙은행의 책임 하에 국제기록시스템에 맞춰 출판되고 있다.

대차대조표의 경상거래 계정에서 가장 중요한 항목은 상품의 거래이다. 특히 1988년 이후 무역수지의 급속한 악화는 경상거래 계정에 악영향을 끼치는 요인이자 대외무역 적자를 야기하는 중요한 원인이 되었다. 터키의 대외무역 수지는 예외적인 상황을 제외한다면 지속적으로 적자가 가중되는 양상을 보였다. 국민총생산(GNP)에서 수출 및 수입이 차지하는 비중도 점차 증가하였다. 이중에서도 GNP대비 수입 비율이 가장 빠른 증가율을 나타내었다. 이는 해외시장에 문호를 개방하고 관세동맹 하에 EU에 통합되는 터키 경제에 있어 자연스러운 전개이다. 대외무역 적자는 1988년 이후 관광수입의 증가로 어느 정도 해소되기도 하였다.

경상거래 계정에 부정적인 영향을 미친 또 다른 중요한 항목 중 하나가 외채에 대한 이자지불이다. 반면 연간 30억 달러에 이르는 해외 터키 노동자들로부터의 외환송금은 중요한 수입원이 되고 있다.

세계경제의 발전과 해외시장에 대한 개방에 따른 터키 서비스 부문의 부가가치 상승으로 국제수지에서 서비스 수지의 흑자가 차지하는 비율도 점차 증가하고 있다. 최근 해외에서 활동하는 터키 기업들은 특히 건설 부문에서 괄목할만한 성장을 나타냈다.

국제수지 상에 흑자를 나타낸 이전수지(The Balance of Transfers)는 민간부문 및 공식부문의 이전으로 기록된 노동자 송금 및 기타 송금 등 이전의 총합에 따른 것이다. 120만 이상의 해외 터키 노동자들에 의해 외환송금 형태로 터키에 보내진 민간부문 비상호적 이전 금액이 큰 비중을 차지하였다.

1999년 내수 및 해외수요의 감소로 대외무역 적자가 104억에 달해서 전년 대비 26.5%의 감소를 기록하기도 하였다.

비가시적 거래(Invisible Transactions)에서 중요한 비중을 차지하는 관광수입도 테러 및 지진 등에 대한 우려로 1999년 52억 달러 수준에 머물러 25.5% 감소하였다. 노동자의 외환송금도 전년도 수치와 비교해 볼 때 15.2% 감소하여 46억 달러를 기록하였다.

3. 외국자본과 자유무역지대

앙카라의 한 삼성전자 대리점

터키는 1954년 발효된 외국자본법 제 6224호로 인해 당시 자율성을 가장 많이 반영하는 법규를 시행하는 국가가 되었다. 1980년대 채택된 자유화 정책과 외환규제의 변화 등은 외국자본투자를 유치하는 계기가 되었으며 1986년, 1992년, 1995년에 추가적으로 제정된 법규는 외국인 투자자들에게 새로운 기회를 제공했다. 상기 법규들은 외국인 투자자들이 국내 투자자들과 동일한 권리와 의무를 가지게 되는 결과를 가져왔다. 독점을 금하는 조건으로 외국인 투자자들은 터키 민간부문 전 부문에 투자가 허용되고 있으며 투자에 따른 인센티브도 받을 수 있다. 현 법제도의 주요내용은 다음과 같다:

- 외국인 투자자 지분에 '퍼센트 제한'을 두지 않는다.
- 외국인 자본으로 들어온 외환은 터키통화로 환전하지 않고 외환예금 계정에 예치할 수 있다.
- 배당금, 로열티, 상환분할금(Liquidation Shares) 등 수입의 해외 이전에 제한을 두지 않는다.
- 외국인 투자자들은 필요 인력을 고용할 수 있다.
- 면허, 노하우, 기술원조, 경영협의 등에 대해 허가를 받아야 하던 것을 등록 또는 신고로 대체한다.

외국자본 유치정책의 이러한 변화는 분명한 효과를 나타내었다. 1980~1998년 사이 승인된 외국자본 총액은 240억 달러가 넘으며 1998년 3월 터키에서 활동하고 있는 외국자본회사의 수도 총 5,024개 사에 달한다. 2000년 첫 세 달 동안 승인된 총 외국인 투자액도 5억 2,100만 달러를 초과하며 이 중 프랑스, 독일, 미국 등이 가장 큰 비중을 차지하고 있다.

2000년 5월 터키 내 외국자본 투자의 90%가 OECD 국가들로부터 이루어진 것이다. 또 OECD 내에서도 EU 국가들이 가장 높은 투자율을 보이고 있다.

터키에서 활동하고 있는 외국자본회사들은 제조업과 서비스 부문에 집중되어 있다. 2000년의 첫 세 달 동안 승인된 투자 중 제조업 부문은 57%, 서비스 부문은 40%를 각각 차지하고 있다.

1999년 12월 헬싱키 정상회의(Helsinki Summit)로부터 비롯된 EU 가입노력, 국제중재를 허용하는 법규정, 민영화 프로그램의 성공, IMF에 의해 제안되고 승인된 인플레이션 억제를 위한 경제 프로그램의 실행 등도 외국자본의 유치에 긍정적으로 작용한 요인들이었다.

'자유무역지대법(The Law on Free Trade Zones)'은 외국자본 및 기술 유입의 촉진, 수출관련 투자 및 생산의 증대, 외국인 투자 및 무역 기회의 적극적 활용 등을 목표로 1985년부터 실행되었다. 메르신과 안탈리

자유무역지대 근처에 있는 메르신 항구

아 자유무역지대는 1987년 처음 열렸으며 1999년 말 터키의 자유무역지대 수는 17개 지역에 달하고 있다.

현재 메르신, 안탈리아, 에게해, 이스탄불 아타튀르크 공항, 트라브존, 이스탄불 레더, 이스탄불-트라키, 동아나톨리아, 마르딘, 이스탄불증권거래소, 삼순, 리제, 이즈밀-메네맨, 아다나-유무르탈륵, 가지안테프 등의 자유무역지대에 총 2,497개 사가 활동하고 있으며 이 중 2,091개 사는 내국인 회사, 406개 사는 외국인 회사이다. 자유무역지대 내 총 피고용인 수는 15,000명 수준이다.

1988~1999년 사이 자유무역지대 내 회사에 의해 실현된 무역규모는 320억 달러를 넘고 있다. 자유무역지대가 처음 실험적으로 도입된 1988년 1억 5,300만 달러였던 무역규모는 1999년에는 79억 달러가 되었다. 자유무역지대에서 활동하고 있는 내국인 및 외국인 회사는 앞으로 더 큰 성과를 낼 것으로 기대되고 있다.

터키 내 자유무역지대의 수 및 활동을 증진시키려는 노력도 꾸준히 계속되고 있다. 설립규약이 확정되고 그 위치 및 범위가 특정된 실크로드 밸리, 투비탁-마르마라 연구센터(MAM), 부르사 및 데니즐리 자유무역지대를 비롯해 아직 설립이 진행 중인 산르울파 및 코자엘리 자유무역지대 등을 포함한다면 자유무역지대의 수는 25개 지역으로 늘어날 것으로 추산된다.

4. 경제의 자유화 정책과 산업별 특성

현대자동차 이즈밋 공장

1980년 1월 24일에는 경제 안정화 프로그램과 관련된 정책들이 실행에 옮겨졌고, 이 정책은 과거에 적용되던 안정화 위주의 정책에 비해 경제 및 산업 정책에 있어서 보다 근본적인 변화를 반영하고 있다. 사실상 금융, 재정, 해외 무역 및 환율 정책에 있어서 급진적인 변화가 이루어졌고, 내수 시장에 터키의 국내 생산품 공급을 목표로 했던 수입 대체산업을 우선적으로 지원하는 방식 대신 해외 시장을 겨냥하는 적극적인 수출 위주의 정책으로의 전환이 이루어졌다.

1980년대에는 경제 부문에 대한 지원이 생산 활동에 집중되었고 해외 자본 도입에 대한 인센티브가 증가했다. 이러한 산업 분야의 구조적 변화는 제조업에서 발생했으며 수출을 위한 상품 개발에 역점을 두게 되었다. 수출을 위한 전략적 상품의 주요 분야는 자동차 부품, 비전자기기 및 금속 제품 등이었다.

특히 1980년대 후반 정부는 기간산업에 대한 투자를 촉진시키고 보다 더 나은 조건의 외자 유치를 위해 BOT(Build-Operate-Transfer) 모델을 도입하였다. 1981년 법률에 의해 자본시장 위원회(Capital Market Board)가 설립되었다. 이러한 조치와 병행하여 은행 서비스 역시 현대화되고 국제 금융 거래를 가속화시키기 위한 필요한 조치들이 마련되었다. 정부는 이 중에서도 산업화 정책에서 우선적으로 충족이 되어야 하는 필수 요건인 교통-통신 서비스 부문의 발전에 가장 큰 비중을 두었다.

1980년대에 중요한 비중을 차지했던 수출 증대를 위한 여러 조치와 외화 획득을 촉진하는 인센티브 방안들은 산업 분야의 경쟁력을 증가시

이스탄불의 사반지 빌딩과 삼성전자 광고

키는데 큰 기여를 하였고 이는 수출 증대로 이어졌다. 터키의 자유무역지대의 설립과 국제 박람회의 개최는 터키 산업 발전과 세계 시장으로의 통합에 크게 기여했다. 산업 부문의 발전을 위한 일련의 노력의 결과 터키의 총 수출량에서 산업 부문의 생산품이 차지하는 부분은 1980~ 1999년 사이에 36%에서 79.2%로 크게 확대되었다.

산업 부문의 성장에 있어서 가장 근본적인 이유는 민간 부문에 대한 투자와 역동성에 근거한다. 최근 들어, 기존의 산업 구조를 효율성 있게 개편하려는 노력과 동시에 공기업의 민영화를 위해 정부가 적극적으로 나섰다. 이와는 대조적으로 정부는 산업 생산과 직결된 공공 부문의 투자를 대대적으로 축소하였다. 터키 전체에서, 중소기업의 비중을 늘리고 그들의 국제 경쟁력을 강화시키기 위한 연구가 최우선 과제로 선정되었다. 중소기업의 자금, 특성 및 규모와 관련한 문제점들을 극복하기 위한 방안으로 중소기업에게 융자, 세금 면제 및 에너지 지원과 같은 인센티브가 제공되었다.

특히 1980년대 초반부터는 기반 시설비용 절감 및 생산 활동으로 인해 발생할 수 있는 터키 자연의 훼손을 방지하고자 하는 노력이 신 산업화 전략과 함께 매우 중요하게 부상하였다. 이 때문에 현대화된 산업 공단 및 소규모 산업 단지 설립안과 현대식 산업 시설의 터키 전 지역으로의 확산 관련 계획은 점차 관심을 받게 되었다. 사실상 306개의 소규모 산업 공단에서의 총 일자리 수는 1999년 말에는 무려 72,850개에 달했다. 나아가 48개의 현대화된 산업 공단과 단지는 1999년 말 11,839ha에 달하는 부지에 새로이 정비되었다. '2000년 투자 프로그램(2000 Investment Program)'은 216개의 소규모 산업 공단에 관한 프로젝트를 포함하고 이 지역들 대부분이 현재 건설단계에 있다. 이러한 소규모 산업 단지가 완성되는 날에는 36,024 개의 작업장에서 약 212,000명이 인원이 일할 수 있는 고용 기회가 창출될 것으로 예상된다. 또한, 총 224개의 현대식 산업 공단에 대한 투자는 2000년 투자 프로그램에 포함되었다. 이러한 산업 공단에 대한 투자 중에 61개는 연구 계획 단계에 있으며, 148개는 설립 중에 있다. 총 14개의 현대식 산업화 공단에 대한 투자가 우선순위에 따라 완료된 상태이다. 지속적으로 증가하는 경제 수요를 충족시키기 위해 산업 공단과 관련된 '계획 산업 공단(Organized Industrial Sites)에 대한 법률'이 2000년 4월부터 발효되었다.

세계 시장으로의 통합을 위한 조치는 계속되었다. 터키는 그간 축적했던 경험과 지식을 바탕으로 세계 다양한 지역에 투자를 시작했는데 특히 중동 지역의 이슬람 국가들과 1990년 이후 독립한 중앙아시아 공화국들에 집중적으로 투자하였다. 외국계 기업들도 터키에 투자할 목적으로 터키를 방문하는 일이 급격히 증가하였다. 터키의 상공인들을 위한 가장 중요한 전문 기관 중 하나인 터키 상공 및 상품 거래소 위원회(Union of Chambers and Commodity Exchanges of Turkey, TOBB)와 터키 무역인 및 기능인 연합회(TESK), 그리고 벤처 프로젝트를 지원하는 목적으로 설립된 벤처 상공인 연합회 등에 의해 다양한 활동이 실행되고 있다.

1996년 이후부터 효력이 발생한 유럽 연합과 터키 간의 관세 동맹 합의는 터키 산업의 경쟁력 강화에 긍정적인 영향을 미쳤다. 역내 산업 제품 및 농산품의 자유로운 유통을 가능하게 하는 관세동맹 역시 분명한 구조적 변화를 불러일으켰으며, 이 결과 유럽 연합의 공동 무역정책 및 기술 규정에 관해 상당한 합의가 이미 이루어졌다. 이러한 규정의 도입

목적은 외화 유치의 증대와 터키산업의 세계 시장에서의 경쟁력 강화에 있다. 1999년 의회 역시 해외 투자자와의 상업 분쟁이 발생할 경우 '국제 중재'를 허용하는 헌법 수정안을 통과시켰다. 따라서 대규모의 자본과 고도의 기술을 요구하는 프로젝트 투자에 관심이 있는 해외 자본을 유치하기 위한 발판이 마련되었다.

1999년 헬싱키 정상회담에서 터키의 유럽 연합 가입의 가시화 역시 산업 부문의 기술 표준 단일화를 촉진할 수 있었다. 산업 재산권, 특허권 관련 단일화 과정, 산업 디자인, 상표 및 지리 표시 등에 관한 연구조사 결과가 완료되었고 국제 합의를 마친 사안이 10개에 이르렀다. 또한 테스트 및 검증 기구의 인가를 위한 '터키 인가 협회(Turkish Accreditation Institution)'가 세워졌고, 터키는 유럽 연합 특허 조약을 인정하게 된다.

1) 섬유 및 기성복 산업

자동화된 섬유공장

터키의 섬유 및 기성복 산업은 터키경제의 전체적인 성장에서 견인차 역할을 담당한다. 터키는 세계 제 6위의 목화 생산지로서 섬유와 기성복 산업 분야에서 선두 국가로 인정되고 있다. 섬유 및 기성복 산업 부문의 약 70 % 정도가 수출되며 이 중 80% 가량이 면제품으로 구성된다.

터키 섬유 및 기성복 산업은 이 분야를 선도하는 세계 10 개국들과도 경쟁할 수 있는 수준에 도달했다. 특히 최근에는 염색-프린트-피니싱(마무리) 분야 및 기성복 산업에서 눈부신 발전을 이룩했으며 원사 및 직조 부문에서도 현대화를 위한 투자를 강조하고 있다. 섬유 기계 분야의 기술 발전과 더불어 직조 산업에 뛰어든 대기업들은 첨단 섬유 기계를 도입하여 경쟁력을 키우고 있다.

봉제공장

터키 민간 기업이 섬유 및 기성복 산업에서 차지하는 비율은 95%에 달한다. 게다가 이 분야에는 외국 자본의 투자로 세워진 많은 기업이 있다. 약 4백만 명이 이 분야에서 종사하고 있다. 따라서 실력을 갖춘 인적 자원은 풍부한 셈이다. 이스탄불, 부르사, 데이즐리, 아다나, 가지안텝, 카흐라만마라쉬, 카이세리, 안탈야, 메르신 그리고 말라탸 등은 바로 섬유 산업이 중점적으로 위치해 있는 도시들이다.

유럽 연합과의 관세 동맹 체결과 1995년 이후부터 실현된 투자로 인해 섬유 및 기성복 산업 부문은 해외 시장에서도 경쟁력을 인정받아 수출 지향적 발전을 지속했다. 이 부문의 수출은 총 수출의 약 36%를 차지하는데 1999년에는 무려 100억 불에 이르렀다. 유럽 연합 국가들을 대상으로 한 수출을 근거로 하여 분석한 결과, 터키는 섬유 분야 수출에서는 6위를, 기성복 수출 분야에서는 2위를 기록했다. 그리고 나라별로는 독일, 미국, 영국, 프랑스, 네덜란드 그리고 러시아가 터키의 가장 중요한 수출 시장으로 나타났다.

터키의 기성복 생산업자들은 이 분야와 관련된 선진 기술의 최신 동향을 주시하면서 최신 방직 기술 및 ISO 9000, ISO 14000 등과 같은 환경 관리 시스템 등을 신속히 도입하고 있다. 또한 섬유 분야의 기업들은 유럽, 동유럽, 중동, 북 아프리카 국가들, 독립국가연합, 중앙아시아 국가들과 조인트 투자를 체결하고 있다.

2) 피혁 공업

피혁 공업은 생산 가치와 수출 가능성에서 보았을 때 터키의 주요 산업 부문 중 하나이다. 터키의 피혁 가공 산업은 그 축적된 경험과, 기술 수준 및 높은 생산력 때문에 국제적으로 인정을 받는 분야이다. 특히, 투즐라, 메네멘 및 초를루 피혁 공업 단지의 개장으로 피혁 가공 과정의 혁신이 이루어졌다. 가죽 및 피혁 상품은 터키 10대 산업 중 하나이며 제조 분야 상품의 약 2.2 %를 차지하고, 총 산업 고용인의 1.5%가 이 분야에서 활동한다. 1999년에 10억 불이 넘는 수출을 기록했으며 터키를 찾는 관광객들에게 직접 판매된 양은 15억 불 가량이 된다. 독일 및 프랑스는 터키의 가장 중요한 피혁 수출 시장이다.

3) 식품 산업

식품 산업에 관여하는 민간 부문의 조직 및 기업들은 서부 아나톨리아 부근과 마르마라 지역에 집중되어 있는 반면 공기업들은 중앙 아나톨리아에 몰려 있다. 터키의 식품 산업에서 공기업은 주로 설탕, 차, 담배 그리고 알콜음료를 생산한다. 1990년대에 많은 공공 부문의 식품 산업이 민영화 되었고 남아있는 공기업도 민영화될 예정이다. 식품 산업 분야에서는 민간 중소기업이 매우 중요한 역할을 하며 생산성도 매우 높다. 이 분야에 종사하는 인구는 약 25만 명이다.

약 2만 5천 개의 기업들이 육류 및 유제품 가공, 제분, 설탕, 알콜 및 비알콜음료, 담배, 야채, 과일, 식물성/동물성 기름 생산 그리고 양식업 등에 종사하고 있다. 담배 생산에 적합한 기후를 가지고 있는 터키는 세계의 주요 담배 생산국 중 하나이다. 1991년에는 5억6천1백만 달러의 담뱃잎과 담배 제품이 수출되었다.

밀가루, 냉동 야채 및 과일, 토마토 페이스트와 식품 통조림, 씨 없는 건포도, 말린 살구 등의 생산은 꾸준히 증가하고 있다. 이러한 제품들은 세계 대부분의 나라에 수출되고 있다. 뿐만 아니라 터키에서 생산되는 올리브 오일 및 올리브, 헤이즐넛, 설탕 및 사탕 제품 등은 세계적으로 매우 유명하다.

과일 통조림과 야채 수출품 중 가장 중요한 제품은 바로 토마토 페이스트(Tomato Paste)이다. 풍부한 토마토 생산과 발달된 기술로 터키는 이 분야에서 우위를 차지하고 있다. 마카로니 산업은 우수한 품질과 경쟁력 있는 가격으로 세계 시장에서 우위를 차지하고 있는 또 하나의 수출품이다.

4) 자동차 공업

터키의 자동차 공업은 1950년대에 그 기반이 마련되었다. 1954년 군대용 지프와 픽업트럭 제조로 시작된 자동차 산업은 훗날 상업용 트럭과 버스 생산으로 이어졌다. 자동차 부문의 첫 대량 생산은 1966년에 시작되었다. 토파쉬(TOFAS)와 르노(RENAULT) 기업의 투자에 의해 설립된 소형 자동차 생산업체인 오토산(OTOSAN)이 자동차 생산을 시작했다.

터키의 자동차 산업 분야의 안정적인 발전은 1980년대 후에야 가능해졌다. 이 기간에 늘어난 수요는 수입에서도 나타났다. 1990년에 시작된 제 6차 5개년 개발계획(Sixth Five Year Development Plan)에서 자동차 부문과 관련한 일련의 법안이 채택되었다. 자동차 수입을 제한하는 조치가 크게 줄어들었고, 새로운 투자에 대한 특별 인센티브가 도입되었다. 유사한 인센티브 제도가 역시 자동차 보조 산업에도 제공되었다. 나아가 자동차 및 자동차 부품 산업에도 큰 관심이 집중되기 시작했다. 최근 국내 자동차 기업들은 초현대식 기술을 활용하는 새로운 자동차 모델을 개발하여 시장에 판매하는데 적극적이다. 이들은 기존의 서비스 네트워크를 강화하여 수입 자동차에 맞서는 전략을 구축했다.

터키에 16개 자동차 생산 기업이 있으며 이들 가운데 11개는 유럽 기업들이다. 1999년 터키에서 총 322,603대의 차량이 생산되었는데, 이 중 222,000대가 자동차, 76,000대가 상업용 차량, 그리고 25,000대가 트랙터이다. 총 401,975대의 차량이 같은 연도에 판매되었으며 이 중 175,000대는 수입 차량이다. 자동차 관련 수출은 1999년에 22억 불을 기록했다. 주요 수출 대상 국가는 이집트, 아제르바이잔, 러시아, 독일, 우즈베키스탄 그리고 이탈리아이다.

터키의 자동차 산업은 다른 선진국에서와 마찬가지로 터키의 기술 발전의 기초를 제공하고 있다. 터키에서 자동차 산업이 발전함과 동시에 고무, 플라스틱 그리고 유리, 특히 철강 및 자동차 부품 제조 분야에서 중대한 발전이 이루어졌다. 또한 자동차 산업은 방위 산업의 발전에 초석이라고 할 수 있다.

자동차 산업은 주요 산업과 보조 산업, 판매업자 및 서비스 산업 등과 통합된 산업이다. 이러한 통합은 'Total Quality' 개념의 도입으로 실현되었다. 이러한 이유로 터키는 소비자 보호와 생산품의 국제 표준을 맞추는데 중대한 노력을 쏟아왔다. 터키는 이 부문의 고도로 훈련된 인적 자원을 소유하고 있다. 직접적 또는 간접적으로 자동차 산업은 500,000명의 인구에게 일자리를 제공하고 있다.

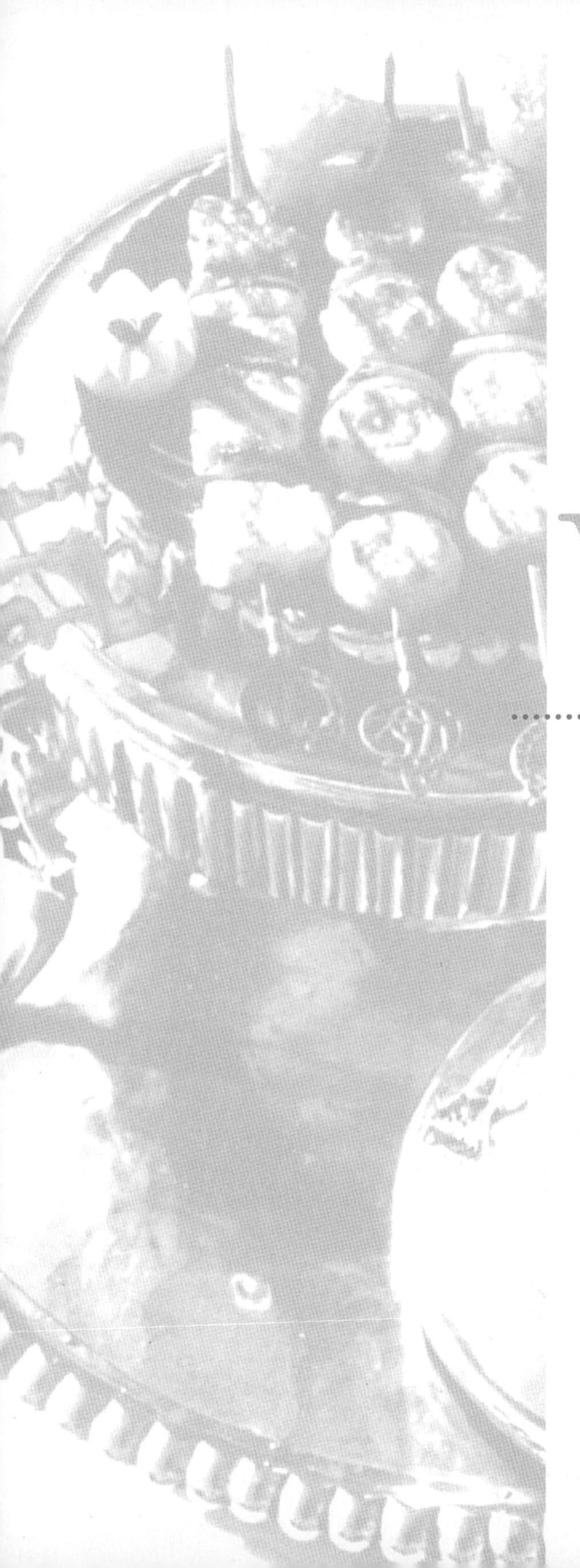

VIII

음식문화

VIII 음식문화

1. 식관습과 실용성

오늘날 국제화시대에 교통과 통신의 발달로 지구는 점점 작아지고 있다. 각 지역이 거리상으로 가까워지고 있으나 다양한 지역의 인간과 그 곳의 문화는 매우 이질적으로 느껴진다. 어느 특정 지역과 관계를 맺는 과정에서 상대방의 문화와 관행을 알지 못한다면 그 지역 주민에 대한 오해로 인해 마찰이 일어날 가능성도 그 만큼 많아질 것이다. 따라서 우방국 또는 새로이 진출하려는 국가와 좋은 유대관계를 장기적으로 유지하려면, 그 지역의 문화에 대한 충분한 이해가 선결조건이 될 것이다. 어느 특정 사회의 문화를 이해하지 않고 그 구성원을 파악하거나 그들과 원만한 관계를 맺는다는 것은 기대하기 어렵다.

문화는 인간이 공동체 생활을 영위해 갈 때 의식 또는 무의식으로 전승받은 의미(신앙, 신화, 전설, 상징), 가치(규범, 이데올로기 등), 또는 의미와 가치가 물질로 표현된 생활의 총체적인 상태로 이해되고 있다. 문화를 구성하는 다양한 요소 가운데 식생활을 연구하여 그 생활 문화의 일면을 이해하려는 시도 또한 매우 필요하다고 본다. 개인이나 집단이 주로 무슨 음식을 어떻게, 어떤 환경에서 어느 때 먹는가 그리고 왜 먹게 되었는가에 따라 형성된 식생활 관습이 과거의 식관습을 반영하기 때문에 식관습에 대한 이해는 과거의 생활양식, 생활환경 및 사회적 규범에 대한 포괄적인 파악을 위한 선결과제라고 할 수 있다.

식관습은 음식문화의 일부분에 속하는 것으로 볼 수 있다. 식관습 연구는 실용적인 측면에서도 유용성이 매우 크다. 어떤 한 지역의 식관습을 알고 익숙해 지다는 것은 그 지역에 대한 이해도와 적응도가 높다는 것을 의미하고, 그 만큼 식관습의 이해는 다방면으로 실용성을 확대시킨다. 먹고 마시는 시간이 우리 일상생활에서 차지하는 비중이 클 뿐만 아니라 또한 이 시간에 매우 중요한 대화와 결정이 이루어질 수 있기 때문에 편안한 분위기 속에서 상대방을 이해하기 위해서 식관습에 대한 사전지식이 필요하다. 무엇보다도 어떤 지역을 장・단기간 여행하는 사람들은 가능한 한 현지 음식을 먹으려는 자세를 가지고 있어야 한다. 그래야 현지적응이 빠르고 생활하는 데 불편함이 축소된다. 만일 현지 식관습에 대한 사전지식이 있으면 현지 문화의 일부를 이해하고 있기 때문에 현지인과의 접촉을 더욱 적극적으로 추진해 나갈 것이다. 일반적으로 현지 문화와 식관습을 잘 이해하고 적응하고 있는 사람은 현지인과의 이질감을 쉽게 극복하고 있음을 보게 된다. 선호되는 음식은 날씨와 분위기, 개인의 연령과 성향에 따라 변할 수 있고 평범한 날이나 특별한 행사에 따라서도 다르다. 따라서 음식은 단순히 먹는 대상이 될 뿐만 아니라 한 개인이나 집단의 기호를 이해하는 주요 수단이 되는 것이다.

이 글에서는 11세기 식관습과 오늘날의 터키인 식관습을 고찰함으로써 그들의 규범과 생활양식 및 사고방식을 이해할 수 있는 단서를 제공하고자 한다.

2. 11세기의 식관습

1) 식사예절과 손님 접대

11세기의 터키인 역사가 유스푸 하스 하집(Yusuf Has Hacib)은 식사예절 특히 연장자와 동석했을 경우의 예절에 관해 상세히 기술하였다. “어른보다 먼저 음식을 먹는 행위를 삼가고 음식을 먹을 때는 오른손을 사용해야 한다. 식사 중에는 칼을 꺼내지 말며 단정히 앉아야 한다. 음식을 많이 먹어 배가 부르더라도, 음식을 준비한 가정의 여성이 기뻐할 수 있도록 대접받은 음식은 맛있고 즐겁게 먹어야 한다. 이렇게 함으로써 성찬을 준비한 사람의 노고에 실질적으로 감사할 수 있다. 음식물은 입에서 잘게 씹어야 하며 뜨거운 음식을 식히려고 입으로 부는 행위는 좋지 않다. 상대방의 기분을 상하게 만들지 말라."[28)]

터키인들이 이슬람을 10세기 말부터 집단적으로 이슬람을 받아들이기 시작했지만 아직까지 식사예절에서 이슬람이 요청하는 기도행위는 기록되지 않았고 유목민적 특성이 뚜렷하게 나타나 있다. 유목민이기 때문에 일반적으로 평소에 성인 남성이 관례로 칼을 소지하여 수시로 사용하였지만 식사 중에는 칼을 꺼내 보이는 행위를 금지시켰고 단정하게 앉도록 요구했다. 이는 칼을 사용해 위험스러운 행동으로 연장되지 않게 만든 위험방지 차원의 규율이었다. 음식을 준비한 여성의 노고에 감사하는 행위는 오늘날 대부분의 터키인들 사이에서는 명백히 행해지고 있다. 식사가 끝난 뒤에는 음식을 준비한 사람에게 "당신의 손에 축복이 임하기를"이라는 감사표현을 하는 것이 상례이다. 반면에 이슬람 율례에 지나치게 집착하는 가정이나 지역, 특히 아랍권에서는 식사를 준비한 여성의 얼굴조차 볼 수 없다.

또한 유스푸 하스 하집의 기록에서 당시 손님 접대방법을 찾아 볼 수 있다. "집, 밥상과 그릇을 깨끗이 정돈해 두어라. 방에 방석을 깔아 두고 먹을 것과 마실 것들은 최상급으로 준비할 뿐 아니라 맛있고 정갈해야 한다. 특히 다양한 음료가 준비되어야 하며 부족해서도 안 된다. 식사가 끝나면 과일이나 건과물을 대접해야 한다. 여러 가지 면에서 여유가 있다면 손님들에게 선물을 마련하라. 그리고 살림이 넉넉하다면 비단을 선사하라. 그런 후 가능하다면 여비 돈을 제공하라."

---

28) Reşat Genç, "XI. Yüzyılda Türk Mutfağı Sempozyumu Bildirileri, Ankara 1982, pp. 58~59.

11세기 터키인들의 손님 접대는 가히 최고의 수준이라 할 수 있다. 단순히 손님에게 음식을 대접하는 차원을 넘어서 손님의 마음을 사로잡을 정도로 가치 있는 선물까지 마련했다. 당시 터키인 유목민들이 중국으로부터 수입하는 고가의 물품인 비단을 선사하라고 권할 만큼 손님 접대에 최선을 다했음을 알 수 있다. 손님 접대에 대해 나중에 더 언급되겠지만, 오늘날 터키어에 '손님환대'(Misafirperver)라는[29] 용어가 하나의 독립된 단어로 사용되는 것을 본다면 '손님환대'는 과거의 전통의 연속임을 알 수 있다.

이 밖에도 유스프 하스 하집은 건강을 유지하기 위한 식생활 방법을 간략하게 기록해 놓았다. "뜨거운 음식을 지나치게 먹어 속이 불편할 경우에는 찬 음식을 먹어 속을 식혀야 하며, 찬 음식을 많이 먹어 몸에 냉기가 많이 생겼을 경우에는 더운 음식으로 처치해야 한다. 젊고 몸에 온기가 있을 때에는 찬 음식을 먹어도 좋으나, 나이가 40을 넘기고 온기가 약해진 시기에는 더운 음식으로 몸의 균형을 유지하라. 장기간 평정을 유지하고 건강하게 살려면 깨끗한 마음을 가진 사람이 되어야 한다."

2) 음식

소아시아 셀주크국가[30] 시대에 주식이라고 할 수 있는 투트마츠(Tutmac)는 터키 민족이 이동하여 정착한 중동 지역에서도 잘 알려져 있다. 투트마츠는 밀가루 반죽을 대체로 작은 물만두 크기만큼 잘라 내어 요구르트에[31] 섞고 마늘, 약간의 고추 가루를 넣어 끓여서 만들어진 일종의 '수프'다.[32] 일반적으로 작은 물만두 크기의 건더기를 먹고 나서

---

29) Turk Dil Kurumu, Turkce Sozluk, Ankara, P.1030.

30) 김대성, op.cit., P.8; Ali Sevim & Yasar Yucel, Turkiye Tarihi, Fetih, Selcuklu ve Beylikler Donemi, Ankara, p.97.

30) 3장의 1절의 요구르트를 참조하시오.

31) Ayse Baysal, Turk Mutfagindan Ornekler, Ankara 1993,p.59.

빵굽는 여성

국물을 마신다. 오늘날 투트마츠가 일부 지방에서만 중요한 음식으로 받아들여지고 있다.33) 이와 같이 터키인들은 11세기 이전에 이미 밀을 주식으로 활용하였으며 소, 양 또는 말의 젖을 발효시켜 만든 요구르트를 수프로 끓여 먹을 정도로 식관습에서 유목민적 특성이 명백히 나타나 있다.

빵은 터키인들에게 빼놓을 수 없는 주식이다. 11세기 이전부터 밀을 빻아 밀가루를 생산했으며 밀가루를 반죽하여 빵을 구워 먹었다. 여성들은 밀가루 반죽을 적당한 크기로 얇게 펴서 철판에서 구워냈다. 빵을 구워내면 이동하면서 어렵지 않게 먹을 수 있었고 보관도 용이했으므로 주로 이동하는 유목민들에게는 편리한 음식이었다.34) 밀가루는 다양한 채소와 함께 수프의 주원료로 사용되었다. 터키인들이 11세기에 주로 먹었던 채소는 시금치, 호박, 무, 당근, 양파, 마늘, 가지, 겨자 잎 등이 있었다.35)

11세기에 터키인들이 가장 즐겨 먹는 육류는 양고기였다. 이슬람의 영향으로 말고기를 식육으로 사용하는 경향이 점차 감소하기 했지만 양고기 다음으로 말고기가 선호되었다.36) 닭고기, 여타 새고기와 물고기 등도 식용으로 이용되기도 했지만 별식으로 분류되었다.37) 육류는 동물이 도살된 직후 단기일 내에 소비되었지만 그렇지 못할 경우에는 건조시켜 장기간 동안 저장될 수 있었다. 오늘날에도 농촌에서는 고기를 말려 장기간 보관하여 먹기도 한다. 주로 삶은 고기에 후추 가루나 향로를

33) Resat Genc, op.cit.,p.60.

34) Bahaeddin Ogel, Turk Kultur Tarihine Girisi, Kultur ve Turizm Bakanligi 1985, pp.35~46.

35) Resat Genc, op.cit.,p.65.

36) Ibrahim Kafesoglu, Turk Milli Kulturu, Istanbul 1988,p.305; Resat Genc, op.cit., p.60.

37) Resat Genc, op.cit.,p.61.

뿌려 건조시킨 '파스트르마(Pastirma)'로 보관하여 다양한 맛을 내기도 하고 운반하기에도 편리했다. 그래서 파스트르마는 군대의 이동이나 적을 공격할 때 편리하게 이용되는 귀한 군용 식품이었다.[38]

고기는 주로 불에 구워 먹었다. 땅에 웅덩이를 파고 불을 지핀 다음 양을 통째나 큰 덩어리로 나누어 굽거나 때로는 솥에 삶아서 먹기도 했다. 양의 다양한 부분이 음식으로 요리되었다. 머리를 굽거나 삶아서 잘게 자르고 토기 그릇 위에 놓은 다음 향료를 뿌리고 나서 신맛이 나는 요구르트를 쳐서 먹었다. 머리고기 요리는 좋은 음식으로 간주되어 귀한 손님에게 대접되었다. 또한 잘게 자른 고기와 간에 향료를 적당히 뿌린 뒤 고르게 섞어 내장에 채워서 만든 마치 순대 같은 형태의 음식이 있었다. 터키인들은 시큼한 요구르트나 식초를 음식에 뿌려 먹었고 대체로 시큼한 음식 맛을 즐겼다.[39] 오늘날에도 삶은 고기나 시금치 혹은 구운 고기 위에 시큼한 요구르트를 뿌려 먹거나 야채샐러드에 식초를 충분히 쳐서 먹는 습관을 가지고 있다.

터키 유목민들이 대량으로 사육하던 동물들의 젖을 가공하지 않고 마시기도 했지만 그 젖으로 다양한 식품을 만들어 먹었다. 젖으로 가장 손쉽게 가공되는 식품은 치즈, 요구르트, 아이란(Ayran)과[40] 크림 등 이었다. 양이나 소젖을 끓인 다음 서서히 식히는 과정에서 발효되어져서 만들어진 요구르트는 그들에게 강장식품으로 알려져 있다. 각 가정은 동물의 젖으로 치즈와 요구르트를 비롯한 다양한 유제품을 만들었다.

3) 음료(飮料)

11세기 중앙아시아와 일부 중동지역에 거주하던 터키인들은 보편적

38) Bahaeddin Ogel, op.cit., pp.379~381; 3장 1절 참조.

39) Resat Genc, op.cit., p.62.

40) 3장의 1~2) 참조; Bahaeddin Ogel, op.cit., pp.19~21. 아이란은 요구르트에 물을 타서 희석하여 마신다.

으로 포도나 다른 과일을 이용해 과실주(果實酒)를 담가 마셨다. 샤랍(Sarap)으로 불리는 포도주나 과일주를 위구르(Uygur)[41] 터키인들은 보르(Bor)로 지칭했다. 또한 우구트(Ugut)는 터키인들 사이에 선호되는 과실주였다. "과일을 빻아 보리가루와 섞고 도토리 크기만큼 뭉쳐 덩어리로 만들어 말린다. 그런 후 보리와 밀을 삶아 빻고 이미 단단해진 덩어리와 다시 섞은 뒤 3일간 건조시킨다. 3일간의 건조가 끝나면 항아리에 넣고 10일간 발효시킨다. 여기에 적당량의 물을 부으면 우구트가 된다." 말의 젖으로 만든 크므즈(Kimiz)도 과실주 못지않게 애호되던 술이었다.

터키인들이 포도, 사과, 배, 복숭아, 살구 등의 과일을 재배했으나 주로 포도와 살구로 주스를 만들어 마셨다.[42]

터키인들이 11세기에는 이미 이슬람을 받아들여 믿기 시작했지만 이슬람이 금지시키고 있는 음주행위는 여전히 지속되었음을 볼 수 있다. 음주문화가 유목민 터키인들 사이에 이미 정착되어 있으므로 음주를 금지하는 강력한 이슬람 율법도 단기간 내에 커다란 효력을 발휘할 수 없었다. 하지만 시간이 지남에 따라 이슬람적 사회규범이 확대 적용되자 음주는 부담스러운 행위로 인식될 수밖에 없었다. 말의 젖으로 만든 크므즈가 소아시아에서 점차 사라지게 되었는데 그 이유는 이슬람 규범이 중앙아시아에 비해 소아시아 지역에서 더 커다란 구속력을 가졌기 때문이다.

3. 오늘날의 식관습

1) 아침과 점심 식사, '차이', 빵.

터키인들은 하루에 보통 세 번 아침, 점심, 저녁 식사를 한다. 아침 식사는 빵 한두 조각을 올리브나 잼과 함께 먹고, 수프 또는 따끈한 차를

41) Ibrahim Kafesoglu, op.cit.,pp.122~123.

42) Resat Genc, op.cit., pp.67~68.

간단한 아침식사(빵, 치즈, 차)

전통커피

마시는 정도로 간단하다. 일부 사람들은 아예 아침 식사를 거르기도 하고 차를 마시고 끝내기도 하지만, 이러한 관습은 서양으로부터 영향을 받아 나타난 현상으로 여겨진다. 터키인들이 마시는 차는 터키어로 '차이(Cay)'라고 하는데 터키의 흑해 연안에서 자체 생산되며 한 번에 2~3잔 마시는 것이 보통이다. 홍차 맛과 어느 정도 비슷하지만 끓이는 시간과 집어넣는 향료에 따라 다양한 맛이 난다. 어린 아이들부터 어른까지 식사 후에는 물론 일과 중에 자주 '차이'를 즐겨 마신다. '차이'를 주로 파는 찻집을 도시나 농촌 어느 곳에서나 쉽게 볼 수 있다. 이곳은 지역 남성들이 모여 담소하며 의견을 교환하고 여가시간을 보낼 수 있는 장소로 일종의 남성회관처럼 이용되며, 여성들은 거의 출입하지 않는다.[43] 이슬람이 음주를 금하기 때문에 찻집은 주점의 사회적 기능 가운데 일부를 맡아 왔다.[44] 차를 마시며 우정을 나누고 오락을 즐기며 열띤 토론을 벌리기도 하며 또는 생각에 잠기기도 한다. 그래서 차를 한잔 마시는 것은 그들에게 여운이 없으므로 터키인들 고유의 찻잔으로 2~3잔 이상 마시는 것이 상례로 통한다. 심지어 일부 지방에서는 손님이 방문했을 때 차를 대접했을 경우 이 차를 마시지 않는 것은 마치 인사를 받지 않는

43) Necati Cumali, Yagmurlar ve Topraklar, Istanbul 1983, p.24.

44) Mahmut Tezcan, "Turkiye'de Yemek Yeme Aliskanliklari be Buna Iliskin Davranis Kaliplari", Turk Mutfagi Sempozyumu Bildirileri, Ankara 1982, p.120.

빵굽는 모습

것으로 간주되기도 한다.[45] 여성들은 이웃집 부인들을 초대하여 차를 마시며 환담을 나눈다. 오전에는 집안일을 주로 해야 하기 때문에 점심식사를 마치고 난 뒤 대략 오후 2~3시경이 가정주부들의 차 마시는 시간이라고 할 수 있다. 물론 직장 여성이나 들이나 밭에서 일하는 여성들은 일터에서 수시로 마시게 된다.

그들은 아침 식사를 간단히 하기 때문에 대체로 점심식사를 빨리 먹는다. 일반음식점에서 점심식사를 하게 될 경우 보통 한 가지 육류와 빵, 샐러드 등을 들게 되지만 빵은 많이 먹을 수 있다. 터키에서 밀이 풍부하게 생산되어 빵 가격이 저렴하여 식당의 식탁 위에는 빵이 충분하게 놓여 있다. 만일 빵이 부족할 경우, 우리나라에서 보리차를 더 달라고 하면 돈을 받지 않고 더 주는 것처럼 터키에서는 빵을 더 달라고 하여도 일반적으로 계산에 넣지 않고 제공해 준다. 대학교 기숙사의 식당에서는 학생들이 빵을 더 먹을 수 있도록 빵 보관함에서 가지고 가게 한다. 그러나 고급 음식점에서는 빵의 가격을 계산에 포함시키므로 주의해야 한다. 빵 종류는 크게 에크멕(Ekmek)과[46] 피데(Pide) 두 가지로 나뉘어 진다. 에크멕은 프랑스의 빠게트와 비슷한 형태로 보편적으로 피데에 비하여 더 자주 식탁에 놓여진다. 식당에서 흔히 제공되는 빵이 바로 에크멕이다. 음식으로서의 피데는 피자와 유사하나 치즈를 사용하지 않으며 담백하기 때문에 한국인의 입맛에 맞는 편이다. 빵으로서 피데를 의미할 때에는 빈대떡의 형태로 단순히 밀가루만을 사용하여 구운 얇고 둥글넓적한 빵이다. 간식으로 즐겨

45) Necati Cumali, op.cit.,p.8.

46) Bahaeddin Ogel, op.cit., pp.35~39.

시미트(간식용 빵)

먹는 빵으로 시미트(Simit)와 포아차(Pogacha) 등이 있다. 시미트는 도너츠와 같은 고리 모양의 빵과자이다. 맛이 약간 짭짤하며 그 위에 깨가 묻혀져 있다. 출출할 때는 길에서도 아이나 어른 할 것 없이 걸어가며 시미트를 먹을 수 있다. 터키에서는 길을 걸어가며 자연스럽게 먹을 수 있는 빵이 시미트이다. 포아차도 간단하게 먹을 수 있는 간식용 빵이다. 포아차 속에는 주로 요구르트나 치즈가 들어가 있다. 어떻게 빵 속에 요구르트를 넣을 수 있는가 의문이 가겠으나 터키 요구르트는 흔히 우리가 알고 있는 마시는 요구르트가 아니다. 뒤에서 요구르트를 더 자세히 설명하고자 한다. 아무튼 빵은 터키인의 주식(主食)이며 빵을 먹지 않으면 식사를 하지 않은 것으로 여겨질 만큼 터키인들에게 목숨과도 같은 주식이다.

2) 저녁 식사와 요구르트

저녁 식사는 온 가족이 집에 돌아 온 후 식탁에 함께 모여서 하게 된다. 온 가족이 모였을 경우에 가족의 남성 최고연장자가 "건강을 기원합니다(Afiyet olsun)."라고 말하며 음식을 들기 전까지는 아무도 먹지 않는 것이 상식으로 통한다. 이러한 관습은 유목민의 전통적인 가부장적 가족체계를 반영하는 것이다. 저녁은 비교적 의례적인 절차를 따라서 들게 되며 서양인들이 말하는 디너(Dinner) 이상의 성찬이다. 종교성이 강한 집에서는 식사 전에 남성 최고연장자가 식사기도를 하는 것이 일반적이다. 음식도 절차에 따라 처음에 수프, 육류음식, 밥(밥을 할 때 처음부터 버터나 마아가린 등을 넣기 때문에 기름으로 볶은 것 같다), 마카로니 또는 뵈렉(만두의 일종), 후식으로 과일이나 매우 단 과자나 빵이 제공된다. 또한 에크멕이 저녁 식탁에서 빠질 수 없다. 이때 공통으로 먹을 수 있는 야채샐러드, 투루슈(터키식 짠지) 또는 요구르트 등이 식탁에 놓여진다. 요구르트는 터키인들이 자랑하는 강장(强壯) 식품으로 가정에서 보통 우유로 만들어 먹는다. 만일 어느 가정에 손님이 방문하였을 때, 아무리 잘 차려진 식탁이라 할지라도 요구르트가 없는 경우에는 대접을 잘 받지 못한 것으로 생각되기 때문에 요구르트를 반드시 준비해야 한다. 이 요구르트도 터키 민족이 유목 생활을 할 때 양이나 소젖을 발효시켜 만들어 장기간 동안 보관하여도 상할 염려가 전혀 없는 유목민의 음식 유산 가운데 하나이다. 짠지도 오이, 토마토, 고추 등을 사용하여 담그며 맛도 우리의 그것과 매우 비슷하다.[47]

에크멕(주식용 빵)

요구르트와 고기요리(된네르케밥)

터키인들도 저녁에는 매우 다양한 양념을 사용하여 음식을 정성들여 다양하게 만들어 성찬을 든다. 하지만 이들은 빵과 요구르트만으로도 맛있게 식사를 한다. 유목생활을 하던 터키인 조상들은 이동하기에 간편하고 영양분이 충분한 음식을 개발하였다. 지금도 대학생들 기숙사에서 요구르트와 빵으로만 식사하는 장면을 종종 목격할 수 있다. 처음 보는 사람들은 주머니 사정이 좋지 않아 빵과 요구르트만으로 식사를 한다고 동정할 수 있겠으나 꼭 그런 것은 아니다. 어떤 음식이든지 요구르트가 있는 한 그것은 성찬인 것이다. 요구르트는 흔히 우리나라에서 선전되는 달콤한 종류의 음료수와는 전혀 다르다. 요구르트는 동물의 젖

47) Mine Arli,"Turk Mutfagina Genel Bir Bakis", Turk Mutfagi Sempozyumu Bildirileri, Ankara 1982, p.29.

콩 샐러드

아이란과 빵

을 발효시켜서 만들며 고체와 액체의 중간 형태로 시큼시큼하다. 처음 먹는 사람은 바로 이 시큼한 맛 때문에 거부감을 느끼지만 익숙해지면 바로 이 맛 때문에 매력을 느낀다. 대체로 한국인이 터키에서 처음 요구르트를 먹었을 때 시큼한 맛 때문에 얼굴을 찡그린 경험을 하게 된다. 하지만, 누구라도 한번 익숙해지면 빵과 요구르트만으로도 식사를 할 수 있을 정도로 요구르트의 맛에 매료된다. 요구르트에 마늘과 오이를 비롯하여 채소를 섞으면 여러 가지 독특한 음식으로 변한다. 요구르트를 물에 타서 희석시키면 아이란(Ayran)이 만들어진다. 아이란은 물과 요구르트의 비율에 따라 맛이 달라진다. 아이란을 마시면 갈증이 없어지고 숙면을 할 수 있다고 하여 특히 아이란이 더운 여름밤에 애용된다. 아이란도 처음 마시게 되면 찝찔한 맛을 내어 거부감을 느낄 수 있다. 아이란에 오이채나 마늘을 갈아 함께 넣어 차게 만들면 자즉(Cacik)이 된다. 자즉은 더운 날씨에 즐겨 먹는 음식이다. 이처럼 동물의 젖을 발효시켜 만든 요구르트가 매우 다양하게 변하여 음료수 또는 반찬 등으로 애용된다는 것을 보면 동물의 젖의 활용범위가 매우 광범위하다는 것을 알 수 있다. 터키인들이 가정에서 쉽게 만들고 운반하기에도 편리한 흰색의 치즈도 동물의 젖을 이용한다. 요구르트와 흰 치즈는 터키인들의 유목민적 식관습을 명백히 반영해 주는 대표적인 음식이다. 한국인이 가는 곳에는 김치가 있듯이 터키인이 가는 곳에는 요구르트가 있다. 터키인들이 좋아하는 전통적인 음식 가운데 파스트르마(Pastirma)가 있다. 파스트르마는 소고기나 양고기에 후추가루와 채맨(Cemen) 등의 향료를 뿌려서 소금에 절인 다음 햇빛에 말린 식품이다. 흔히 우리 음식 가운데 육포와 유사한 파스트르마는 맛이 있을 뿐 아니라 장기간 보관하기 쉽고 운반하기에도 편리하여 터키민족이 유목 이동생활을 하던 때 애용했던 식품으로 여겨진다. 요즈음도 겨울에 눈이 많이 내려 종종 도회지와 차단되는 터키 동부지역의 시골에 가면 월동 준비를 위해 파스트르마를 준비하는 것을 볼 수 있다. 식탁에 빵, 요구르트, 파스트르마와 더불어 양파나 다른 채소가 있으면 훌륭한 식탁이라고 할 수 있다. 터키인들은 한국인들에 비해 채소를 물에 씻어 날것으로 먹는 데 훨씬 익숙해져 있다. 채소를 날것으로 먹으면 음식을 만드는 시간도 단축되지만 채소의 영양가를 그대로 섭취할 수 있을 것이다. 처음에는 날 채소를 먹는 것이 쉽지 않으나 익숙해지면 채소 본래의 맛을 느낄 수 있게 된다. 날 채소를 많이 먹는 것도 유목민 식생활 관습의 연장에 속한다.

3) 육류와 구이 음식

터키인들은 음식을 불에 구워 먹는 습관을 가지고 있다. 빵도 불에 구워서 익혀 만들면 맛도 독특하고 좋다. 구워서 만들어진 대표적인 빵으로 '피데'가 있는 데 누구나 즐겨 먹는다. 고기도 물에 삶아 조림으로 먹기보다 꼬치에 끼우거나 석쇠에 올려놓고 구워 먹는다. 이것은 유목생활을 해서 육류가 풍부하고 오히려 물이 귀하기 때문에 개발된 음식으로 여겨진다. 늘 소나 양, 말이 주변에 충분히 있는 데 비해 스텝지역에서 이동하는 과정에서 물이 풍부하지 못했으므로 구워 먹는 것이 편리하게 여겨졌을 것이다. 우리나라에서는 방목이 발달하지 못해 육류가 부족했

케밥요리사

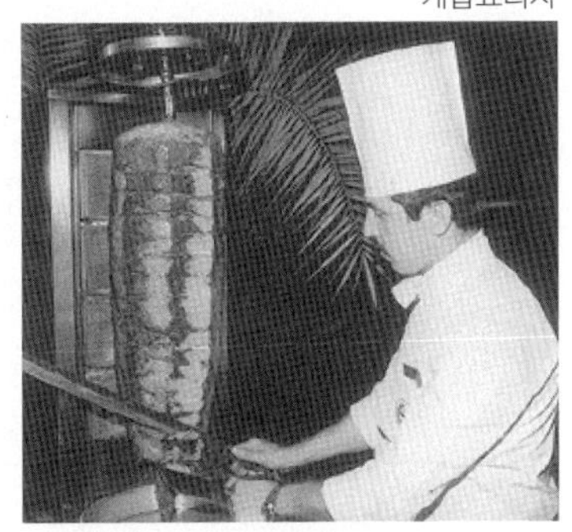

아다나 케밥

콩요리

으며, 이에 비해 물이 많아 끓여서 여러 사람이 고기 국물이라도 먹는 방식을 택했다고 볼 수 있다. 요즈음에는 과거에 비해 경제 여건이 좋아진 우리나라에서도 국물이 있는 '탕'종류의 음식보다도 '구이'종류의 음식이 많이 발달했다. 구이 요리의 대표적인 것으로 케밥(Kebap)과[48] 쾨프테(Kofte)가 있다. 케밥은 고기산적(散炙)의 일종이며 케밥의 양념으로는 주로 소금과 후추가루이다. 터키인들은 한국인에 비하여 음식을 짜게 먹기 때문에 구운 다음 소금을 많이 뿌리는 것을 보게 된다. 쾨프테는 잘게 다져진 고기를 다른 양념과 다양한 음식 재료를 섞어 적당한 형태로 버무린 다음 구워 만들어진다. 육류를 구워 먹을 뿐 아니라 심지어 고추나 토마토 등의 채소를 구워 반찬으로 먹을 정도로 구워 먹는 음식문화가 발달해 있다.

터키 음식에는 한국 음식에 비하여 육류를 사용하여 만든 음식이 훨씬 많다. 일반적으로 터키인들의 체력이 강한 이유는 두 가지로 설명된다. 하나는 후천적인 이유로 어렸을 때부터 육류 음식과 날 채소를 많이 먹는다는 것이다. 또 다른 하나는 유목 생활을 하는 과정에서 강인한 체력을 갖게 된 부모로부터 선천적으로 강한 체력을 가지고 태어난다는 것이다. 근대에 들어서 터키인들이 대체로 정착 생활을 하였기 때문에 두 번째 이유를 현대 터키인들에게 적용시키기에는 무리가 있다고 본다. 하여튼 요즈음에도 터키인들은 한국인에 비하여 육류 음식을 많이 먹고, 또 음식을 요리할 때 기름도 많이 넣는다. 앞에서도 간단히 언급

48) Ayse Baysel, op.cit.,p.76.

하였지만 밥을 할 때에도 쌀에 물을 붓고 거기에다 마가린이나 버터 등의 기름을 섞을 정도로 기름진 음식을 잘 먹는다. 개인의 식성에 따라 차이가 있겠으나 처음 터키에 오는 한국인들은 대체로 기름진 음식에 물린다고 말한다. 그래서 터키인들이 '차이'를 자주 마심으로써 음식에 있는 기름의 농도를 약화시키려 하는 것 같다. 한국인이 이와 같은 식사 방법에 적응하는 데에는 약간의 시일이 필요하다.

4) 식사예절

터키인들도 음식을 가려 먹거나 음식에 대해 불평하는 행위를 별로 좋지 않게 여긴다. 그들도 특히 과식을 경계하는 금언을 통하여 주의를 환기시킨다. "적게 먹고, 조금 자고, 말을 많이 하지 마라.", "적게 먹는 이는 매일 먹을 수 있으나, 많이 먹는 자는 하루 밖에 먹을 수 없다.", "많이 먹고 단명하지 말고, 조금 먹고 천사가 되어라." 등이 소식(小食)의 미덕을 강조하는 격언이다. 소식의 미덕이 강조되는 반면, 손님을 초대하였을 경우에는 음식을 충분히 마련하여 손님이 포식할 수 있도록 각별히 신경을 쓴다. 반면에 손님은 자신에게 제공된 음식은 가능한 한 다 먹는 것이 예의이므로 음식이 제공될 때 먹을 수 있는 한도를 분명히 표시하는 것이 좋다. 왜냐하면 터키인들은 초대된 손님에게 많은 음식을 제공하는 것을 초대자의 기본자세로 여기기 때문이다.

터키인들과 식사할 때는 다음과 같은 식관습에 유의해야 한다.[49]

- 음식에 코를 대고 냄새를 맡지 말아야 한다.
- 음식을 식히기 위해 입으로 불지 않는다.
- 숟가락이나 포크를 빵 위에 놓지 않는다.

---

49) Turk Kulturune Hizmet Vakfi, Orf ve Adetlerimiz(Turk Toresi), Istanbul 1994, pp.94~97.

- 상대방 앞에 있는 빵의 조각을 먹지 않는다.
- 식사 중에 사망자나 환자에 대해서 언급하지 않는다.
- 음식을 그릇에 남기지 말고 깨끗하게 비운다.

종교성이 강한 집에서는 식전처럼 식후에도 기도를 한다. 음식을 마련한 사람에게 감사의 표시로 '음식이 맛있습니다. 당신에게 축복이 있으시기를 바랍니다.'라고 표현하는 일을 빠뜨려서는 안 된다. 음식을 먹은 사람들은 기도가 끝나면 다음 말로 응답한다. '신이 더 축복하시길.' '알라에게 감사드린다.' '알라가 이 가정에 능력주시길.' 식사 때만이 아니라 터키인들의 인사말 가운데는 종교적인 요소가 강하게 나타나 있다. 식후에 단 과자나 빵 또는 음식 등이 나오는 데 이것은 '달콤한 음식을 먹고 즐거운 이야기를 나눕시다.'를 의미한다. 달콤한 음식 뒤에 과일이 나오는 데 과일을 먹고 나면 모든 식사과정이 끝나게 된다.

5) 음식 준비와 여성

대부분의 터키인 가정에서 음식을 준비하고 대접하는 일을 주로 여성이 맡고 있다. 학교나 직장에서 돌아오는 자녀들과 남편을 위해 여성이 정성스럽게 음식을 만든다. 하지만 도시의 서구화된 가정에서는 부부가 함께 부엌이나 주방에서 함께 음식을 만들기도 한다. 서구화된 계층의 많은 기혼 여성들이 직장생활을 하기 때문에 남성들이 아내를 도와주고 있다. 손님이 왔을 때 남성이 차를 타서 주기도 하고 간단한 음식을 주방에서 내와 손님을 대접하기도 한다. 그래서 일부 터키 남성들은 여성 못지않게 요리 솜씨가 뛰어나다. 서구화된

피데와 아이란

부부들은 자신의 수익을 각각 분리하여 관리하려는 성향을 나타내며 매우 독립적인 것이 특징이다. 이러한 현상은 고학력 계층에서 나타나지만 아직까지는 소수집단에 한정되어 있다. 서구화된 부부들과는 대조적으로 이슬람원리에 따라 진실하게 행동하고자 노력하는 계층에서는 여성이 거의 음식을 마련한다. 손님이 오면 남성은 음식이 올 때까지 손님과 대화를 나누며 유쾌한 분위기를 만들면 된다. 종교성이 강한 가정에서는 남편의 친구가 오면 부인이 나와서 인사를 건네지도 않으며, 간식이나 음식이 준비됐을 경우 부인은 남편에게 사인을 보내 음식을 가져가도록 한다. 방문을 마치고 집을 나설 때에 음식을 준비해 준 부인에게 직접 감사의 표현이라도 하고 싶은데 얼굴도 보지 못하고 감사의 말만 부탁해놓고 돌아오기도 한다.

6) 손님 접대

터키에서 외국인이 자주 듣는 단어 가운데 '손님환대'라는 말이 있다. 전통적으로 터키인들의 집에는 사랑방이 있었다. 이 사랑방에는 손님을 위한 침구들이 준비되어 있다. 지금도 농촌에서는 사랑방을 볼 수 있고, 외지에서 온 낯선 사람을 마을 사람들이 돌아가며 환대를 해 준다. 한집씩 돌아가며 저녁 식사에 초대를 하고, 그 마을에 머무는 동안 불편 없이 지낼 수 있도록 배려를 아끼지 않는다. 과거에는 외지 손님이 그 마을 떠나려고 하면 마을 사람들은 더 머물도록 제의하였고, 예상했던 것보다 일찍 떠나면 불편한 점이 있어서 가느냐고 물어 보았다. 만일 어느 마을에 초대되어 가면, 집 주인의 친척과 친구들이 돌아가며 저녁식사에 초대

토마토와 양고기찜

해 준다. 필자도 여름방학 기간 중 에게해 인접한 마을에 초대되어 갔을 때, 집 주인이 최소한 한 달 동안 자신의 집에 머물도록 제의하였다. 그렇지만 일주일만 지내겠다고 답변했다. 항상 바쁜 생활에 익숙한 한국인들에게는 일주일 휴가도 지루하게 느껴지기도 한다. 일주일 동안 마을 사람들의 환대를 받고 지루할 만큼 편하게 지냈다. 일주일이 되는 날 짐을 정리하여 막상 떠나려고 하니 집주인은 물론 마을 어른들도 만류하여 하루를 더 지냈다. 그러나 이러한 관습은 산업사회의 어려워진 생활 여건으로 인해 점차 사라지고 있다.

손님이 왔을 때에는 콜론 화장수를 내와 손님의 손을 씻도록 한다. 이것은 귀한 향수로 손님의 손을 닦아주는 섬김의 의미를 내포하고 있다. 그런 후 사탕이나 초콜릿을 줌으로써 손님 접대를 시작한다. 만일 초대받지 않은 손님이 우연히 들렀을 때에도 배가 고픈 지 그렇지 않은 지를 물어야 한다. 만일 손님이 배가 고프지 않다고 하여도 간식이나 음식을 권하는 것이 예의이다. 경우에 따라서는 밤이 늦었을 때 자고 가도록 권하는 것이 좋다. 서양 사람들은 이럴 때 매우 난색을 표하고 매우 냉정한 느낌을 주는 편이어서, 친근감을 가지고 예고 없이 방문한 터키인도 무안해 한다. 이처럼 식생활 관습과 의식에 있어서 다분히 동양적인 정서를 느낄 수 있다. 이밖에도 음식점에서 외식을 한 뒤 식대를 지불하는 과정에서 계산을 서로 하겠다고 실랑이를 하는 경우도 있는데, 이러한 면에서 한국인과 터키인들은 유사점을 가지고 있다.

7) 음주와 돼지고기

터키인들은 쇠고기보다 양고기를 더 즐겨 찾는다. 터키의 산과 들에서 소와 양들을 방목하지만 수적인 면에서 비교할 때 양이 훨씬 많다. 돼지고기는 이슬람에서 금하고 있으므로 국민의 98% 이상이 이슬람 신자인 그들은 돈육을 먹지 않을 뿐 아니라 돼지를 사육하지도 않는다. 이러한 현상은 우선 돼지고기를 이슬람이 금하기도 하지만 돼지고기를 대체할 수 있는 육류가 충분해서 나타난다고도 볼 수 있다. 그래서 우리가 흔히 생각하는 것처럼 돼지고기와 음주를 연관시켜 생각할 수 없다. 이슬람의 율법이 음주를 금지사항으로 보고 있으나 터키인들은 음주 문제에 있어서는 다른 이슬람권의 국민들과는 다르게 다소 융통성 있게 행동한다. 대다수의 터키인들이 포도주, 맥주 또는 여타 알콜음료를 자유롭게 마실 수 있다. 그러나 술에 취할 정도로 과음이나 폭음을 하는 사람을 거의 볼 수 없으므로 터키인들이 술을 가볍게 몇 잔 마신다고 표현해야 할 것 같다. 대도시에 카페가 여러 곳에 있으며 남녀가 다정히 앉아 이야기를 나누며 마시기도 한다. 날씨가 따뜻해지면 경관이 좋은 곳에 주점이 열려 대중의 인기를 끈다. 이런 때에는 마치 서양의 어느 나라 대도시에 있다는 착각을 일으키기도 한다. 그러나 대도시라 하더라도 주택가 근처에는 카페나 술집이 거의 없다. 중소도시에 가면 술집이나 카페가 없으며 마을의 상점 가운데 알콜음료를 팔지 않는 곳이 많다. 이러한 곳에서는 국가가 운영하는 전매품점에서 알콜음료가 판매된다.

도시의 이슬람 교회당을 비롯하여 여러 장소에 '음주는 죄의 시초'라는 구절들을 흔히 볼 수 있다. 또한 이슬람 단체가 금주운동을 지속적으로 전개하고 있는 사회 분위기 속에서 주량이 많다고 큰소리치는 사람들을 발견하기란 매우 어렵다. 동양에서는 윗사람들에게 술을 선물하는 관습도 있고 서양에서는 술 축제가 일찍이 발전하였으나 이와는 대조적으로 이슬람권 중동에서는 음주와 죄악을 동일시 여긴다고 볼 수 있다. 자유롭게 행동하는 대학생들도 대학 캠퍼스 내에서 여학생 친구와 진한 키스를 나누기도 하지만 잔디밭이나 벤치에 앉아 술을 공공연하게 마시지는 않는다. 그들은 주로 정해진 장소라고 할 수 있는 카페나 술집 또는 집에서 술을 마시는 관습을 가지고 있다.

8) 과일

터키가 과일 천국이라고 말하여도 지나친 과장은 아닐 것이다. 한반

여름에 많이 생산되는 과일

도의 약 4배인 광활한 영토에서 사시사철 과일이 재배되어 철따라 신선한 과일을 즐길 수 있다. 기온이 높은 지중해와 에게해 연안에서 다양한 종류의 과일을 볼 수 있으며 심지어 유럽인들은 에게해와 지중해 연안의 신선한 과일을 먹기 위해 관광을 하러 오기도 한다. 사과, 오렌지, 포도, 복숭아, 딸기, 수박, 버찌, 바나나, 멜론, 자몽 등을 한 개 단위로 팔지 않고 kg단위로 팔 정도로 가격이 저렴하다. 터키인들은 유럽이나 국내에서 한 개 단위로 과일을 판매하는 것을 상상하지 못한다. 왜냐하면 그들은 과일을 한번 사면 어떤 종류라 할지라도 보통 4~5kg씩 구입하기 때문이다.

터키에 오면 우리나라에서 전혀 볼 수 없는 주스 가게가 있다. 이 주스 가게에서는 다양한 종류와 채소를 진열해 놓고 손님이 원하는 과일과 채소를 현장에서 직접 짜서 판다. 우리나라에서나 유럽에서는 주로 이런 주스를 고급 호텔에서 비싼 가격으로 마실 수 있다. 그러나 터키에서는 싱싱한 과일 주스나 채소즙을 저렴하게 마실 수 있다. 이 원액의 주스나 야채즙의 가격은 대기업이 가공 처리하여 팩에 넣어 판매하는 과일 주스 가격과 거의 비슷하거나 오히려 싸기도 하다. 터키에서는 제철에 나는 과일이 풍부하여 굳이 가공된 과일 주스를 찾을 필요를 느끼지 않는다. 단지 여행 중 과일을 운반하기가 어렵거나 과일을 짜서 먹기 곤란할 때 포장된 주스를 구입하는 방법을 택하고 있다.

4. 특별행사의 식관습

터키인들은 전통적 또는 종교적인 행사에 친척과 주변의 이웃들이 함께 모여 식사를 하며 고락을 나누고 결속을 다지는 관습을 가지고 있다.[50)]

1) 혼례의 식관습

신랑, 신부의 친척과 친지들이 모여 음식을 나눈다. 대도시에서는 호텔, 대형 음식점 또는 결혼식장에서 축하연이 열린다. 공식적인 결혼행사는 주거지의 자치단체의 장인 동장, 구청장, 시장 또는 관련 공무원 가운데 1명과 이맘(무슬림 선생), 신랑, 신부 측의 증인 1,2명 그리고 하객이 참석한 상태에서 결혼서약을 하는 간단한 과정을 마치면 종결된다. 결혼서약이 끝나면 축하연이 베풀어지는 데 신랑, 신부의 친척과 친지들이 함께 모여 음식을 나누고 춤을 추며 즐긴다. 축하연은 시골에서도 신랑 또는 신부의 집 근처의 적당한 곳에서 이루어지기도 하며 신랑, 신부의 친구들이 함께 어울려 춤을 춘다. 음식을 먹고 춤을 추는 과정에서 신부의 친구들은 신랑의 친구 가운데 마음에 드는 사람에게 춤의 상대자가 되어 줄 것을 권하기도 한다. 이렇게 하여 새로운 한 쌍이 맺어질 수 있는 기회가 제공되는 셈이다. 이때 주로 먹는 음식은 쌀밥과 고기를 함께 볶은 일종의 고기 볶음밥(필라우), 수프와 단 과자나 케이크 등이 기본이라 할 수 있다. 음식을 들기 전에 기도하는 것이 필수적이며 기도는 주로 연장자가 한다. 음식을 먹을 때에도 연장자들이 먼저 시작하게 되는 것이 상례이다. 축하연에 참석하는 하객들은 축하 선물이나 축의금을 마련해야 한다.

사회 저명인사의 친인척이 결혼할 때에는 축하연이 성대하게 베풀어진다. 현직 대통령인 술레이만 데미렐(93년 취임)의 질녀가 94년 초 결혼할 때 식장에 약 2,000명 이상의 하객이 참석했다. 식장 주변의 교통혼잡은 이루 말할 수 없을 정도였다. 이때 신부의 증인으로 현직 대통령, 신랑의 증인으로 제 1야당의 당수인 욜마즈가 섰을 정도로 관습과 형식을 중요시 여긴다. 오늘날 산업사회에서도 형식이 중요하게 여겨져 사

50) Zumrut Nahya, "Ozel Gun Yemekleri", Turk Mutfagi Sempozyumu Bildirileri, Ankara 1982, pp.189~194.

어린이들의 민속춤 공연

회발전에 부정적인 요소로 작용되기도 한다.

2) 할례의 식관습

이슬람의 전통에 따라 보통 4~5세에서 14~15세 사이의 남자 아이들이 할례를 받는다. 아이의 부모는 할례 일정을 잡아 놓고 친척과 친지들에게 초청장을 보낸다. 할례를 받는 아이에게 할례 예복을 마련해 준다. 경제적으로 여유가 있는 가정에서는 할례 직전에 이 의식을 성스럽게 하기 위해서 양을 잡아 알라에게 희생제물을 드린다. 이 때 양고기는 잔치 음식으로 사용되기도 하며 주위에 가정형편이 어려운 사람들에게 나누어 주기도 한다. 할례 시에 제공되는 음식은 결혼식의 음식과 거의 유사하다고 볼 수 있다.

3) 상례의 식관습

옛날이나 지금이나 상가에서는 조문객에게 음식을 후하게 대접해 왔다. 대접해야 할 음식을 이웃집에서 마련해 주는 것이 매우 특징적이다. 상주는 경황이 없어 음식을 마련하지 못할 것으로 여겨져 왔다. 그러므로 상주는 발인으로부터 40일이 되는 날이나 임의대로 편리한 날을 정해 참석했던 조문객들에 대접한다. 가정형편에 따라 차이가 있겠으나 헬바(Helva : 단 빵 종류중의 하나) 또는 피데가 제공된다. 이때에도 고인이 영혼을 위로하기 위해 이슬람식의 기도가 있게 마련이다.

4) 라마단 식관습[51)]

라마단은 이슬람력으로 9번째 달에 해당한다. 특별한 사정이 있는 사람을 제외하고 모든 무슬림 성년 남녀는 라마단 기간에는 금식을 할 뿐만 아니라 술, 담배, 성적 관계를 되도록 삼간다. 금식은 일출시부터 일몰시까지 한정되기 때문에 일몰 직후부터는 식사를 시작하게 된다. 하루 종일 물조차 마실 수 없었기에 저녁이 되면 매우 허기를 느끼는 것이 사실이다. 따라서 일몰 시간을 확실히 파악한 뒤, 저녁이 되면 시간을 보고 있다가 일몰 시간이 지나자마자 저녁식사를 하기 시작한다. 라마단 기간 중 일몰 후 하게 되는 저녁 식사를 이푸타르(Iftar)라고 한다. 이푸타르에 친척, 친지, 직장동료 등을 보통 초대한다. 만일 A가 먼저 B를 초대하면, B는 라마단 기간 내에 A를 초대하여 상대방의 호의에 보답하게 마련이다. 무슬림들은 라마단을 무슬림들 간에 우의와 결속을 다지고 배고픔을 느껴보는 기간으로 여긴다. 보통사람들은 손님을 가정으로 초대하지만 능력이 있는 사람들은 음식점, 호텔 등에서 성대하게 음식을 베풀었다. 과거 오스만제국 당시에 지주나 궁중 고위관료, 장군 등은 이푸타르에 초대받지 않은 손님이 와서 먹을 수 있도록 별도의 장소를 제공하기도 했다. 식사가 개시되기 전에는 반드시 쿠란을 읽고 기도를 한다. 물론 가정에 따라 다르겠으나 오늘날에는 텔레비전에서 이슬람 성직자들의 쿠란 낭독과 기도를 방송해 주는 순서에 따라 행동한다. 그래서 일몰 직전에 텔레비전을 켜놓고 기다리고 있다. 이푸타르 음식은 여타 경우의 음식에 비하여

라마단 기간의 이프타르

51) Turk Kulturune Hizmet Vakfi, op.cit., pp.176~178.

푸짐하게 차려진다. 낮 시간 동안 음식을 먹지 않았으므로 처음에 수프를 먹어 속을 풀어주고 위에 부담이 적게 가는 음식부터 먹기 시작한다.

하지만 오늘날 고도로 산업화된 사회에서 라마단 식관습에 대한 회의론이 일부 지식인 계층과 젊은이들 가운데 꾸준히 대두되고 있다. 활동이 왕성한 젊은이들은 일출 전에 아침 식사를 하고 일몰까지 기다리려면 매우 고통스러워한다. 늦은 오후가 되면 대학교 수업시간 결석률이 높아지며, 배고픔을 느끼는 학생들에게 강의를 철저히 한다는 것도 결코 쉽지 않다. 예를 들어, 점심 식사를 한 어느 교수가 열강을 하며 금식한 학생들의 진지한 수강을 요구하는 데에는 무리가 따른다. 대학 내에서 금식파 학생집단과 비금식파 학생집단이 실력대결을 하는 예를 볼 수 있다. 일몰 전에 집에 돌아가기 위해 학교나 직장에서 서둘러 귀가함으로써 조기 퇴근이 현저히 증가하여 개인의 생산성이 하락하는 것으로 보고된 바 있다.

라마단 금식을 하지 않는 외국인들도 이 기간에는 금식을 하는 사람들 앞에서 공공연하게 음식을 먹는 행위는 삼가는 것이 좋다. 종교를 떠나 허기를 느끼는 사람들 앞에서 떳떳하고 당당하게 음식을 먹는 행위는 인간의 도리에서 볼 때 거부감을 줄 수 있기 때문이다. 대도시의 음식점들은 이 기간에 정상적으로 영업을 하지만 터키 동부 지역의 소도시의 음식점들은 휴업을 한다. 이 기간에 종교성이 강한 지역을 여행할 때에는 음식점이 휴업한다는 점에 주의하여 사전에 대비를 해야 한다.

5. 역사와 함께 변화하는 식관습

터키인들의 식생활 양식은 자신들이 처한 자연환경과 사회환경에 대응하며 발전해 왔다. 다시 말하자면, 한 민족의 식생활 관습은 시대적으로 그들이 처한 환경이나 조건에 적응하며 변했고 또한 다른 민족과의 접촉으로부터 영향을 받아 새롭게 변화한다. 그들이 중앙아시아 지역에 거주했던 기간에, 유목민으로 이동하기에 편리하거나 적합한 형태로 음식을 만들었고 장기간 보관할 수 있는 동시에 영양가도 높은 식품을 개발했다. 그리하여 터키인들은 이동과 전쟁을 수행하는 과정에서 뛰어난 기동력을 발휘할 수 있었다. 터키인들의 기동력은 비잔틴제국 정복 과정에서 중요한 전략적 가치를 발휘했던 것이다. 이슬람을 받아들인 뒤에는 유목민의 전통적 식관습에 이슬람의 규율이 요구하는 식관습이 받아들여졌다. 예를 들면 11세기에 터키 유목민들이 보편적으로 즐기던 말고기와 말의 젖으로 만든 술을 점차 먹지 않게 되었다. 다시 말하자면 유목민의 전통적 식관습에 무슬림들의 종교적인 식관습이 가미되었다. 터키인들은 종교적 관습을 지켜나감으로써 사회 구성원의 결속을 다질 수 있었고 동시에 필요에 따라서는 신앙심을 확인하거나 자극하는 기회를 마련하기도 했다. 그렇지만 종교적인 절차와 관행이 흡수됨으로써 터키인들의 간단한 식관습과 절차가 까다롭고 복잡하게 변해 갔다. 이러한 변화는 터키인들의 의식구조에도 나타나게 되었다. 오스만제국 근대화와 함께 서양과의 관계가 증대됨에 따라 서양의 식관습이 들어와 기존의 식관습에 혼합되었던 것이다. 특히, 터키인들이 서구와 접촉함으로써 음식을 먹는 방식과 그릇도 점진적으로 서구화되었다. 국가의 지도자들이 서양의 국빈을 맞이하면서 그들의 취향을 파악하고 대접하였으며, 이와 같은 태도가 일반인들 사이에도 유행하게 되었다. 따라서 터키인들의 식관습에는 이 세 가지 문화요소, 즉 유목민적, 이슬람적, 서구적 요소가 혼재해 있다. 이 세 가지 문화요소와 그 영향은 식관습에서만 나타나는 것은 아니며 터키 문화와 의식구조 전반에 걸쳐 공통적으로 나타나고 있다.

그러므로 우리는 어떤 한 개인이나 집단의 식생활 관습을 보고 그들이 지향하며 추구하고 있는 문화와 의식구조를 유추해 볼 수 있다. 예를 들면, 한 터키인이 음식을 포함한 전반적인 식생활 관습에서 유목민적 요소가 더 뚜렷하게 나타나는지, 이슬람적 혹은 서구적인 요소가 더 지배적인 지를 확인한다면, 개인의 식생활 관습을 통하여 그가 가지고 있는 문화적 정서를 추측하는 것도 가능하다. 개인의 문화적 정서를 이해하면, 그 사람의 성격도 이해할 수 있고, 그 후에는 그 사람과의 원만한 교제도 지속시켜 나갈 수 있다.

IX

풍속

IX 풍속

터키에서 풍속 가운데 혼례와 상례는 매우 중요하며 가까운 이웃이나 친척의 혼례와 상례가 있을 경우 참석하여 일정한 예의를 갖추어야 한다. 터키인들은 혼례와 상례를 통해 친척과 친지 간 더욱 가까워질 수 있는 기회를 마련하게 되거나 결속을 다진다. 터키에서도 영향력이 있는 가정에 혼례나 상례가 있을 경우에는 방문자가 크게 늘어나는 것은 우리 사회의 관습과도 일부 유사한 면이 존재하기 때문이다. 이들에게는 혼례와 상례가 개인의 일이지만 동시에 가족과 집단의 공동의 관심사이다. 터키 사회가 일면 서구화되어 있지만 여전히 전통적인 가치관을 귀중하게 지키며 살아간다. 물론, 풍속을 중요시하는 태도는 도시보다는 농촌에서 더 보편적으로 나타난다. 이 글에서는 혼례, 출산, 할례, 상례 등을 중심으로 풍속을 살피고자 한다.

1. 혼례

결혼은 남녀가 만나서 가족을 구성하게 되는 기본적인 관계의 형성이다. 이러한 관계의 형성에 있어서 결혼하게 되는 당사자가 완전히 자유롭게 결정을 내리기가 어렵다. 혼인과 관련된 법, 종교와 전통 등이 결혼 당사자의 관계 형성에 적지 않은 영향을 미치기 때문이다. 가족법에서는 결혼을 남녀가 가족을 형성하기 위해 서로를 돕고 성실성을 보여야 하는 의지를 기초로 한 합법적인 결합으로 본다. 이슬람은 신이 맺어

주는 한 쌍의 만남으로 보기 때문에 '신의 이름으로 결혼을 한다.'는 표현이 사용된다. 그리고 이슬람은 남녀의 결혼을 장려하며 결혼을 함으로써 신앙이 완성된다고 믿는다. 사회적으로는 결혼을 통해 신랑과 신부의 양가(兩家)가 가까워지고 친척 관계가 형성되므로 사회적인 결속이 강해진다는 의미를 지닌다. 결혼한 남녀는 사회를 발전시키고 유익하게 하는 구조를 이루는 데 기여한다고 평가되기도 한다. 따라서 혼기가 지난 사람이 결혼하지 않을 경우 주위 사람들로부터 일반적으로 곱지 않은 시선을 받게 된다. 터키는 가족법으로 일부일처제를 채택하고 있으나 농촌 지역에서 극소수가 일부다처제를 유지하고 있다. 법적으로 보호를 받으려면 호적상 부인으로 등록되어야 한다.

결혼은 제2의 인생을 출발하는 신성한 일이어서 결혼을 생각하는 남녀와 그 가족은 매우 신중하게 배우자를 선택한다. 배우자를 선택하는 데 고려되는 사항은 교육 수준, 경제적 능력, 직업, 외모, 종교심, 가정환경 등이다. 터키에서 배우자를 선택하는 방법으로 주로 세 가지를 들 수 있다. 그 방법은 첫째, 중매결혼, 둘째, 부모가 권하고 이에 대해 당사자가 동의하는 결혼, 셋째, 당사자의 선택과 부모의 동의를 받는 결혼 등이다. 근친결혼도 과거에는 적지 않았으나 기형아 출산 가능성이 있어서 최근에는 그 비율이 1~2% 정도로 떨어졌다.

청혼(請婚)과 승낙

일반적으로 남자 측이 결혼 상대자로 거의 결정된 여자 측의 가족에게 방문할 시간을 할애해 줄 것을 요청한 뒤 방문하여 공개적으로 청혼을 한다. 여자 측은 날짜를 정하여 알리는 데, 첫 방문은 대체로 저녁식사 후에 있으며 여자 측의 집에서 다과를 대접하는 과정에서 청혼이 이루어지고 이를 승낙하게 된다. 이때 신부가 될 여자도 자신의 가족과 함께 남자 측의 가족을 정중하게 맞이해야 하고 차분한 몸가짐을 하도록 주의한다. 이때 여자가 화려한 장신구를 이용해서 치장을 지나치게 하지 않는 것이 좋다.

터키 여성의 전통복장

남자 측에서는 주로 부모 및 삼촌의 부부, 또는 삼촌의 부부가 없다면 조부와 조모가 함께 방문한다. 이때 외삼촌도 함께 갈 수 있다. 다과를 나누며 남자 가족을 대표하는 사람이 '알라의 명령과 예언자의 뜻에 따라' 청혼한다고 말문을 연다. 청혼은 남녀 가족 간에 사전에 서로 양해가 되어 있기 때문에 공식적으로 승인을 받게 된다. 여자 측의 대표가 '아이들이 서로를 사랑하므로 허락하며, 축하한다.'는 말로 청혼을 받아들인다. 당사자들은 참석한 어른들의 손에 입을 맞추며 인사를 한다. 일단 청혼이 받아들여지면 좀 더 편안한 마음으로 다과를 나누고 상황에 따라서 이슬람식으로 축하 기도를 하는 경우도 있다.

양가는 약혼과 결혼 일정에 대해서 구체적으로 더 논의를 하기도 한다. 청혼을 하기 위해 방문할 때 남자 측은 꽃을 선물로 가져가며 초콜릿도 함께 전달한다. 초콜릿이나 사탕을 선물하는 데에는 달콤한 음식을 먹으며 좋은 이야기를 하자는 의미가 있다. 청혼이 승낙된 뒤에는 남자 측은 통상 1주일에서 열흘 사이에 여자 측 가족을 초청한다. 청혼을 받아들인 뒤에 보수적인 가정에서는 남녀의 만남을 허락하지만 딸을 보호할 의도로 남자 또는 여자 측의 집에서 만나는 것을 선호하거나 때로는 다른 형제나 조카들이 동반한 상태에서의 만남을 원한다.

약혼

약혼은 반지를 전달하며 음식을 나누는 가족 간의 간소한 예식으로 치르는 방식이 있고 또는 손님을 초청해서 성대한 예식으로 거행하는 방식이 있다. 어떤 방식을 택하는 가는 양가의 의견에 달려있지만 약혼식의 비용은 대체로 여자 측에서 부담한다. 약혼식에서 여자는 밝은 색,

남자는 짙은 색의 예복을 주로 입는다. 약혼식이 집에서 이루어진다면 여자 측은 남자 측과 상의하여 약혼식 날보다 15~20일 전에 남자 측에게 알리며 초청될 대상이나 인원수를 사전에 조정한다. 여자 측은 전통적으로 초청된 손님들에게 최대한 정성껏 대접하려고 애쓴다. 약혼식에서 교환하게 될 반지는 사전에 준비하며 약혼반지 비용은 일반적으로 공동으로 부담한다. 약혼반지는 주로 금반지이며 그 안에 남녀의 이름을 쓰며 약혼식 날짜를 기록하기도 한다. 약혼반지를 붉은 리본으로 묶어 은쟁반에 담아서 가져온다. 남자 측은 약혼식에 참여할 때 약혼반지 외에 여자에게 선물을 가져오는데, 예물함에 담아 전달한다. 여자는 대체로 이 예물을 간직하며 미래에 태어날 자녀들에게도 그 의미를 가르칠 생각을 가지고 성실하고 바른 태도로 생활하게 된다.

약혼식에서 남녀는 함께 앉았다가 반지를 끼는 순서가 되면 모두 일어선다. 여자의 가까운 친구나 친척이 반지를 담은 은쟁반을 가져오며 가족 가운데 대표자 또는 참석자 중 한 사람이 축사를 한다. 축사가 종료되면 약혼반지를 낀 다음에 반지를 묶은 리본을 자르게 된다. 참석자들은 박수를 치거나 볼에 입을 맞추어 축하한다. 전통적인 집에서는 어른들이 이들을 위해 기도한다.

남자 측은 전통적으로 약혼식에 맞추어 여자와 가족에게 선물을 보낸다. 예비 신부에게 옷감이나 옷, 여자의 어머니와 형제들에게도 다양한 선물을 보낸다. 예비 신부에게는 목걸이, 팔찌, 보석 등을 주기도 한다. 전통적으로는 여자 집에 숫양을 장식해서 선물로 보냈다. 결혼 전에 파혼될 경우에는 받은 선물을 반환해야 한다.

결혼

결혼식이 이루어지기 전에 살림집과 가재도구를 준비해 두어야 한다. 터키어로 결혼은 가정을 이루는 것과 집을 가지게 되는 것을 의미한다. 남자 측은 살림집을 마련하고 찬장, 가구, 소파 등을 준비하며 여자는 침실용 가구만을 준비하면 된다. 터키에서는 남자 측의 부담이 커지는

데, 그 이유는 침실용 가구만을 여자가 준비하고 나머지는 남자가 마련하기 때문이다. 원칙적으로 남자 측이 대부분의 비용을 맡지만 경우에 따라서는 여자 측에서 비용을 일부 맡기도 한다. 이러한 준비 과정은 얼마든지 개인에 따라서 달라질 수 있다. 또한 친척들도 신혼살림에 필요한 가재도구를 선물할 수 있다. 신부 예복도 원칙적으로는 신랑 측이 부담한다. 신랑의 어머니는 예비 신부, 사부인과 함께 신부 예복을 구입하러 간다. 신부 예복을 맞출 천을 구입하는 경우에는 신혼부부의 앞날에 행운이 있기를 바라는 뜻으로 신랑의 어머니가 천 위에다 돈이나 사탕을 던져준다. 결혼 예복을 구입했을 경우에 예복에다 옷핀으로 돈이나 사탕을 붙여준다.

살림집에 가구를 들이기 전에 여자 측에서 먼저 쿠란, 거울, 초, 쌀과 밀 한 자루, 설탕 등을 가져온다. 쿠란은 신의 가호, 거울은 쾌활함, 초는 빛, 쌀과 밀은 축복, 설탕은 식욕과 건강을 각각 상징한다. 이처럼 가재도구를 살림집에 들이는 일은 주로 여성들이 관여한다.

결혼하기 직전에 신부는 자기 집에서 손바닥에 헤너를 물들인다. 헤너를 물들이는 밤에 가까운 여자 친구들과 친인척을 초대한다. 이때 남자 측에서 보낸 헤너를 보통 사용한다. 또한 다복한 결혼생활을 하는 여자가 신부를 위해 축복하는 의미로 노래를 부른다. 약간 붉은 색을 띤 헤너 물감을 들이는 것은 부정을 방지한다는 믿음이 있기 때문이다.

신부가 결혼식을 하러 가기 직전 결혼 예복을 입고 나서 결혼등록식장으로 떠날 때 신부의 아버지는 딸에게 '가이렛 쿠샥(보호대)'이라는 띠를 허리에 감아준다. 아버지가 생존하지 않는 경우에는 오빠 또는 삼촌이 신부 허리에 가이렛 쿠샥을 감아주면서 권면의 말을 건넨다. "지금까지는 네 명예와 지조는 내게 맡겨져 있었지만, 지금부터는 네 남편에게 맡겨진다. 처신을 잘하고 말조심을 해라."하며 권고한다. 이 말은 결혼해서 부지런하고 자신에 대해서 책임을 지라는 당부이다. 가이렛 쿠샥은 전통적으로는 금과 은 같은 귀금속으로 장식된 띠였으나 현재에는 붉은 리본으로 대체되었다.

터키인들은 공식적인 결혼식과 종교적인 결혼식을 하게 된다. 정부가 결혼하는 부부에게 공식적으로 요구하는 결혼등록식과 신의 축복을 받으려는 뜻에서 하는 이슬람식 결혼식이 있다. 일반적으로 결혼식 비용은 전부 남자 측이 부담한다. 공식 결혼식 입회관은 지방자치단체의 장이나 지방자치단체의 결혼담당관 또는 동장이 될 수 있다. 이들은 결혼식 당일 예복을 입고 공개적으로 결혼서약식에 입회하여 결혼 당사자 각각에게 결혼에 동의하는지를 묻고 동의한다는 답을 들은 뒤에 결혼이 합법적으로 성사되었음을 선언한다. 결혼서약식에 신랑과 신부의 가족 가운데 증인으로 각각 1명씩을 선택한다. 이때 결혼입회관이 신혼부부를 위해서 축사를 간략히 할 수 있다. 결혼입회관은 신혼부부에게 결혼신고서를 발급해 준다. 결혼신고서가 없으면 원칙적으로 이슬람식 결혼식을 가질 수 없다. 결혼신고서를 받고나면 참석자들은 신혼부부에게 축하를 한다. 이때 친인척이나 친구들이 신랑과 신부에게 선물을 주기도 한다. 이슬람식 결혼식은 전통적으로 지켜오고 있으나 법적인 효력을 가지지 못한다. 터키 정부는 일부다처제를 막기 위해서 공식적인 결혼식과 함께 결혼신고서를 발급하고 있다. 이슬람식 결혼식은 이맘의 주례로 이루어지고 결혼식에 대체로 가족과 가까운 친척들이 참가한다. 이슬람식 결혼식에서도 신랑과 신부의 증인이 참석하며 이맘이 쿠란의 말씀을 읽고 종교적 가르침을 전달한다. 이슬람법에 따라 신부에게 지급하게 되는 금액과 재물을 이맘이 확인해 준다. 양쪽 집안이 이에 대해 동의하고 신랑과 신부의 답변을 듣고 이들이 부부가 되었음을 선언하고 기도로 결혼식을 마친다.

공식적 결혼식과 종교적 결혼식을 마치면 가정에 따라서 피로연을 열기도 한다. 피로연은 호텔이나 피로연을 위한 연회장에서 열린다. 집에서 피로연장까지 신랑과 그의 친구들이 신부를 데려간다. 피로연은 신랑, 신부와 즐거운 시간을 보내며 그들을 축하하는 자리이므로 이때 선물을 전달하기도 한다. 피로연을 마친 뒤 첫날밤을 지내기 위해 신부가 먼저 신방에 들어가서 면사포를 쓰고 기다린다. 신랑의 친구들은 신랑을 신방까지 데려가며 환호성을 지르고 때로는 등을 두드리기도 한다. 신랑은 먼저 감사의 기도를 하고 신부의 면사포를 벗긴다. 지역에 따라서 면사포를 벗기기 전에 신부에게 신랑은 금팔찌나 목걸이를 선물하는 관습도 있다. 터키에서 여전히 신부가 결혼하기 전에 동정을 지키는 것이 중요한 덕목으로 여겨진다. 신혼여행은 가정의 경제적 능력에 따라 이루어지며 터키의 전통적인 관습으로 여겨지지 않는다.

피로연이나 신혼여행을 마친 신혼부부는 정상적인 생활을 시작하면서, 신혼살림을 차릴 수 있도록 도와준 양가 부모와 친척들을 초청하거나 방문하면서 감사의 뜻을 전해야 한다. 직접 만나지 못한 사람들에게는 서면으로 감사의 뜻을 전달하는 것이 예의이다.

2. 출산

가계를 이어갈 아이들의 출생은 터키인들에게도 매우 큰 의미를 지닌다. 따라서 여성이 임신을 하면 부모나 친척들이 임부(姙婦)를 찾아가서 축하한다. 특히, 시어머니는 며느리에게 금팔찌나 옷을 선물한다. 가정의 구성원들이 임부에게 관심을 보이며 농촌에서도 임부에게는 힘든 일을 시키지 않고 건강에 이상이 없도록 신경을 쓴다. 임부의 기분이 상하거나 병이 나지 않도록 남편을 비롯한 가족이 노력한다. 임신한 여성은 가능한 한 머리카락을 자르지 않는 것이 좋다고 보는 관습이 있다. 아이의 출산을 준비하도록 친척들이 필요한 물건을 선물로 보낸다. 결혼 후에 장시간이 지나도 여성이 임신이 되지 않으면 현대 의학의 도움을 받기도 하지만 모스크에 가서 기도하거나 이슬람 성인의 묘를 찾아서 기도하기도 한다.

아이가 출생하면 친척과 친지들에게 알리며 가능한 한 많은 사람들에게 알리려고 신문에 광고를 내기도 한다. 갓난아이를 받은 간호원이나 산파가 처음으로 아이를 아버지에게 보여주거나 안겨줄 때 아버지는 이들에게 일반적으로 선물을 준다. 남편은 산모에게도 팔찌, 목걸이, 보석 등으로 고마움을 표시한다. 친척들은 태어난 아이를 위해서도 기념이 될 만한 물건을 선물한다.

터키인들은 산후 조리기간을 40일이 적당하다고 본다. 7~10일 정도 산모는 일을 하지 않고 충분히 쉬도록 주변 사람들이 도와준다. 아이 출생 7일이 되는 날, 예언자 무하마드의 출생과 삶에 대한 글을 읽으며 신의 가호를 기대한다. 40일 동안에 가급적 산모나 아이가 외출하지 않는데, 산모나 아이의 병에 대한 저항력이 약하다고 보기 때문이다. 갓난아이는 출생 직후 수 주간에 탈이 나지 않도록 세심하게 보호해야 한다고 본다. 건강한 아이가 출생한 집에서는 아이를 위해서 동물을 희생제로 삼으며 친척이나 주변 이웃에게 나누어 준다. 아이의 이름을 지어줄 때에는 할아버지나 아버지가 이름을 지어주고 또는 이맘이 지어줄 때도 있다. 아이에게 이름을 처음으로 불러줄 때 왼쪽 귀에다 쿠란 1장을[52] 읽어주고 오른쪽 귀에 이름을 세 번 말한다. 그리고 축복하는 기도로 이름을 주는 일을 마친다. 아이의 이름이 결정되면 아버지는 거주지 동사무소에 가서 출생신고를 하고 아이의 신분증을 받는다.

터키에서와는 달리 카자흐스탄에서는 아이 출생과 관련한 고유의 전통이 여전히 남아있다. 터키 국민과 카자흐인들은 투르크계 민족에 속하지만 터키에서는 이슬람 규율의 영향을 크게 받아서 미신적인 관습이 별로 관심을 받지 못한다. 카자흐스탄에서는 유목민들이 출산 이후에 아이를 보호하기 위한 독특한 전통이 지켜지고 있다. 카작 투르크인들은 출생한 아이를 위해서 양이나 소를 잡고, 해질 무렵 아이를 잡신이나 악귀로부터 지키기 위해 마을의 젊은이들이 모여든다. 젊은이들은 잡신과 악귀를 쫓으려고 큰소리로 노래를 부르며 밤을 샌다. 아이를 지키는

52) 개경장(Fat'hah)은 쿠란의 첫 장으로서 무하마드가 생존 중에 가장 많이 애송하였다. 1.-3. 자비롭고 자애로운 알라의 이름으로 우주의 주인이신 알라께 찬미한다. 4. 심판 날을 주관하시는 당신에게만 우리가 경배하며 도움을 구하나니 5.-7. 저희들을 올바른 길로 인도해 주시고 즉, 당신께서 은총을 내려 주신 사람들의 길로.

행사에 참여한 젊은이들에게 양이나 소고기를 대접하게 된다.

3. 할례

할례는 유대인과 무슬림이 전통적으로 지켜오는 관습이다. 쿠란에 할례를 의무 사항으로 규정하고 있지는 않지만 이슬람권에서는 무슬림이 되는 조건 가운데 하나로 보고 있다. 무슬림들이 할례를 일종의 의무로 간주하는 이유는 예배 전에 심신을 청결히 하는 의무 행위와 관계가 있으며 할례가 이루어지지 않을 경우 양경(陽莖) 표피의 밑부분이 불결하기 때문이다. 순니 4 대 법학파 가운데 '샤피이', '말리키', '한발리'법학파는 할례를 의무행위로 보고 있으되 '하나피'법학파는 의무행위로 해석하고 있지 않다. 이 밖에도 예언자 무하마드가 할례된 상태로 태어났다는 믿음 때문에 무슬림들이 할례를 따라야 할 모형으로 삼았다는 견해도 있다.

종교 의식으로 여겨지는 할례가 남성이 되는 자격 조건과 동일시되고 있다. 할례를 받은 아이에게 '이제 .... 남자가 되었다'라고 축하하며 성인 사회에 속할 수 있는 일원으로 여긴다. 부모들은 사내아이들이 일정한 연령을 넘기기 전에 할례를 받도록 관심을 기울인다. 일정한 연령이 구체적으로 정해지지는 않았으되 터키인들은 4~5세부터 할례를 하며 늦어도 15세까지는 마쳐야 한다고 본다. 대체로 아이들이 남자라는 의식을 갖게 되는 시기를 말한다. 자라가는 아이들이 할례의 의미가 무엇인지 알게 되고, 할례자와 무할례자의 차이를 구별하는 시점이 할례를 받는 적당한 때로 볼 수 있다. 만일 친구들과 대화 중에 다수가 할례를 받았는데 자신이 아직도 할례를 받지 않았다면 놀림의 대상이 될 수 있는 것이다. 따라서 경제적 여유가 허락하면 늦어도 초등학교를 마치기 전에 할례를 받도록 해야 한다. 가난한 가정에서 할례를 해줄 경제적 여유가 없으면 할례를 할 수 있도록 친척이나 자선단체에서 도와준다. 또는 경제적 여유가 있는 집에서는 자기 아이와 함께 이웃의 어린아이를 선택해서 할례를 해주기도 한다.

할례가 이루어지는 시기는 농촌에서는 담뱃잎을 수확한 뒤부터 가을에 올리브 열매를 거두기 직전에 비교적 여유로운 때로 볼 수 있고, 도시에서는 방학이 시작되는 5월말이나 6월초 또는 개학 직전인 9월초에 해당된다. 할례 의식을 준비하는 가정은 먼저 행사에 필요한 의복과 음식을 마련한다. 전통적으로 할례는 주로 일요일에 이루어지지만 준비는 목요일이나 금요일부터 본격적으로 시작된다. 목요일부터 손님을 대접할 음식을 만들고 금요일이 되면 행사에 흥을 돋울 악대가 합세한다. 토요일 전야제에는 마을의 젊은이들이 악대와 함께 공터에 모여 노래를 부르며 춤을 춘다. 이때 여성들은 남자들의 노는 모습을 지켜보며 마음에 드는 남자들을 찾는 기회로 삼기도 한다. 여흥이 한창 진행될 때에는 이슬람에서 금기시하는 술이 제공되기도 하는데 그것은 잔치 분위기를 고조시키기 위함이다. 여성들도 잔치 집에 모여 노래하며 춤을 추기도 한다. 일요일 할례가 이루어지기 전에 초대 손님들에게 음식을 대접하며 할례 예복을 입은 당사자를 알리고 때로는 말을 태워 마을을 돌아다니게 한다. 다시 집으로 돌아온 당사자는 하객으로부터 인사를 받는다. 이때 하객들이 할례 당사자에게 접근하여 돈을 핀으로 예복에 달아주는데 이것이 축의금에 해당된다.

할례받기 전 예복을 입은 두 아이

시술의가 준비를 마치면 아이를 데리고 들어간다. 아이가 들어가면 남자들이 '알라는 가장 위대하다'라는 고백을 반복하며 무사한 시술을 기원한다. 시술의가 할례를 마치면 사용도구와 도려낸 살을 함께 놓은 쟁반을 아버지를 비롯해 기다리는 사람들에게 준다. 아버지와 친지들은 이 쟁반 위에 감사의 뜻으로 돈을 놓는데 이것이 시술비이다. 도려낸 살은 사람들이 잘 가지 않는 곳에 가서

땅에 묻는다. 의식을 마친 뒤에는 가족들이 모여 쿠란을 낭송하고 모스크에 가서 기도하기도 한다.

할례를 하는 중요한 이유는 크게 두 가지로 설명될 수 있다. 첫째, 사내아이가 성인 사회의 일원으로 인정받는 공개적인 절차이며 둘째, 신 앞에서 청결한 신심을 유지하려는 경건성의 외적 표현이다.

4. 상례

죽음은 삶의 자연스러운 종결이다. 터키인들은 죽음을 출생과 같이 자연스럽게 맞이하려고 노력하며 자신에게도 죽음이 항상 찾아올 수 있다고 생각하는 경향이 있다. 터키인들의 속담을 통해 죽음에 대한 자신들의 생각을 전달하고 있다. '생과 사는 모두 우리를 위한 것이다.', '죽음의 시간은 정해지지 않는다.', '죽음은 예고 없이 찾아온다.', '죽음에 아무도 저항하지 못한다.', '오랜 살았건 조금 살았건 누구에게나 죽음은 찾아온다.' 인간 모두가 그렇겠지만 특히, 터키인들은 병치레를 오래하다가 죽는 것을 원치 않는다. 그들은 '3일간 병상에, 4일되는 날 흙에.'라는 속담이 있는 것처럼 고통 없이 죽음을 맞이하기를 원한다. 터키인들은 나라를 위해 희생하는 의사(義士) 또는 순교자에게 커다란 가치를 부여한다. 의사나 순교자는 천국에 들어간다는 믿음은 이슬람의 원리에 속한다.

터키인의 다수는 나이가 많아지면 서서히 죽음을 준비하며 상례 비용을 만들어두거나 묘 자리를 마련하고 유언을 미리 써둔다. 유언을 받게 되면 꼭 지키는 것을 원칙으로 한다. 임종이 가까워지면 임종을 앞둔 사람을 가족, 또는 친구들이 방문하며, 이들은 그동안의 잘못이 있으면 서로 용서해 준다고 말한다. 임종하는 순간에는 오른팔이 아래로 오게 눕혀서 얼굴이 메카를 향하게 한다. 머리맡에서 쿠란을 읽어준다.

마지막 숨을 거둔 후에도 눈이 감겨지지 않았을 경우에 사망자의 눈꺼풀을 손으로 감겨준다. 입이 다물어지게 턱을 당겨 천으로 머리와 함께 묶는다. 팔을 양쪽으로 곧게 펴게 하며 머리는 메카 쪽으로 향하게 하고 천으로 시신을 덮는다. 시신이 안치된 방의 창문을 열고 향을 피운다. 통곡하는 것은 바람직하지 않는데, 통곡은 알라의 뜻에 어긋난다고 보기 때문이다. 이맘이나 친척 중 한 사람이 시신을 지킨다.

시신은 가능한 한 빨리 매장하는 것을 선호한다. 사망하면 친척과 친지들에게 소식을 전하는 동시에 매장하기 위한 준비에 들어간다. 오전에 사망했으면 정오 예배를 마치고 매장하며, 정오를 넘기고 사망했으면 오후 예배를 마치고 매장하는 것을 원칙으로 한다. 오후 예배 이후에 사망하면 그 다음 날 매장한다. 만일, 멀리 있는 친척이나 형제를 기다리기 위해서라면 하루 정도 영안실에 시신을 안치시키기도 한다. 매장하려면 의사의 사망 증명서가 있어야 가능하다. 시신을 염습하는 일은 이맘이나 염습전문인들에게 맡겨진다. 원칙적으로 여성의 시신을 남성이 염습하지 않는다. 시신을 염습하고 나서 시신에 장미 향수나 카네이션 향수를 뿌린다. 또는 신성하게 여겨지는 카바 신전 근처에 있는 우물인 젬젬(Zemzem)에서 가져온 물을 뿌리기도 한다. 전쟁 시에 희생자가 있을 경우에는 시신을 씻지 않고 피 묻은 채로 매장한다. 염습이 끝나면 얇은 카펫이나 기도용 방석으로 시신을 덮거나 싸기도 한다. 그리고 시신을 관에 넣으며 관을 터키 국기나 얇은 카펫으로 덮는다.

사망자의 옷이나 유품을 가난한 이웃에게 나누어 주는 것은 선한 일로 받아들여진다. 모스크에서의 장례예배는 필수적이지 않으나 권장되는 사항이다. 장례예배는 정규예배 직후 이루어진다. 자살한 자나 사형된 자를 위한 장례예배는 가능하나 부모나 형제를 살해한 자를 위한 장례예배는 이루어지지 않는다. 관 앞쪽에 이맘이 서며 관 뒤쪽에 남성 조문객들이 늘어서면 이맘의 주도하에 장례예배가 진행된다. 장례예배 마지막에 이맘은 조문객들에게 '이 사자(死者)를 어떻게 생각합니까?'라고 물으면 조문객들은 '좋게 생각합니다. 알라가 자비를 베풀기를 바랍니다.'라고 답한다. 장례예배에 참석하는 것, 시신을 운구하는 것, 매장에 동참하는 것 등은 중요한 미덕으로 여겨진다. 장례예배가 끝나면 관을 어깨에 메고 묘지가 가까이 있으면 그곳까지 운구하며, 도시에서는 대체로 영구차까지 운구한다. 관을 어깨에 멜 때에는 먼저 시신의 머리 쪽부터 오른쪽 어깨에, 시신의 발쪽을 오른쪽 어깨에 놓고, 그리고 시신의 머리 쪽부터 왼쪽 어깨에, 시신의 발쪽을 왼쪽 어깨에 차례로 놓는다. 매장할 경우 동참한 사람들은 고인의 죄가 사함을 받도록 알라에게 기도를 한다.

터키의 관습 상 조문하는 기간은 주로 3일이며, 3일 동안에 가까운 친척과 친지들이 방문하고 먼 곳에 사는 사람들은 그 후에 방문하여 조문해도 무방하다. 조문할 경우에는 주로 의상은 주로 검정 색을 입으며 이웃 사람들도 상사(喪事)의 슬픔을 나누려고 도와주려고 한다.

X

종교 의식

X 종교 의식

터키인들이 언제 무슬림이 됐으며 어떤 과정을 거쳐서 오늘의 상태에 이르게 됐는가를 추적해 본다면 터키인들의 종교의식을 이해하는데 도움이 될 것이다. 터키인들이 이슬람과 처음 접촉하기 시작한 시기와 장소는 8세기 중엽 중앙아시아의 트란속시아나 지역이었다. 터키인들이 무슬림과 접촉하게 된 동기는 751년 이슬람 압바스 왕조와 당(唐)나라 간에 있었던 탈라스 전쟁에서 압바스 왕조와의 협력이었다. 압바스의 2대 칼리프 아부 자파르 알-만수르(Abu Zafar Al-Mansur) 시대에는 터키인들이 행정 요직에 기용되면서 이슬람권과의 교류가 활성화되었다. 9세기 후반부터는 이슬람권과 터키인들 간의 교역이 진행됨과 동시에 무슬림 선교사들도 선교활동을 추진함으로써 터키족의 이슬람화가 가속화됐다. 터키인들이 이슬람을 받아들이기 전에 신앙의 대상은 정령(精靈), 조상신과 천신이었다. 따라서 터키인들이 이슬람을 받아들인 뒤에도 그들의 이슬람 속에는 여전히 신비주의적 요소가 존재했으며, 이슬람 수용이후 천년 이상이 지난 지금에도 완전히 사라지지는 않았다.

오늘날 터키공화국 국민들의 98% 이상이 이슬람을 믿고 있으며 나머지 약 1.5~2%는 정교도, 유대교도 또는 가톨릭교도로 구성돼 있다. 인구의 98%에 해당하는 무슬림들은 터키인과 쿠르드인들로서, 이 가운데 쿠르드인들은 전체인구의 약 11%를 차지하며 터키인들은 전체 인구의 약 87%에 해당한다. 터키인과 쿠르드인이 민족으로는 확실히 구별되지만 동일하게 무슬림이라는 점을 고려하여 두 민족을 구별하지 않고 다수

민족인 터키인을 중심으로 하여 종교 의식을 이해하고자 한다.

1. 터키인의 고대 종교

알타이 산맥 주위의 스텝지대에서 생활하던 터키인들의 신앙은 크게 정령숭배, 조상숭배와 천신숭배 등 세 가지로 분류된다. 고대 터키인들은 산, 언덕, 바위, 계곡, 강, 샘, 동굴, 나무, 숲, 호수, 철, 무기 등의 자연물에 정령이 있다고 믿었다. 또한 태양, 달, 별, 번개, 천둥 등도 신으로 숭배되었다. 아시아 흉노와 돌궐의 군주들은 연초(年初), 봄, 가을에 강의 상류에서 천신, 조상신과 정령에게 숭배의식을 거행했다. 국가의 고위 관료들이 참석한 숭배의식에서 희생 제물로 동물이 드려졌고 낮에는 태양에, 밤에는 보름달에 희생을 바쳤다. 흉노, 돌궐, 위구르족은 원정의 성패를 달과 별의 움직임으로 판단했으며 특히 봄과 가을에는 조상신에게 희생제물을 바쳤다.

사람이 임종할 경우 애도를 표하는 장례식을 치르게 될 때 고인의 천막 주변을 말을 타고 빠르게 달렸으며 고인의 말이나 꼬리를 제물로 바쳤다. 고인을 매장하거나 화장하는 풍습이 있었고 매장하는 경우에는 묻고 난 뒤 봉분(封墳)을 쌓고 주위에 돌을 놓았다. 돌궐족은 신성하게 여기는 동굴 입구에서 조상신에게 동물을 희생 제물로 바쳤으며, 영향력 있는 인물이 죽으면 그의 혼령을 보호신으로 삼을 만큼 중요하게 여겼다. 영향력 있는 인물의 혼령을 보호신으로 삼는 관습은 오늘날까지 지속되고 있는 것으로 보아야 한다. 이와 같은 관습은 오늘날 성인숭배 의식으로 형태가 변하여 계속되고 있다. 과거 셀주크와 오스만제국 시대에 타계한 저명한 이슬람 지도자들이나 성인들의 시신이, 고인들이 주로 활동하던 모스크 안에 관(棺)이 돌출된 상태로 매장됐다. 성인이 묻힌 모스크에 가면 터키인들이 관 앞에 서서 손을 들고 기도를 하는 장면을 볼 수 있다. 관 앞에 서서 기도하는 모습에 익숙해 있지 않은 문화권에서 온 사람들은 이 장면을 보고 섬뜩해 질 수 있다.

돌궐 시대에 고인과 함께 그가 쓰던 무기, 말과 귀중품이 매장되었다. 이와 같이 함으로써 저승에서 고인의 편안한 삶을 기원하였다. 터키인들은 무덤을 표시하기 위해 분봉을 쌓고 주위에 돌로 경계를 나타내거나 석상을 세우기도 했다. 희생에 사용되는 적당한 동물로서 양, 말, 낙타 등이 있는데 그 가운데 수컷을 골랐다. 스텝 지역의 고대 터키인의 무덤으로 추정되는 곳에서 말의 뼈가 다량으로 발견돼 터키인들의 매장 관습을 확인할 수 있다.

스텝 터키인 사회에서 가장 보편적으로 영향력을 미치던 신앙은 천신 숭배였다. 천신은 텡그리(Tengri) 또는 탄르(Tanri)로 불리며 '하늘 신'을 뜻했고 창조주로서 자연 전체를 주관하는 '모든 신위에 뛰어난 신'으로 여긴 것이다. 터키인 사회의 천신숭배 사상을 흉노시대 이래 돌궐 비문이나 중국 사료에서 찾아 볼 수 있다. 아시아 흉노의 선우 묵특이 기원전 176년에 한문제(漢文帝)에게 보낸 서신에서 천신의 은총으로 왕위에 오르고 전투에서 승리하였음을 밝혔다. 흉노의 4대 선우인 군신(軍臣)이 기원전 133년 한무제의 매복 계략을 간파할 수 있었던 것도 천신의 보호 덕택으로 받아들였던 것이다. 흉노 시대의 선우들은 전쟁의 승리를 바라며 하늘을 향해 손을 들고 천신에게 가호를 기원했었다. 즉, 천신은 인간의 생사화복을 주관하며 그의 명령을 따르는 자에게 복을 내리고 불순종하면 징벌한다고 믿었다. 인간이 무릎을 꿇고 천신에게 간청하면 복을 주고 말(馬)을 많이 소유할 수 있도록 했으며 장수도 허락했다. 천신은 인간의 거짓과 참을 구별하는 절대적 존재였다.

천신숭배와 함께 정령숭배도 계속됐으나 정령은 주변적 신이었고 천신이 숭배의 주 대상이었다. 터키어인 '탄르(Tanri)'는 묵특 선우 시대(BC. 209~174)에 중국어로 천(天, T'ien)으로 표기되어 사용됐으며 점차 접촉을 통해 아시아 여타 지역으로 전달됐다고 언어학자 네메스(Nemeth)가 주장하고 있다. 천신숭배는 스텝 터키인 사이에 보편화된 신앙이었으므로 터키인의 이슬람화에 기여했다는 견해가 터키 학자들 간에 제기되고 있다.

2. 오스만제국의 이슬람

9세기 후반부터 터키인의 이슬람화가 진행되는 과정에서 과거의 신앙적 전통 또한 유지됐으나 시간이 지나감에 따라 약화될 수밖에 없었다. 그럼에도 불구하고 과거의 신앙적 전통이 완전히 사라지지 않은 채 대중의 생활 속에서 이슬람과 함께 혼합되어 새로운 형태로 존재하는 길을 찾으려 했다. 14세기 초 소아시아 지역으로 진출해 오스만제국을 건국했던 터키인들의 다수는 순니(Sunni) 무슬림들이었다. 그러나 중앙아시아에서 시아(Shi'a) 선교사들의 활동도 전개됨으로써 터키인들은 이슬람의 비주류인 시아 교리도 일부 수용하였다. 따라서 소아시아로 진입한 터키인들 사이에는 순니 교리와 시아 교리 그리고 스텝의 전통적 신앙이 혼합된 새로운 형태의 신비주의적 신행(信行)이 나타났다. 특히 오스만제국 건국 초기에는 신비주의 종단이 성행했는데 중앙집권적 국가제도가 정착되지 않았으므로 정치, 사회적 환경이 유동적이었기 때문이다. 13세기 중엽 몽골이 중앙아시아와 소아시아를 침입하는 과정에서 이슬람의 교리를 배우지 못한 유목민 집단이 대거 이동하여 이슬람 교리와 전통적 신앙 행위의 혼합이 불가피하게 일어났다. 부족장 중심의 체제에서 잠정적으로 정착하고 얼마 있지 못해 또 이동해야 하는 터키 유목민이, 주로 아랍어로 사용되는 이슬람 교리의 강론을 이해할 수 없었거나 정신적 여유를 찾지 못했다. 따라서 오스만제국 건국초기 정치, 사회적 질서가 불안정한 과도기적 상황에서 신비주의적 활동이 두드러지게 되

메브라나 종단의 의식

었다. 오스만 시대의 신비주의 종단은 크게 정통적 신비주의 종단과 비주류의 신비주의 종단으로 구분된다. 정통적 신비주의 종단으로는 메브레비 (Mevlevilik), 할베티(Halvetilik)와 낙쉬벤디(Nakshbendikik)를 들 수 있다. 정통 신비주의 종단은 쿠란과 하디스(무하마드 언행록)에 법해석의 바탕을 두며 일반적으로 선례와 전통을 중요시여기는 원칙을 추구하고 있었다. 오스만의 통치자들은 온건한 성향을 갖고 체제 순응적인 정통 신비주의 종단을 지원하였다. 이단적 신비주의 종단은 쿠란과 하디스에 법해석의 근거를 두었으되 의식의 경직화를 경계하며 유목민 전통 신앙을 혼합시킨 이슬람 예배의식을 만들었다. 따라서 신비주의 종단은 사회적 환경과 필요성에 따라 법해석을 신축적으로 운용하여 경우에 따라서는 급진적인 성향을 보이기도 하였다. 비주류 신비주의 종단으로는 아히 조합(Ahilik), 벡타쉬 종단(Bektashlik), 알레비(Alevilik) 등을 들 수 있다. 오스만제국 초기 통치자들의 영토 확장에 힘입어 중앙집권적 제도가 도입되었고 그에 따라 통치력이 강화되는 현상이 나타났다. 오스만제국 흥륭기(1403~1699)에는 신비주의 집단의 활동이 약화되고 오히려 이슬람 정통 법학파 가운데 하나인 하나피(Hanafi)派 울레마들이 국가 지배계층의 일원으로 확고한 자리를 차지할 수 있었다. 통치자들은 대체로 신앙행위의 편차가 심했던 신비주의 집단과의 긴밀한 관계 유지를 기피하였고 교육기관에서 배출된 이슬람 이론가인 울레마들을 국가 행정의 요직에 배치하여 종교, 정치적 통일성의 유지를 시도했다. 특히 셀림 1세(1512~1520)의 카이로 점령 이후 오스만제국 내의 종교, 정치적 일체성을 이슬람 이론의 학문적 연구를 통해 강화하려는 시도가

모스크 안뜰의 묘비

전개됐다. 셀림은 맘룩 통치하의 할리파 알 무타와킬로부터 1516년 8월 공식적으로 할리파 직위를 이양받았다. 할리파 직위의 이양과 함께 예언자의 망토, 지팡이, 신발, 의자, 검 등의 유품들이 이스탄불로 옮겨졌다. 이로써 오스만제국의 왕들이 이슬람권의 최고의 통치자가 됐으며 1923년 터키공화국 선포 직후 할리파 직위가 공식적으로 폐지될 때까지 무슬림권의 후견인으로 명실공히 인정받았다.

오스만제국이 부족국가의 형태로 출발하여 제국을 형성하기까지 왕인 술탄이 주도적 역할을 맡았고 따라서 관료와 국가조직에 대해 절대적 권한을 소유하였다. 술탄은 원칙적으로 이슬람법에 따라서 통치했으되 필요한 경우에는 관습에 근거하여 새로운 규칙을 제정하였다. 하지만 관습법도 이슬람법의 테두리를 크게 벗어나지는 않았다. 술탄의 측근에는 군인과 종교인이 있었는데 종교인들은 지방 행정과 재판의 책임자로 국가 내정의 핵심 권력층을 형성해 위상을 강화할 수 있었다.

종교인들은 대율법사인 세이휼이슬람이 관장하는 종교조직으로 흡수되어 각기 할당된 직무를 맡아 국가발전에 기여했다. 종교조직은 셋으로 대별되는데 첫째, 이슬람법을 근거로 한 법해석을 제시하는 법학자로 구성된 재판자문 조직 둘째, 법해석을 근거로 판결하는 재판 조직 셋째, 법학자와 재판관을 양성하는 교육기관이 있었다. 그러나 쇠퇴기로 접어들면서 17세기 말에 나타난 종교조직의 부패현상은 오스만제국 전반에 걸쳐 시작한 전반적 위기상황의 일부로 볼 수 있다. 권력의 핵심부에서 기득권을 고수하려는 종교인들은 사욕을 채우고 있었고 권력 부패에 대한 해결책을 제시할 이슬람 학자들도 경직된 사고체계에서 벗어나지 못했다. 그러나 장기화된 종교인들의 비리 노출과 이슬람 학자들의 보수화는 거센 반작용과 변화에 대한 갈망을 야기하여 개혁주의 세력의 출현을 촉진시켰다.

19세기 중엽 술탄 압둘메지드(1839~1861)는 개혁칙령에서 효과적인 통치에 필요한 새로운 법의 도입을 강조하였고, 이후 1850년 '통상법', 1864년 '해상무역법', 1876년 '헌법'이 공포됐는데, 이러한 법들은 서구의 세속법을 모방하여 제정되었다. 기존 이슬람법과는 별도로 서구식 헌법이 도입됨으로써 사법체제가 이원화되었다. 제2차 입헌기가 선포된 1908년 이후 서구화가 급격하게 진행되는 과정에서 세이휼이슬람 산하의 이슬람법 재판소가 법무부로 이관되었다. 이슬람법 재판소가 법무부로 흡수된 것은 세이휼이슬람을 정점으로 하는 종교조직의 역할 감소를 반증하는 조치였다. 점차적으로 종교인들의 역할은 세속 전문대학을 마친 민간인들에게 인계되었다. 제1차 세계대전 종전 이후 1923년 터키공화국이 설립됐으며, 1924년 4월 터키 대국민의회는 종교법정을 폐지하는 법안을 통과시켜 재판조직을 서구식 체제로 일원화하였다.

3. 터키공화국의 이슬람

1918년 10월 30일 오스만제국이 몬드로스(Mondros)에서 연합국과 휴전협정을 체결함으로써 제1차 세계대전이 종식되었다. 패전 이후 3년여에 걸쳐 해방전쟁을 성공적으로 마친 케말 파샤 주도하의 앙카라 정부는 1923년 7월 로잔느(Lausanne) 조약의 체결에 따라 국제적 승인을 얻게 돼 10월 29일 터키공화국을 할 수 있었다. 케말 파샤는 오스만제국 쇠퇴의 주요 원인 가운데 하나로 이슬람의 경직화와 종교인의 정치개입을 지적하였다. 따라서 케말은 술탄제와 할리파제 폐지를 필두로 세속적인 정치체제의 구축을 추진하였다. 케말은 앙카라 국민의회에서 강력한 설득으로 1922년 11월 1일 술탄제 폐지를 의결하도록 촉구했으며 연이어 터키공화국 건국 이후 1924년 3월 3일 할리파제마저 폐지시켰다. 터키 국민의회

종교도시로 알려진 콘야

의 할리파제 폐지는, 할리파 직위를 이양 받은 이래 이슬람권의 종주국으로 자임해 온 터키인들이 오스만제국의 통치체제와의 결별을 선언하는 결정이었으며 종교인들의 정치개입을 차단하려는 강력한 의지의 표현이었다. 과거 오스만제국 근대화 과정에서 종교인 집단은 개혁자들의 계획을 지연시키거나 좌절시켰었다. 그러나 이번에 케말 파샤는 개혁의 걸림돌을 제거하고자 할리파 직위의 폐지로 종교인 조직에 결정적인 충격을 가하였다. 후속적으로 이슬람 대율법사 직제와 종교부의 해체, 특별 종교 재판부의 해산 등의 조치가 취해졌다.

국민의회는 할리파제 폐지 법안과 함께 '교육통합법'을 통과시키기로 가결하였다. 종래 종교단체에서 운영하던 종교학교는 종교부에 속해 있었지만 교육통합법으로 인해 교육부의 관할을 받게 되었다. 교육통합법 제4조에 '교육부는 종교문제에 관한 전문인력을 양성하기 위해 다률퓨눈(이스탄불대학교 전신) 내에 신학대학을 설립하고 별도로 이맘(예배집전자)과 하팁(설교자) 같은 종교의례를 관장할 인물을 양성하기 위한 별도의 교육기관이 필요하다.'라고 명시하고 있다. 교육통합법은 종교인들의 역할을 순수한 종교 활동에 국한시키려는 의도로 제정됐음에도 불구하고, 과거 오스만제국 시대의 종교인들과 비교할 때 신학대학 출신자들의 위상이 현저히 축소될 것이라는 판단 때문에 신학대학에 대한 관심이 극히 저조할 수밖에 없었다.

기도하는 사람들

케말 파샤는 법 해석과 적용에 있어서 이슬람의 영향을 제한하려는 의도로 법 개혁에 착수했으며 전통적 가족관계를 서구식으로 전환시키는데 역점을 두었다. 1924년 9월 11일 26명으로 구성된 법률위원회가 스위스 민법을 터키의 필요성에

맞추어 개작하는 작업에 착수하였다. 완성된 민법은 1926년 2월 17일 국민의회에서 가결돼 10월 4일부터 시행되었다. 이에 따라 여성의 자유를 구속해 왔던 일부다처제와 일방적 이혼제가 폐지됐다. 새로 도입된 조항 가운데 무슬림들에게 가장 충격적인 것은 무슬림 여성의 비무슬림 남성과의 혼인을 법적으로 허용한 것과 모든 성인에게 자신의 의지에 따라 종교를 개종할 수 있도록 법적 권리를 부여한 것이다. 여성들이 법적으로 광범위한 새로운 권리를 부여받았음에도 불구하고 남편이나 아버지 또는 형제에 대해 권리를 주장하는 행위를 대체로 부담스럽게 여겼다. 왜냐하면 이슬람 전통이 터키인들 생활 속에 뿌리를 깊게 내리고 있었으므로 단순한 서구식 민법의 도입으로 조기에 가족 관계와 생활 방식의 변화를 기대하기에는 무리가 있었다.

1924년 4월 20일 선포된 공화국 헌법에서 '주권은 절대적으로 조건 없이 국민에게 속하고, 통치형태는 국민에 의한 민주주의이며 정부형태는 공화정이다.' 라고 규정하였으되 '국가의 종교는 이슬람이다.' 라는 조항이 여전히 자리 잡고 있었다. 대통령 무스타파 케말과 수상 이스멧 이뇌뉘(Ismet Inonu)는 헌법에서 비세속적인 요소를 제거하기 위한 노력한 끝에 1928년 4월 10일 헌법에서 '국가의 종교는 이슬람이다'라는 내용을 삭제함으로써 터키가 세속주의 공화국임을 공식화하였다. 그러나 세속주의와 개혁주의 노선을 강조하던 무스타파 케말 대통령의 사망(1938년)으로 세속주의 노선은 커다란 타격을 입게 되었다. 제 2대 대통령으로 선출된 이뇌뉘는 세속주의 원칙을 고수하려고 했지만 이슬람주의자들의 거센 정치적 저항에 효과적으로 대처하기에 역부족이었다. 심지어 집권당인 공화인민당 내에서도 기존의 세속주의 정책을 완화하자는 의견이 제기되었다.

1945년 다당제 정치시대가 개막되자 보수층의 표를 의식하고 야당인 민주당은 종교적 성향을 띤 농민에게 접근하여 입지를 크게 강화하였다. 보수층의 부단한 요구에 굴복하여 집권당 또한 초등학교에서 종교교육을 선택과목으로 지정하고(1949년 2월), 이맘-하팁학교와 신학대학의 자유로운 설립을 허용하였다. 종교주의자들에게 유화정책을 표방한 민주당은 마침내 1950년 5월 14일 총선에서 승리하여 집권당으로 변신하였다. 민주당은 종교인들을 정권유지 기반으로 여겼으며 종교주의자들도 민주당을 친이슬람 정당으로, 공화인민당을 세속주의 정당으로 평가했다. 민주당은 저소득층이 밀집해 있는 농촌과 중소도시에서 이슬람 운동을 활발히 전개해 나갔다. 이때부터 친이슬람 집단은 우익으로, 서구화주의자들은 좌익으로 인식되기 시작했으며, 정당의 성격도 종교적 색체의 정도에 따라 극우익, 중도우익, 좌익 등으로 구별되었다.

1950년 민주당이 집권하면서부터 종교교육이 자연스럽게 확대되었다. 민주당 집권 초기인 1951~52학년도에 중·고등학교 과정에 해당하는 7개의 이맘-하팁 학교가 설립됐고, 1958년에는 이 학교가 18개로 늘어났으며 학생 수도 2,476명으로 급증했다. 1961년에 설립된 고등이슬람 연구소가, 민주당의 후신으로 조직된 정의당 집권기인 1965~1969년에 3개 연구소의 추가 설립으로 사회, 정치적 압력단체로 발돋움하였다. 여기에 그치지 않고 이슬람계 정치인들의 지원을 받아 정의당은 40개의 이맘-하팁 학교를 새로 개교하였다. 70년대 이후 이슬람계 정치세력은 국민의 종교적 정서에 호소하여 정치권을 주도해 나갔으며, 이에 반해

이맘-하팁 학교 현황[53)]

시 기	중학교	고 교	총 계	학생수	집권당
1951~52			7		민주당(중도우익)
1958			18	2,476	〃
1965~69			58		정의당(중도우익)
1969~70	71	30	101	42,443	〃
1974~75	101	73	174	49,000	공화인민당(중도좌익),국민안정당(극우익)의 연정
1977~78	334	103	437	134,517	정의당, 국민안전당, 국민행동당의 연정
1987~88	376	341	717	240,000	조국당(중도우익)

53) Ali R. Balaman, “세속 터키국가와 이슬람화 운동”, 한국이슬람학회 논총 제5집, 1995, 323쪽, R. Tapper, Turkiye'de Islam, Istanbul, 1993, 101쪽.

케말 아타튀르크 대통령이 건국이념으로 내세웠던 세속주의와 개혁주의 원칙은 퇴색돼 원래의 취지를 상실하고 말았다. 종교적 성향의 정치인들은 '터키는 곧 이슬람'이라는 전략을 사용해 군부와 민간 엘리트를 제외한 대중의 절대적 지지를 얻는데 성공했다고 볼 수 있다.

터키인의 다수는 순니 무슬림이며 이와 함께 비주류에 속하는 약 1,000만 이상으로 추산되는 알레비 무슬림들이 공존하고 있다. 알레비 집단은 시아 이슬람적 성향을 띠는 동시에 스텝 유목민의 신앙적 전통을 일부 혼합하고 있어서 순니 무슬림들과 간헐적으로 충돌하기도 하나 심각한 관계를 유지하고 있다고 보기 어렵다. 순니 무슬림들도 관대한 성격을 가지고 있어서 종파적 차이를 큰 갈등적 요소로 인식하지는 않는다. 터키에는 종파간의 갈등보다는 이슬람 부흥세력과 아타튀르크주의자(세속주의 옹호세력) 간의 대립으로 인해 정치, 경제적 발전이 지연되고 있다. 이슬람 부흥세력은 이맘-하팁 학교 출신자들로 약 100만 명으로 추산되며 7만개의 모스크를 중심으로 영향력을 확대해 나가고 있다. 반면에 아타튀르크주의자들은 지식층과 군부로서 수적인 면에서 점차 위축되고 있기는 하나 반전의 기회를 찾고 있다. 특히, 법조계와 군부는 철저히 세속주의 원칙의 지지세력으로 단호하게 입장을 표명하고 있다. 76개 주(州)의 주검사장, 8개 국가 안전법원 검사장과 8개 군단위(軍單位) 검사장들이 세속주의 원칙에 위배되는 시도와 행위에 대해서는 철저한 조사와 검토를 거쳐 엄정한 법집행을 실천할 것임을 천명한 바 있다. 법조계는 이슬람 부흥세력의 움직임을 용의주도하게 파악하여 대응책 마련에 부심하고 있는 대표적인 집단이다. 이슬람 부흥세력이 기선을 잡게 된다면 세속적인 법 원리에서 재판을 담당하는 법조계가 무엇보다 먼저 타격을 입게 될 것이기 때문이다.

4. 이슬람 명절

무슬림이 되려면 우선적으로 여섯 가지 믿음을 가져야 하며 믿음에

앙카라의 코자테페 모스크

따르는 다섯 가지 행위를 준수해야 한다. 여섯 가지 믿음은, 유일신 알라, 천사들, 예언자, 성서, 부활과 심판 그리고 알라의 뜻에 의해 정해지는 정명(定命) 등을 의심 없이 받아들이는 것이다. 이슬람은 믿음에 따른 실천적 행위를 강조하고 있는데, 행위에 따라 믿음을 판단하는 경향이 있기 때문이다. 다섯 가지 행위로는 신앙고백, 예배, 단식, 희사와 성지순례 등이다. 다섯 가지 행위 가운데 가장 중요한 행위는 신앙고백으로서 신앙고백이 있어야 무슬림이라고 할 수 있다. 두 번째 중요한 행위는 율법적이며 영적인 기도의식이다. 기도의식을 얼마나 잘 지키는 가에 따라 무슬림의 신앙이 평가되며 여성의 월경 시 일시적 기간을 제외하고는 하루 다섯 차례 준수해야할 의식으로 여겨진다.

본 글에서는 일반적으로 무슬림들이 지키는 육신(六信) 오행(五行)에[54] 대한 설명을 피하고, 터키인들이 지키고 있는 종교 축일과 풍습을 살펴보고자 한다.

1) 칸딜

칸딜(Kandil)은 모스크의 첨탑에 불을 밝혀 축하하는 종교 축일로서 일년에 다섯 번 지킨다. 종교축일은 이슬람의 절기를 기념하는 날이므로 이슬람력에 따라 지킨다. 이슬람력의 3월 12일은 무하마드(Muhammad)의 '탄생일'이다. 이날을 메브리드 칸딜리(Mevlid Kandili)라고 하는데

54) 육신은 첫째 알라 외에 다른 신이 없다고 믿으며, 둘째 무하마드는 알라의 사자이고, 셋째 쿠란이 신의 말씀이고, 넷째 천사를 믿으며, 다섯째 인간의 운명은 정해져 있다는 정명론을 받아들이고, 여섯째 심판과 부활 등을 믿는 것이다. 오행은 신앙 고백, 예배(기도), 단식, 헌물 또는 헌금, 순례이다.

메브리드는 출생일 또는 출생지를 의미한다. 이슬람력의 7월 첫째 금요일은 '기도일(Regaip Kandili)'로서 이 날 드려진 기도는 알라에게 모두 상달(上達)된다고 믿는다. 7월 27일은 '승천일(Mirach Kandili)'로 무하마드가 알라의 곁으로 올라간 날로 기념한다. 8월 15일은 '사죄일(赦罪日 : Beraet Kandili)'로 알라의 은혜와 자비를 받아 사면되는 날이다. 9월(라마단) 27일은 '계시일(Kadir Gecesi)'로 지킨다. 이 날을 '운명의 밤'으로 부르기도 하는데 이 날 밤에 알라로부터 운명적인 계시를 받기 시작했다고 한다.

이 날 밤에 모스크의 첨탑에 불을 밝히고 예배를 드리며 평소에 비해 쿠란을 많이 읽으며 의미를 생각한다. 낮에는 친척의 묘를 돌아보며 고인의 명복을 빌고, 가까운 곳에 사는 친척들을 초대하거나 방문한다. 작은 선물을 나누기도 하고 멀리 있는 친척들에게는 카드를 보내거나 전화로 축하 인사를 전한다. 라디오나 텔레비전에서도 쿠란 낭송을 방송하여 무슬림들이 경건하게 지내도록 돕는다. 신심이 깊은 무슬림들은 기도와 금식을 하며 하루를 지낸다. 오늘날 기독교 명절이 상업화돼 그 원래의 뜻을 상실하고 있는 모습과는 대조적으로 무슬림들은 일반적으로 이슬람 축일을 경건하게 지키며 결속력을 다져가고 있다. 그러나 이 종교 축일이 공휴일로 지정돼 있지 않아서 생활이 바쁜 대도시에서는 저녁에 가까이 사는 친척이나 친지들이 연장자의 집에 모여 식사하며 축하 인사를 주고받으며 간소히 보낸다.

2) 라마단

금식의 달로 지켜지는 라마단(Ramadan)은 이슬람력으로 9월에 해당하며 연도에 따라 라마단은 29일이거나 30일이 된다. 9월 한 달간의 금식기간에 정상적인 성인은 일출부터 일몰까지 음식과 물을 먹지도 마시지도 않고 금연하며 부부관계의 중단을 권한다. 환자, 임산부나 월경중의 여성, 여행자 등은 다른 기간을 정해 금식해야 한다. 노인이나 중증

(重症) 환자는 금식을 할 수 없으므로, 가난한 이에게 30일간의 음식을 제공하는 것으로 금식 의무를 대체한다.

라마단 기간에 일출부터 일몰까지는 금식하지만 일몰 직후에는 음식을 먹기 시작하며 밤에도 간식을 들 수 있다. 라마단이 시작되기 전 가정에서는 라마단 기간의 밤 시간에 먹을 음식을 다양하게 준비한다. 낮 시간 동안 금식하다가 공복에 저녁 식사를 들게 되면 많이 먹을 가능성이 크므로 위에 부담을 줄 수 있다. 그러므로 가정주부들이 위에 부담을 주지 않을 음식을 준비하는 것이 일반화된 관습이다. 우선 수프를 위한 재료를 준비하고 곁들여 먹을 올리브나 대추야자 열매, 꿀과 잼 등을 구입해 둔다. 라마단 기간에 수요가 많은 식품 가격이 보통 상승하기 때문에 사전에 준비해 두는 것이 주부들의 지혜다. 위를 풀어준 다음에 영양가가 높은 음식으로 소모된 에너지를 보충해야 한다. 그래야만 다음 날 낮 시간을 커다란 무리 없이 견딜 수 있게 된다. 라마단 식탁의 주요 후식으로 과일 섞어 만든 귈라츠(Gullach : 일종의 푸딩)를 들 수 있다. 귈라츠는 라마단을 상징하는 후식이라고 할 만큼 절대적으로 인기를 누린다.

라마단 기간에 일출과 일몰 시간을 정확히 알아야 그에 따라 식사시간을 맞출 수 있다. 금식을 종료하고 저녁을 먹는 것을 이프타르(Iftar)라고 한다. 이프타르 시간이 가까워지면 모스크에서 불을 밝히고 방송에서는 쿠란이 낭송된다. 각 지역마다 일출과 일몰 시각이 약간씩 다르기 때문에 지역에 맞는 일출과 일몰 시각이 발표된다. 일출 시간을 사후르(Sahur)라고 하는데 금식하려는 사람들은 낮 시간에 무리 없이 견디기 위해 사후르 직전에 음식을 먹는다. 사후르 시간 전에 음식을 준비하도록 주부들은 신경을 쓴다. 과거 자명종 사용이 보편화되기 전에는 대포를 쏴서 시간을 알렸다. 요즘에 자명종을 사용하기도 하나, 각 지역마다 큰북을 치고 다니며 사후르 시간 전에 사람들을 깨운다. 큰북을 치면 더 이상 잠을 청할 수 없어서 졸음을 떨쳐 버리고 일어난다. 의지력이 약해 자명종으로 일어날 수 없는 사람들은 큰북의 효과를 톡톡히 본다.

라마단 기간에는 가족과 친지 그리고 이웃과 직장 동료들이 자주 만나서 음식을 나누는 전통이 있으므로 공동체의 결속력이 강화된다. 라마단에 전통으로 내려오는 저녁 식사에 초청은 대체로 라마단 시작 이후 15일이 되는 날부터 실시되며 라마단 종료 이틀 전까지 계속된다. 가족간에 초청이 이루어질 경우, 우선 가장이 먼저 흩어져 사는 자녀들을 초청하며 그 다음에는 연장자 순으로 초청 순서가 돌아가게 된다. 이웃간에 초청이 이루어질 경우에, 연령과 영향력 내지는 능력에 따라 순서가 돌아간다. 직장이나 조직에서는 경영자나 조직의 장이 우선적으로 직원들을 초청하는 것이 상례로 돼 있다. 이때는 정치인들도 자신의 얼굴을 알리거나 정치적 영향력을 과시하기 위한 하나의 방편으로 식사 초대 관례를 활용한다. 부유한 사람은 저녁 식사를 준비할 수 없는 사람들을 집이나 음식점으로 대거 초대해 대접하기도 하며, 이때 방송 매체가 화제 인물들의 동정을 집중적으로 보도하므로 저명인들의 초대 행위는 대중들의 대화 주제로 떠오른다. 외국인을 친구로 사귀고 있는 사람들은 그를 초대하여 푸짐하게 대접하고 외로움을 달래주기도 한다. 라마단 기간에는 낮에 활동이 위축되어 보이지만 오히려 저녁 식사 후에 활동이 활발해져 음식점이 사람들로 붐빈다. 라마단 관습을 잘 이해하지 못하는 사람들은 금식 관행을 매우 불편하게 여기지만 익숙해진다면 의미 있는 종교적 축제로 받아들일 수 있다. 밤에 기도 모임, 음악회, 연극과 동호인 모임 등도 활발해져 무슬림들은 라마단을 단지 금식 기간이 아니라 사회 구성원간의 결속과 상호 지원을 위한 특별한 기회로 의미를 부여한다. 라마단 기간에 저녁 식사를 마련하지 못하는 극빈자들을 위해 기부금을 모으기도 하는데 관례에 따라 개인별 또는 가족단위로 행사에 참여한다.

라마단 금식에 내재되어 있는 의미는 인간의 가장 기본적인 욕구인 식욕을 억제하는 고통의 체험을 통해 경건하고 절제된 생활을 연습하는 동시에 불우 이웃에 대한 지원 활동을 확산시키려는 것이다. 하디스(무하마드의 언행록)에 '거짓말을 하고 위선적인 행동을 하는 자들의 금식은 열납(悅納)되지 않는다.'고 기록된 것처럼 신자들이 금식 이전에 가져야 할 바른 마음이 강조되고 있다. 라마단 기간에 금식하는 신자들이 비금식자들을 정죄하거나 비방하지 않는 것이 원칙이다. 그럼에도 불구하고 금식자들과 비금식자들 간에 충돌하는 경우도 간혹 발생한다. 산업화 시대에 생활이 바쁘고 업무량이 많으므로 젊은층에서는 비금식자들이 증가하고 있다. 독실한 금식자들은 세속적 활동보다 신앙적 순종을 우선순위에 두기 때문에 비금식자들을 선도하려는 차원에서 충고의 필요를 느끼게 된다. 금식자들의 충고가 일정한 한도를 넘어설 때 비금식자들도 반발하여 불미스런 일이 생긴다.

금식 종료일 다음 날 라마단 축일이 시작돼 3일간 지속된다. 라마단 축일 아침 모스크에서 진행되는 집단 기도에 참석하기 전에 목욕재계를 하는 일을 잊지 말아야 한다. 또한 기도하러 가기 전 단 음식을 먹는 습관이 있는데, 그것은 단 음식을 먹으며 선하고 아름다운 말을 하자는 뜻을 내포하고 있다. 의복도 새것으로 갈아입고 새 사람이 된 듯한 기분을 갖는 것이다. 라마단 축일에는 기도에 힘쓰고 고인이 된 친척의 묘소에 성묘를 가며 성묘객들은 그곳에서 쿠란 제1장(Fat'hah)을 낭송한다. 성묘객들은 죽음과 인류 심판의 날을 기억하고 그릇된 생활을 정리하려는 결심을 하도록 권고한다. 결론적으로, 라마단은 단순한 금식이 아니라 신에 대한 복종과 믿음을 표시하는 과정을 통해 성숙하고 경건한 신앙인으로 자라나게 하는 영적인 교육기간이라고 요약할 수 있다.

3) 쿠르반(희생절)

쿠르반은 알라에게 제물로 드려지는 동물을 말한다. 쿠르반 축일은 4일간 계속되며 동물 희생 의식은 주로 이슬람력으로 12월 11일과 12일에 걸쳐 주로 거행되는데 대체로 희생절 첫째 날 아침에 이루러진다. 쿠르반 축일은 라마단 종료 이후 약 70일 되는 날에 시작된다. 경제적인 여유가 있는 사람은 12월 7~10일에 걸쳐 성지순례를 마치고 나서 쿠르반 축일에 참여한다. 희생물은 소, 양, 염소와 낙타 등의 암수로서 소는

제물이 되는 양

2년생, 양과 염소는 1년생, 낙타는 5년생으로 한정된다. 희생물로 선정되는 동물은 병들거나 마르지 않고 흠 잡을 데 없이 건실해야 한다.

희생물을 바칠 때 소유자가 동물 목의 식도, 기도와 동맥을 절단해야 하며 동물이 고통을 느끼지 않도록 예리한 칼로 단번에 자르는 것이 보통이다. 희생물 소유자가 절단할 수 없을 경우에는 다른 사람에게 부탁할 수 있지만 자신도 거들거나 옆에서 지켜보아야 한다. 동물을 희생물로 바치기 전에 충분한 물을 주며 학대하지 않고 그 머리를 메카로 향하게 한다. "알라의 이름으로 자르며, 알라는 위대하다."라는 고백을 한다. 동물을 희생시킨 뒤에도 기도하며 피를 이마에 바르거나 주위에 뿌리기도 하는데, 이는 알라의 가호(加護)를 믿는 의식이다. 바쳐진 희생물의 어떤 부분도 팔 수 없다. 고기는 세 부분으로 나뉘어 가난한 자, 이웃과 친척, 자신의 몫으로 돌린다. 가죽을 사회단체에 기증하거나 집에서 말려 방석 대용으로 사용할 수 있다.

희생물을 바치는 의식은 알라의 은택을 입어 사면 받는 성스러운 기회로 간주된다. 무슬림들은 쿠란과 하디스(무함마드 언행록)의 교훈을 지키며 살아가야 하는데 신의 명령을 실천하기란 거의 불가능하다고 받아들이며 정기적인 기도와 의식을 통해 신의 은택을 겸손히 기다리는 것이다. 이슬람 의식을 전혀 접해 보지 않은 사람들이, 쿠르반 기간 동안에 길모퉁이나 집 앞 마당에서 희생물을 잡는 광경을 보고 당황하는 모습을 볼 수 있다. 터키인들은 이 기간에 외국인이 이웃에 살고 있다면 초청하기도 하며 또는 희생물의 일부를 나누어 주기도 한다.

5. 기도생활

무슬림이 지켜야 할 다섯 가지 행위 가운데 가장 중요한 행위는 신앙고백으로서 신앙고백이 있어야 무슬림이라고 할 수 있다. 두 번째 중요한 행위는 율법적이며 영적인 기도의식이다. 기도의식을 얼마나 잘 지키는 가에 따라 무슬림의 신앙이 평가되며 여성의 월경시 일시적 기간을 제외하고는 하루 다섯 차례 준수해야할 의식으로 여겨진다. 의식적인 정규 기도를 쌀라트(Salat) 또는 나마즈(Namaz)라고 하는데 '신에게 바치다 또는 깨끗하게 하다'라는 의미를 가진다. 자진해서 임의적으로 하는 기도를 두아(Dua)로 표현한다. 무슬림들은 기도를 통해 알라의 가호와 은택에 감사하며 위대성을 고백한다.

기도는 메카를 향해서 하루에 다섯 번 해야 한다. 터키에서는 기도하는 시간을 모스크에서 확성기를 사용해 알려 준다. 바쁜 일을 하다가도 기도 시간을 알리는 소리를 들으면 경건한 무슬림은 메카를 향해 기도할 준비를 한다. 기도하기 전에 몸을 청결하게 씻는다. 몸을 전체적으로 씻는 방법과 부분적으로 씻는 방법이 있다. 무슬림들은 대체로 부분적으로 씻는 법을 선택하며 얼굴, 손과 팔꿈치, 목덜미와 발을 씻으며 머리 윗부분의 사분의 일을 젖은 손으로 닦아야 한다. 기도할 때는 경건한 태도로 임해야 하며 최소한 남자는 배꼽에서 무릎까지 덮어야 하고, 여자는 목에서 팔꿈치 아래 그리고 발목까지 모두 덮어야 한다. 대체로 신발을 벗고 기도하며 이맘들은 모스크 안에서 슬리퍼를 신을 수 있다. 거리를 지나다가 집단적으로 씻고 있는 사람들의 모습을 보면 기도를 준비하는 무슬림들이라고 생각할 수 있다.

기도자는 먼저 청결의식을 행하고 나서 다음의 동작을 취하는 데 이것이 의식적인 정규 기도다. 기도를 시작할 때 직립 자세로 서서 양손의 엄지를 귓볼 가까이 올리고 이 동작이 끝나면 배의 중앙부에 두 손을 모아 신심을 고백한다. 우선적으로 하는 고백은 '알라는 가장 위대하다

(알라후 아크바르)'이다. 그리고 서서 쿠란 제1장(개경장)을[55] 외우거나 또는 쿠란의 일부를 선택하여 낭송한다. (1) 직립 자세로 서서 상반신을 머리가 무릎과 수평이 될 만큼 숙인다. 그러고 나서 상반신을 들어 올려 바로 선다. (2) 무릎을 땅에 대고 엎드려 이마와 코를 바닥에 닿게 한다. 이 때 "가장 지고하신 알라께 영광이 있으라."고 말한다. (3) 다시 앉은 자세에서""알라는 가장 위대하다."라고 말한다. (1)의 자세 1회 그리고 (2)와 (3)의 자세를 2회 취하는 것을 레카트(Rekat)라고 한다. 이 용어는 아랍어로 라크아(Rak'ah)가 변형된 표현이다. 하루에 다섯 차례의 의무적인 기도에서 40회의 레카트가 이루어진다.

기도의 차례와 레카트

기도의 차례	아침 기도	낮 기도	늦은 오후 기도	일몰 기도	밤 기도
레카트의 횟수	4	10	8	5	13

기도를 할 경우 일출, 정오와 일몰 시각은 피해야 한다. 그 이유는 일출, 정오와 일몰 시각에 이루어지는 기도 행위가 마치 태양 숭배 의식을 상징할 수도 있기 때문이다. 무슬림들의 기도 행위는 외부로 표현되므로 서로의 행동을 통해서 믿음의 수준을 어느 정도 짐작할 수 있다. 일부 터키인들이 젊어서는 외부로 표출되는 행위를 꺼려 소극적인 태도를 보이다가도 나이가 들어가면서 종교 활동에 적극성을 나타내는 경향이 커진다고 볼 수 있다. 특히 금요일 낮 기도는 집단적으로 이루어지는데 모스크 안과 마당이 무슬림들로 차고, 모스크 안으로 들어가지 못한 신자들이 밖에서 기도 의식에 동참하는 광경을 보면 무슬림들의 결집력과

55) 개경장(Fat'hah)은 쿠란의 첫 장으로서 무하마드가 생존 중에 가장 많이 애송하였다. 1.-3. 자비롭고 자애로운 알라의 이름으로 우주의 주인이신 알라께 찬미한다. 4. 심판 날을 주관하시는 당신에게만 우리가 경배하며 도움을 구하나니 5.-7. 저희들을 올바른 길로 인도해 주시고 즉, 당신께서 은총을 내려 주신 사람들의 길로. 진노를 받거나 불순종하는 자들의 길이 아니라. Kazici, Ziya ve Taylan, Necip ; KURAN-I KERIM MEALI, Istanbul, 1982.

경건성을 구체적으로 이해할 수 있다.

6. 실천을 중시하는 이슬람

터키인들에게 자신의 종교가 무엇이냐고 묻는다면 그들은 전혀 주저함이 없이 이슬람이라고 말한다. 오히려 그들에게 종교가 무엇이냐고 묻는 것 자체가 무의미하다. 터키에 사는 1.5~2%의 아르메니아인과 그리스인을 제외하면 나머지는 무슬림이다. 이슬람은 신자의 사고와 행동에 영향을 미치는 정도의 측면에서 볼 때 다른 종교에 비하여 우위에 있다고 할 수 있다. 하루에 다섯 번의 기도가 의무이며 1년에 한달이 금식월로 지키도록 정한 율법은 철저한 실천에 중점을 두고 있다. 그들은 율례를 철저하게 실천하다 보면 신앙심 또한 돈독해 질 것으로 믿는다.

터키인들의 고대 종교가 정령, 조상과 천신숭배였으므로 대중의 이슬람 속에 전통 신앙의 자취가 약간 남아있다. 특히, 오스만제국 초기에 중앙집권적 국가조직이 정착하기 전 전통적 신앙과 이슬람이 혼합된 신비주의 신행(神行)이 나타났다. 예를 들자면, 오늘날에도 벡타쉬 종단은 비주류에 속하는 종단이지만 터키에서 무시할 수 없는 세력을 형성하고

메브라나 종단의 의식

있다. 벡타쉬 종단의 의식에서는 이슬람에서 금기시하는 음주가 행해진다. 일부 지역에서는 일반 음료도 사용되나, 엄숙한 분위기에서 마심으로써 음주를 의례로 여긴다. 벡타쉬 종단은 정통 이슬람과 달리 남녀가 같이 모여 예배 의식을 갖는다. 그리고 예배 의식이 주로 밤에 이루어지는 것이 특이하며 예배 주관자인 데데(Dede)가 예배가 시작될 때 사방으로 절을 하고 입에 물을 머금었다가 내뿜는다. 샤머니즘에서도 볼 수 있는 이 행위는 부정을 씻는다는 표현이다. 이밖에도 다수의 순니 무슬림들도 일상생활 속에서 유목민적 신앙 행위를 지속하고 있다. 악귀와 부정을 막기 위해 구슬 형태의 푸른 눈을 가지고 다니거나 벽에 걸기도 하며, 가족 중에 일원이 멀리 여행을 떠날 때 떠나는 사람 뒤에서 물을 뿌린다.

약간의 신비적 행위를 제외하고 터키인들은 철저하게 쿠란에 의거하여 생각하며 살아간다. 하루 다섯 차례의 기도의식, 할례의식, 결혼식, 장례식 등이 순니 하나피 법학파 규율에 따라 이루어지므로 터키인들이 종교적인 틀을 떠나서 산다는 것을 기대하기 어렵다. 케말 아타튀르크가 공화국을 건국하여 세속주의를 통치 원리의 하나로 내세워 서구화를 추진했지만 그의 사후 세속주의 이념은 지속적으로 도전을 받고 있다. 세속주의 이념이 도전 받고 있으되 원리주의로 전환될 가능성은 크지 않다고 보아야 한다. 전통적인 순니 하니피법학파에 속하지만, 터키인들은 쿠란 해석에 있어서 융통성이 많고 관용적인 성향을 가지고 있다고 일반적으로 평가된다.

종교적 의식은 도시와 농촌, 학력의 고하에 따라 약간의 차이를 보인다. 대도시에 사는 고학력자들은 소수를 제외하고 대체적으로 탄력적인 사고방식을, 이와는 대조적으로 농촌에 거주하는 저학력자들은 보수적인 이슬람적 가치관을 가지고 있다. 대도시에서 생활하는 고학력자들은 교육을 통하여 합리적 사고와 행동 양식을 배웠을 뿐 아니라 다양한 문화권에 속한 정치인, 학자 또는 경영자들과 접촉할 수 있는 기회를 상대적으로 많이 가지므로 보수적 고정관념이 강하지 않다. 반면에, 농촌에서는 교육 시설이 부족하여 전반적으로 교육의 기회가 축소되며 또한 남아(男兒)에 비해 여아(女兒)들이 교육의 혜택을 받는 데 불리하다. 교육 환경의 공백을 종교적 가르침이 채워주고 있으므로 농촌에서 모스크의 지도자들의 위상은 커질 수밖에 없다. 특히, 교육의 혜택을 받지 못한 여아들은 아버지나 종교 지도자들의 가르침을 통해 사회를 바라보는 시각을 배우므로 남성 의존적 사고관에 대한 거부감을 크게 느끼지 못한다. 집단주의 문화가 강조되는 농촌에서는 종교적 전통을 유지하고 실천하는 것을 커다란 미덕으로 평가하고 있어서 이슬람의 가르침은 이들을 결속시키는 데 중요한 역할을 할 것으로 보인다. 특히, 이슬람에서 기본이 되는 실천해야 할 다섯 가지 행위가 신앙고백, 하루 다섯 번의 기도, 자발작인 헌물 또는 헌금, 메카에 순례, 라마단 기간의 금식으로서 한 개인이 종교적 가르침을 어느 정도 실천하는 가에 대한 외적인 판단을 가능하게 하므로, 한 개인의 실천을 통해서 그 사람의 신앙심을 인식하게 만드는 기준이 되고 있다.

【참고서적】

공일주; 아랍문화의 이해, 대한교과서, 1996.

김대성; “오스만제국 전반기의 수피집단과 통치자 및 울레마의 관계”, 「중동연구」 한국외대 중동연구소, 1992.

김정위; 중동사, 대한교과서, 1987.

서재만; “터키인의 의식구조”, 「세계인의 의식구조 II」, 한국외대, 1997.

이희수; 터키사, 대한교과서주식회사, 1993.

Akgun, Secil; “Tevhidi Tedrisat”, 「Cumhuriyet Doneminde Egitim」, İstanbul, 1983.

Araz, Nezihe; 21. Yuzyilinin Esiginde Orf ve Adetlerimiz, Istanbul (Turk Kulturune Hizmet Vakfi), 1991.

Balaman, Ali Riza; “세속 터키국가와 이슬람화 운동”, 「한국이슬람학회 논총」 제5집, 1995.

Balaman, Ali Riza; Gelenekler 'Tore ve Torenler', Izmir, 1983.
Bilmen, Omer Nasuhi; Buyuk Islam Ilmihali, Ankara(연도 미상)
Dursun, Davut; Osmanlı Devletinde Siyaset ve Din, İstanbul, 1992.
Kafesoglu, İbrahim; Turk Bozkır Kulturu, Ankara, 1987.
Kazici, Ziya ve Taylan, Necip; KURAN-I KERIM MEALI, Istanbul, 1982.
Lewis, Bernard; The Emergence of Modern Turkey (김대성역), 펴내기, 1994
Ocak, Ahmet Yasar; Bektasi Menakıbnamelerinde Islam Oncesi Inanc Motifleri, İstanbul, 1983.

XI

가족법

XI 가족법

1. 오스만제국의 이슬람 가족법

근대화 이후 정치, 사회 분야에서 세속화를 이룬 서구와 여전히 종교적 가치관이 강한 중동 지역에서 가족법은 상당히 다른 변화 과정과 특징을 가지고 있다. 그리고 중동 지역에서도 국가별로 정치 지도자나 국민의 개혁적 성향의 차이 때문에 일부 국가는 가족법이 세속화되거나 세속화 가능성을 가지고 있는가 하면, 또 다른 일부 국가는 여전히 이슬람적 전통을 유지하고 있다.

오늘날의 터키 가족법은 세속화되었고 남녀평등권을 철저히 보장하는 원칙을 바탕으로 제정된 것으로 알려져 있다. 과거 오스만제국에서는 일반 개인과 대중은 가족관계에 있어서 전통적이며 종교 지향적이었다. 가족간의 전통적 유대 관계를 중시하는 오스만제국에서 가족법의 서구화는 별다른 진전을 이루지 못하다가 터키공화국 건립 후에 가족법의 서구화가 소수 개혁주의자들의 주도로 이루어졌다. 이 글에서는 터키 공화국의 건국 이후 터키 가족법의 서구화를 추진한 배경과 터키 가족법의 모델에 대해서 알아보고자 한다.

1) 이슬람가족법의 적용

오스만제국에서 가족법은 이슬람의 법원인 쿠란과 예언자의 언행록에 따라 철저하게 적용되었다. 이슬람법 샤리아(Shariah)에 기초한 가족법은 6세기 이상 오스만제국이 존속하는 동안 커다란 변화 없이 적용됐다고 볼 수 있다. 그 이유는 오스만제국의 통치자들이 이슬람법 분야에서 근본적인 변화를 요구할 자격이나 권위를 가지고 있다고 보지 않았기 때문이다.[56)]

오스만제국에서 공식적 이슬람 법학파로 인정을 받았던 하나피 법학파의 법 해석에 따라 이슬람 가족법이 적용되었다. 그러나 이집트, 시리아, 팔레스타인 등과 같이 다른 법학파를 따르는 주민이 다수 거주하는 곳에서는 하나피 법학파의 재판관 이외에 여타 법학파 소속의 재판관들에도 판결에 참여하도록 허용하였다. 오스만제국의 관리들은 재판에 있어서 신축성 있는 태도를 취함으로써 법적 통일성과 안정을 동시에 확보할 수 있었다. 하나피 법학파는 가장 형식적이고 전통적인 법적 원리에 우선적인 관심을 보였다. 다른 법학파 특히, 말리키와 샤피 법학파와는 달리 부인들의 이혼 요구에 보수적이어서 하나피 법학 이론이 적용되는 곳의 부인들은 이혼을 시도하지 못하고 남편의 부당함을 견뎌야 했다. 부인들의 이혼 요구 건에 대해 샤피 법학파 재판관들이 판결을 담당하게 되는 경우에 이혼이 허용될 수 있으며, 이때 하나피 법학파 재판관들도 샤피 법학파 재판관들의 결정을 수용하는 예를 볼 수 있었다. 그러나 16세기 이후부터는 하나피 법학파의 법적 견해를 제외한 다른 법학파의 견해 수용이 제한을 받게 되었다. 다른 법학파의 견해를 활용하려는 시도는 오스만제국 말에 이루어졌으나, 일정 기간 동안 다양한 법적 견해에 대한 무시는 오스만제국의 법 발전에 부정적으로 영향을 미

55) 1917년 오스만 가족법이 발표되어 현대화 과정에서 첫 번째로 성문화된 무슬림 가족법이 공식적으로 채택된 것이다. 이 법은 남편이 부부생활을 할 수 없거나, 실종되거나, 부양을 거부하거나, 감옥에 있거나, 성질환자이거나, 나병과 같은 불치병을 앓거나, 혼인 후 정신이상이 될 경우 남편에게 이혼할 수 있는 권리를 여성에게 처음 부여하였다. 이 법은 중동 전역에 걸쳐 이슬람 가족법 개혁의 발판을 마련했다. John L. Esposito, Women in Muslim Family Law, Syracuse University Press, 1982. p. 51.

쳤다고 할 수 있다.

오스만 왕궁 내의 하렘 내부

오스만제국에서 이슬람 가족법이 적용되는 과정에서 재판관들이 오늘날과 같이 상세한 법전을 소유했다고 볼 수 없다. 그렇다고 이러한 현상이 법 적용 과정에서의 사회적 불안이나 혼란에 원인을 제공한 것은 아니다. 그 이유는 재판관들이 따라야 할 법학파가 있었고 또한 법학파의 이론과 판례가 법 해설서(Fetva)에 구체적으로 제시되어 있었기 때문이다. 무프티(Mufti)들은 법학자이자 재판자문관으로서 법 해석을 통해 실질적으로 재판의 결과를 좌우할 수 있는 위치에 있었다. 고소인이나 피고소인의 요청에 의해 이루어지는 법해석은 재판과정에서 영향을 미칠 수 있는 자료로 이용됐으며, 심지어 재판관들도 단독적으로 법적 판단이 용이하지 않을 경우 무프티들에게 자문을 요청했다. 무프티들이 자신들의 법해석에 대한 대가로 주민들로부터 받을 비용은 의뢰 내용에 따라 대체로 정해져 있었다. 법학 서적과 법 해설서는 법적인 문제와 그에 대한 상세한 해설을 제시하고 있어서 재판관들과 법학자들에게 커다란 활용가치가 있었다. 특히, 이슬람 가족법의 편찬자인 무하마드 까드리 파샤(Muhammad Qadri Pasha)는 1875년 이집트에서 개인의 법적 상태와 가족과 관계된 647조로 구성된 법을 하나피 법에 근거하여 만들었다.

2) 까드리 파샤의 이슬람 가족법

까드리 파샤의 이슬람 가족법은 1장 혼인, 2장 배우자의 권리와 의무, 3장 이혼, 4장 가족과 친자관계, 5장 후견인, 증여, 유언, 6장 상속 등에 관하여 647개 조항으로 구성돼 있다. 이 글에서는 1장 혼인, 2장 배우자의 권리와 의무, 3장 이혼 등의 조항 가운데 일부를 살펴봄으로써 이슬람 가족법의 특징을 파악하려 했다. 까드리 파샤의 이슬람 가족법은 법으로 공포되지는 않았으나 과거의 법 해설서를 항목별로 체계화했으며 그 후 중동 이슬람 국가에서 현대 가족법의 근간이 되었다 다는 점에서 큰 의미를 지닌다.

혼인

1장은 1~149조로 이루어졌다. 혼인을 주제로 다룬 1장의 중요한 내용을 다음과 같이 요약할 수 있다.

1조 : 한 남성은, 다른 남성과 혼인한 상태에 있지 않고 잇다(혼인 금지 기간)가 종료된 여성과 약혼할 수 있다.
2조 : 잇다[57]가 종료되지 않은 여성에게 혼인 제의를 할 수 없다.
3조 : 한 여성과 혼인하려는 남성은 그 여성의 얼굴과 손을 볼 수 있다.
8조 : 성인이 된 딸을 딸의 동의를 받아 혼인시킬 경우에 1인 남성과 2인 여성이 증인으로 참여하여 약속할 때 유효하다.
19조 : 자유민인 남성은 네 명의 여성과 혼인할 수 있다.

이슬람법에서 여성의 잇다 동안에 혼인을 금하고 있으며, 약혼 시 남성 한 명의 증인이 여성 두 명의 증인으로 간주하며, 한 남성의 네 여성

57) 하나피 법에서는 여성이 이혼하거나 사별한 경우에 혼인 금지 기간을 두는데, 이 기간을 '잇다'라고 한다. 잇다가 종료되어야 새로이 혼인을 할 수 있다. 잇다 동안 여성은 임신 여부를 가리기 위해 남편과 격리되어 친자관계의 혼돈을 방지한다. 남편의 사망으로 혼인관계가 끝나게 되면 남편이 사망한 날부터 4달 10일 약 130일간 혼인이 금지되고, 별거형 이혼으로 대기 기간이 시작되면 세 번의 생리기간인 약 90일이 잇다에 해당된다(311, 312조 설명 참조). 잇다가 필요한 이유는 여성의 임신 여부 확인, 아이의 아버지 확인, 화해의 가능성 제공 등이다.

과의 혼인을 허용한다. 남성은 네 명의 여성과 혼인할 수 있음을 밝히고 있다. 혼인을 할 수 없는 대상은 친손녀, 외손녀, 조카딸, 고모, 이모 등처럼 매우 가까운 친족이다. 하지만 사촌간의 혼인은 허용되었다(20, 22조). 혼인할 수 없는 대상으로서 '젖형제'가 포함되었다(21조). 혼인이 이루어지는 과정에서 여성에게 혼납금(Mahr : 마흐르)을 주는 것은 의무이다(74조). 혼납금은 최소액은 10 디램(Dirhem)의 은이며 최대액은 제한이 없다(70조). 혼납금으로 부동산, 상품, 보석, 동물 그리고 이와 유사한 물건 등이 정해질 수 있다(71조). 지역의 관행에 따라 혼납금의 일부는 즉시 지급해야 하고, 일부는 정해진 기간까지 연기하여 지불할 수 있다(73조). 남자가 혼인 상대자가 처녀라는 조건으로 일정 한도 이상의 혼납금을 주고 혼인했을 경우 만일 상대자가 처녀가 아님이 밝혀졌을 때 일정 한도 이상의 혼납금을 줄 필요가 없다(92조). 남자는 여성의 미모의 수준에 따라 혼납금의 조건을 제시할 수 있다(93조).

배우자의 권리와 의무

배우자의 권리와 의무를 규정한 2장은 150~216조를 포함하고 있다. 이 가운데 남편의 의무와 권리 규정은 150~211조이고 아내의 의무와 권리 규정은 212~216조이다.

남편은 아내를 정당하고 합리적인 방법으로 대해야 하고(150조), 남편은 혼인 기간 동안에 남편의 의무를 이행해야 하고(151조), 다처와 혼인한 남편은 부인들과 합방하는데 공평해야 하고 부양하는 면에서도 공정해야 한다(152조). 다처를 공정하게 대하는 면에서 처녀, 과부, 신혼의 아내, 무슬림 또는 딤미(비무슬림)간에 차이를 둘 수 없다(153조). 남편은 다처 아내와 1박 1일, 3일 또는 7일씩 동거할 수 있다. 어떤 아내와 동거를 시작할 지에 대해서는 남편이 선택한다(154조). 다른 아내의 동의 없이 한 아내와 정해진 기간 이상을 동거하는 것은 허용되지 않는다(155조). 아내들 가운데 한 사람이 자기의 순서를 다른 아내에게 양도하는 것이 가능하다(156조). 여행 중에는 합방 기회를 공정하게 나눌 필요가 없으며, 남편은 자신이 원하는 아내와 여행을 갈 수 있다. 그러나 다처 가운데 제비를 뽑아 선택하는 것이 권장된다(157조). 남편이 아내가 없는 집에서 병이 날 경우 아내들을 순서에 따라 부를 수 있다(158조). 인 계약이 이루어진 뒤에는 남편은 아내 부양에 대해서 책임을 진다(160조).

오늘날의 관점에서 보면 남편의 권리 가운데 아내의 외부 활동 제한에 대한 규정이 매우 보수적이라고 할 수 있다. 남편은 혼납금 지급을 이행한 뒤에는 일주일에 일회 부모의 집, 일년에 일회 가까운 친척의 집 방문 이외에 남편의 허락 없이 외출하는 것을 금할 수 있다. 아내의 환자 문안이나 혼례식 참가를 제한할 수 있다(207조). 남편은 아내의 잘못이나 부적절한 행위 때문에 제재 규정이 명확하지 않을 경우 가볍게 때려서 징계할 수 있다. 단, 심하게 때릴 수 없다(209조).

아내의 의무와 권리는 212~216조이다. 아내의 의무로 남편에게 순종하고, 남편의 허락 없이 외출을 금하고, 남편이 요구할 경우 부부관계를 거부하지 말며, 남편에게 충실하고, 남편 부재 시에 재산을 보호하며, 남편의 허락 없이 비싼 물건을 선물하지 말아야 한다는 내용 등이 포함돼 있다(212조). 아내의 권리로 혼납금 가운데 일부를 선불로 지급할 것을 약속한 뒤 이 약속을 이행하지 않았을 경우 부친의 집을 떠나지 않아도 되거나 성 관계를 거부할 수 있다(213조). 남편이 혼납금 중 선불금을 지급하지 않을 경우 남편의 허가 없이 외출할 수 있다(214조). 아내는 일주일에 일회 부모를 그리고 일년에 일회 삼촌 이내의 친척을 방문할 수 있다(215조). 장인이 중병(重病)에 걸렸을 때 간호해 줄 사람이 없을 경우 남편의 허락을 받지 않고 아내는 간호할 수 있다(216조). 이처럼 아내의 의무와 권리는 매우 간단하게 규정되어 있다.

이혼

이혼을 주제로 다룬 3장(217~331조)의 중요한 내용을 다음과 같이 요약할 수 있다. 이혼은 남편의 권리이지 아내의 권리는 아니다. 정상적인

오스만 시대의 여성의 옷차림

성인 남편이 농담이나 협박의 성격으로 이혼 의사를 밝혔다고 해도 이혼의 효력이 발생한다(217조). 누구의 강요 없이 음주를 한 남편의 이혼 요구도 유효하다(218조). 정신질환자나 불의의 사고로 사고능력을 상실한 남편의 이혼 의사는 효력이 없다(220조). 이혼은 구두 또는 문서로 이루어진다. 남편이 이혼 의사를 밝히면 효력이 있듯이 대리인을 선정하거나 이혼 의사를 문서로 부인에게 보내거나, 부인 가운데 한 명을 대리인으로 선정해 의사를 전할 수 있다(222조). 이혼의 종류를 두 가지로 분류한다. 첫째는 취소 가능한 이혼으로 별거라고 할 수 있고, 둘째는 완전한 이혼이다. 둘째 이혼은 재혼 가능 이혼과 재혼 불가능 이혼으로 나뉜다. 재혼 가능 이혼 상태에서 재결합하려면 다시 계약을 맺어야 한다(226조). 명백하고 분명하게 세 번을 언급하지 않고, 강력하고 뚜렷하게 특별한 의미를 부여하지 않고, 완전한 이혼을 표시하는 의미를 나타내지 않고 이혼 의사가 전달될 경우 별거에 들어간다. '나는 너와 이혼한다. 너는 이혼 당했다. 나는 너를 거부한다.'라고 했을 때 취소 가능한 이혼 즉, 별거가 이루어진다(227조). '너는 이혼 당해야 해.' 또는 '나는 이혼을 원한다.'라는 말로 의사를 표현하면 별거형 이혼이 발생한다(228조). '너는 기다리는 기간이 필요해.', '잇다 동안 기다려', '너는 한번 이혼 당한다.'라는 표현으로 별거형 이혼이 이루어진다. 아내에게 화가 나서 이와 같은 표현을 했던 경우나 아내가 이혼을 요구해서 응답으로 말했던 경우에도 별거형 이혼이 이루어진다(229조).

잇다

별거 기간에 혼인 관계가 종료되지 않는다. 아내는 자신의 집에서 거주하며 잇다 동안에 남편으로부터 생활비를 받는다. 남편은 아내의 허락을 받지 않고 아내와 합방할 수 있다. 이 기간의 부부 관계는 합법적이며 남편은 이러한 행위를 통해 이혼 취소를 의미하게 된다. 잇다 동안 부부 가운데 한 사람이 사망한다면 생존자가 상속권을 갖는다(230조). 별거형 이혼을 취소하는 것은 증인이나 아내에게 알릴 필요는 없다. 그러나 취소할 경우 두 명의 공정한 증인이 확인하는 것이 바람직하다(234조). 완전한 이혼은 이혼한다고 말할 때 분명하게 세 손가락으로 표현해야 하며 강력하고 특별한 의미를 부여할 경우 성립된다. 남편이 '너와는 결단코 살지 않는다. 너와 세상없어도 이혼한다. 하늘을 두고 맹세하건 데 너와 이혼한다. 수십 번 또는 수천 번 너와 이혼한다.'와 같은 표현을 한다면 완전한 이혼이 이루어진다(239조). 신방에서 부부 관계를 맺기 전에 이혼 의사가 남편에 의해 밝혀지면 완전한 이혼이 성립된다(240조). 남편이 잇다가 종료될 때까지 아내를 받아들이지 않으면, 완전한 이혼이 이루어진 것이다. 남편도 아내에게 돌아갈 권한을 상실하게 된다(241조). 완전한 이혼을 선언했다고 해도 부부가 재결합할 수 있는 자유가 상실되지는 않는다. 잇다 동안이나 종료 이후에 남편은 이전의 아내와 재결합할 권리를 갖는다. 그러나 재결합하려면 여성의 동의가 있어야 하며 새로운 혼인 약속과 혼납금이 자급되어야 한다. 남편은 잇다 동안에 아내와 다른 남자와의 혼인을 금할 수 있다(247조). 이혼 사유로 부부간의 불화, 남편의 성적 불능, 부부 중 한 사람의 개종 등을 들 수 있다(273, 298, 303조).

잇다(대기 기간) 동안에 남편 이외에 다른 남자와 혼인할 수 없다. 별거가 시작되면 혼인 후 합방을 했거나 또는 하지 않았어도 잇다가 필요하다. 혼인 직후 합방하기 전에 남편이 사망했어도 잇다가 필요하다(310조). 잇다는 임신한 여성을 제외하고는 세 번의 생리가 끝나는 기간(약 90일)으로 본다(311조). 9살 미만이거나 55세 이상이어서 생리를 하지 않는 여성이거나, 또는 성인이지만 생리를 하지 않는 여성도 잇다는 3개월이다(312조). 생리가 종결되는 나이는 55세로 본다(314조). 임신한 여성의 잇다는 아이의 출산으로 종료된다. 이혼 또는 남편의 사망으로 혼인의 효력이 종결되는 경우도 임신한 여성의 잇다는 동일하다(316조).

잇다 동안에는 남편이 아내에게 부양할 책임이 있다. 별거나 이혼이 남편의 과실로 발생했거나 또는 과실이 없어도 부양할 책임이 있다(324조). 남편이 사망했을 경우 여성은 부양금을 요구할 수 없다(331조). 이 경우 여성의 지위가 상속인으로 바뀌기 때문이다.

까드리 파샤의 가족법은 일부다처를 허락하고 있으며 아내에게 활동의 자유를 제한하는 한편 이혼의 권한을 남자에게 부여하고 있다. 그렇지만 남편의 성적 불능 또는 부부 중 한 사람의 개종과 같은 이유로 여성에게도 이혼 권리를 제한적이지만 부여했다는 점은 과거의 하나피 법학파의 관행에 비해서 다소 여성의 입장을 고려했다는 특징이 나타난다.

3) 오스만 가족법

1876년 8월 16일에 '법요람(Mecelle)'이 공포되었다.[58] '법요람'에는 물권법, 채무법과 재판 규정이 주를 이루었고 가족법과 상속법은 포함되지 않았다. 이슬람 원리를 기초로 만든 '법요람'은 '다양한 문제를 정리한 책'이라는 의미를 가지고 있다. 그러나 가족법과 상속법은 '법요람'에 포함되지 않았다. '법요람'이 공포된 지 상당 기간이 지난 1917년 10월 25일에는 가족법이 술탄 메흐메트 5세(1909~1918, 재위)의 재가를 거쳐 공포될 수 있었다. 가족법 제정을 위한 제안서에서 "'법요람'에 가족법이 포함되어 있지 않았고 다양한 종교와 민족이 자신들 고유의 규정을 따르고 있어서 많은 어려움이 발생하고 있다."고 설명하였다. 하나피 법학을 바탕으로 말리키와 샤피 법학파의 해석을 받아들인 가족법은 1917년 10월 25일부터 효력을 발생하였다. 가족법은 1부 혼인(1~101조)과 2부 이혼(102~157조)으로 총 157조로 구성되었다. 가족법은 1914년

58) '법 요람'은 1851조로 이루어졌으며 1859년 4월 20일에 편찬에 착수해서 1876년 8월 16일에 공포되었다. http://www.belgenet.com/yasa/medenikanun/tarihce.html

11월초에 발발한 제1차 세계대전이 진행되고 있던 혼란기에 급조되었다고 볼 수 있다. 그러나 가족법의 생명은 오래 지속되지 못했다. 1918년 10월 30일 제1차 세계대전 종전 이후 터키 독립전쟁의 진행 과정에서 1919년 6월 19일의 가족법 취소령이 발표돼 가족법은 사실상 효력을 상실하게 되었다.

독립전쟁의 승리 직후 신생 터키공화국 국회에 의해 민법제정위원회가 1923년 5월 3일 구성되었다. 첫째 회의에서 민법을 이슬람 원리에 따라 제정할 것인지에 대해 논의가 이루어졌다. 이후 1924년 5월 19일 142조의 민법 초안이 마련되었지만 법으로 통과되지 못했으며, 1926년 마침내 터키에 서구식 민법이 도입될 수 있었다.

오스만 가족법의 특징을 요약하면 다음과 같다. 1917년 가족법은 157조로 이루어졌고 그 가운데 무슬림, 기독교와 유태인을 위한 규정을 별도로 가지고 있으므로 매우 포괄적이어서 자세한 내용을 포함하지 않았다. 혼인 금지 규정이 13~32조로 구성되었는데, 13~19조는 무슬림, 20~26조는 유태인, 27~32조는 기독교인들에게 각각 적용되는 내용이었다. 다민족, 다신교 국가인 오스만제국에서 전통적으로 각 민족에게 최고 종교지도자 와 민족의 고유한 법을 가진 사회적, 종교적 자치를 허용했으므로 갑작스럽게 단일 법 체제하에서 모든 민족의 통치는 반발을 야기할 수 있었다.

1917년 가족법의 특징은 하나피 법학파의 법 해석 외에도 말리키와 같은 다른 법학파의 이론을 수용했다는 점이다. 14조에 원칙적으로 일부다처제를 허용하고 있으나 혼인 과정에서 부인이 남편에게 일부일처제 조건을 제시할 수 있게 하였다(38조). 19세 이상의 남자와 18세 이상의 여성에게 판사는 혼인을 승인하는데(5~6조), 12세 이하의 남아와 8세 이하의 여아는 보호자도 혼인을 시킬 수 없도록 하였다(7조). 강제로 이루어진 혼인과 이혼은 무효이며(57, 105조), 술 취한 상태에서의 이혼도 무효로 규정되었다(104조).

하나피 법에서는 부인들이 이혼을 제기할 수 없는 경직성이 있었다.

하지만 1917년 가족법에서는 여성에게 이혼할 권리를 주었다는 것이 혁신적이었다. 남편이 실종되거나, 부양을 거부하거나, 감옥에 있거나, 나병 또는 성병을 앓거나, 정신이상이 되거나, 부부간에 심각한 대립이 지속되는 경우 이혼을 요구할 수 있는 권리를 여성에게 부여했다는 점에서 과거의 법에 비하여 여권을 크게 고려하였다(119~131조).

이 가족법은 오스만제국의 쇠망 이후 나타난 중동 각국에서 이슬람 가족법 개혁의 발단을 마련해 주었다. 하지만, 터키 독립전쟁의 진행 과정에서 1919년 6월 19일의 가족법 취소령이 발표돼 가족법은 사실상 효력을 상실하게 되었다. 가족법을 취소하게 만든 요인을 두 가지로 들어 볼 수 있다. 첫째는, 다민족, 다신교 국가인 오스만제국에서 단일한 법에 의한 재판에 대한 비무슬림 민족의 반발 고조, 둘째는, 하나피 법학 외에 다른 법학 이론의 수용에 따른 이슬람 법학자들 사이에서 발생한 갈등이라고 볼 수 있다.

2. 터키공화국의 서구식 민법

1) 터키의 서구식 민법 도입의 배경과 과정

(1) 공화국초기 여성에 대한 인식의 변화

1918년 10월 30일 연합국과의 정전협정에 오스만제국이 서명함으로써 제1차 세계대전에서의 오스만제국의 패전이 공식화되었고, 이에 따라 터키 본토는 북부 일부를 제외하고 연합국에 의해 점령되었다. 1919년 5월 그리스가 이즈밀을 점령하기 위해 상륙한 뒤 터키인들의 민중저항운동이 격렬하게 일어났고, 이 저항 운동에 여성들이 전투를 지원했을 뿐 아니라 조국의 방어에 민중들의 적극적 참여를 유도하는 모병대열에 참여하기도 했다. 여성들이 무기와 보급물자를 수송하고 부상병을 치료하는 한편 심지어 게릴라 전투원으로도 활약했다. 독립전쟁의 승리 이후 1923년의 터키공화국 수립은 국토방위를 위해 희생을 무릅쓴 터키인 남성과 여성의 공동 작품인 것이다. 독립전쟁이 유리하게 진행되던 1921년 9월 당시 국방부 장관 레펫 장군(Refet Pasha)의 앙카라 의회에서 "군을 대표하여 온 국민에게 감사의 뜻을 전하며... 달구지를 끌며 돕던 시골 아낙네들의 승리인 것입니다."라고 역설한 연설을 통해 여성들이 독립전쟁에 희생적으로 지원했던 사실을 확인할 수 있다. 독립전쟁을 주도했던 무스타파 케말은 독립전쟁이 진행되던 기간에 여성의 지원과 협력을 직접 목격할 수 있었다. 따라서 무스타파 케말은 여성들을 실질적인 사회적 동반자로 인정하고 싶어했다. 무스타파 케말은 독립전쟁을 승리로 이끈 뒤 공화국 건국을 준비하는 시점인 1923년 3월 21일에 있었던 콘야(Konya) 지방 연설에서 터키 여성을 극찬하였다. 그는 ".... 항상 고마운 마음으로 되풀이해서 말할 필요가 있는 고귀한 행위가 있다. 그것은 터키 여성의 매우 고상하고, 매우 높으며, 매우 가치 있는 희생이다. 세상의 어느 곳에서 또 어느 민족에서 터키 농촌 여성보다 뛰어난 업적을 이루었다고 결코 말할 수 없다..... 우리가 확신을 가지고 또 정직하게 추구해야 할 길이 있다. 이 길은 위대한 터키 여성을 우리 과업의 동반자로 여기는 것, 인생을 그들과 함께 하는 것, 학문적, 도덕적, 사회적, 경제적 생활에서 남성의 동반자, 친구, 지원자 그리고 나아가서 옹호자로 인정하는 것이다." 라고 언급함으로써 과거와는 다른 여성의 모습을 부각시키고자 시도했다. 무스타파 케말의 견해는 공화국 건국 이후에 여성을 보는 인식을 과거와는 달리 획기적으로 변화하게 만든 중요한 요소였다.

터키공화국 건국 이후 무스타파 케말은 일련의 개혁 작업에 착수하였다. 무스타파 케말의 주도로 1926년에는 여성의 지위를 제한해 오던 샤리아 법을 대체할 스위스 민법을 일부 개작한 서구식 민법이 도입되었다. 새 민법의 도입으로 일부다처제와 일방적 이혼제가 폐지되고 남녀 당사자들에게 동일한 권리를 보장하는 혼인제와 이혼제가 도입돼 터키 여성의 지위는 괄목할 정도로 향상되었다.[59]

무스타파 케말의 개혁으로 공화국초기에 여성들의 정치, 사회적 참여가 가능하도록 법적인 보장을 받았으나, 그 혜택을 누릴 수 있었던 여성은 도시에서 고등교육을 받은 일부 집단에 한정되었다. 그러나 농촌 여성들에게도 교육을 받을 수 있는 여건이 개선되었고 1928년 문자혁명 이후에는 여성 문맹률도 점차 감소할 수 있었다. 그 결과 1927년에 95.5%이었던 여성의 문맹률이, 그 뒤 1935년 90.2%로 감소하였다.[60] 개혁을 주도한 무스타파 케말을 비롯한 개혁주의자들은 여성을 학문적, 사회적, 경제적, 도덕적 관계에서 남성의 동반자, 동료이며 옹호자로 부각시키려 시도했으며 과거와는 다른 국가발전에 기여하는 여성의 모습을 인식할 수 있도록 사회적 분위기를 조성했다.

(2) 무스타파 케말의 민법 개혁 의지와 위원회 구성

터키민법은 무스타파 케말의 개혁의 기초이며, 이슬람법에서 세속법으로 전환의 증거이자 서구문명권 진입의 기념비로 받아들여지고 있다.

---

59) 1930년 4월 지방자치법의 도입으로 여성에게 시의회 의원 선거권과 피선거권이, 1934년 헌법의 선거권 관련 조항의 개정으로 여성에게 국회의원 선거권과 피선거권이 각각 부여되었다. 여성에게 국회의원 피선거권이 부여된 후 최초로 1935년 3월 1일 개회된 국회에 18명의 여성이 진출하여 전체 의원 가운데 4.5%를 차지했다(Eroglu 1990:231,288; Narli 1999:164; Arat 1986:36).

60) 여성 문맹률이 1990년에는 28%로 감소하였다. 여성 교육기관도 점차 증가했는데, 이는 여성이 사회 활동에 적극적으로 참여할 수 있는 여건을 만드는 핵심적 요인이 되었다. 오늘날 터키 여성이 터키 전체 노동력의 33%를 차지하여 경제발전에 크게 기여하고 있다. 하지만, 여성 노동력 가운데 77%가 농업에 종사하고 이들 다수는 가족농업에 종사하므로 임금을 받지 못하고 있다. 이와는 달리 도시에서 교육을 받은 여성들은 각종 직업에 종사할 수 있고, 특히 금융업, 의약업과 교직 분야에서 여성의 활동이 두드러져 이 분야 종사자의 30~35%를 차지한다. 이처럼 도시의 중상류 계층 여성들을 농촌 여성들과 비교할 때, 전자는 교육과 직업 선택에 있어서 월등히 유리한 위치에 있다. 사회적 유동성의 측면에서도 농촌 여성이 도시 여성에 비해 크게 제한을 받을 수밖에 없다. 농촌 여성의 사회적 유동성을 제한하는 가장 커다란 이유는 농촌의 열악한 교육여건과 보수적 가치관이라고 할 수 있다(Narli 1999:164, 165; Tekeli 1983:1202).

케말은 1923년 부르사에서 있었던 연설에서 이슬람식 법을 개정할 필요성과 이유를 강력히 시사했다. "신생 터키공화국이 시대와 필요성에 부응하지 못하는 '법요람(Mecelle)'에 묶여있을 수 없다. 가장 선진화된 수준으로 우리의 법을 개정하여야 한다. 백년, 오백년, 천년 전에 만들어진 법으로 살아 변화하는 사회를 통치하려는 것은 무지몽매한 행위이다."

1923년 10월 터키공화국의 건국과 함께 터키 법체계를 현대화해야 한다는 논의가 시작되었다. 1923년 법무부 산하 조직으로 이슬람법을 전격적으로 개정하기 위해 위원회가 조직되었다. 하지만 위원회의 일부 위원들이 법 개정을 위해 이슬람법을 결코 벗어날 수 없음을 주장하는 한편 다른 위원들은 법 개정을 위해서는 서구의 법을 본보기로 삼아야 한다는 견해를 강조함으로써 견해의 차이를 보인 이 위원회는 결국 해산될 수밖에 없었다.

1924년 5월 19일 다시 구성된 위원회의 활동 규약에는 법의 서구화를 위해 조금 더 적극적인 표현이 다음과 같이 삽입되었다: "필요할 경우에는 서구 국가들의 법 원칙을 받아들여야 한다." 그러나 이 위원회가 마련한 법조문 또한 현대 국가에 부적당하다고 비판을 받았다. 마침내 법무부 장관 마흐무트 에사스 보즈쿠르트(Mahmut Esas Bozkurt)는 서구 국가의 법을 전적으로 수용하겠다는 의지를 표명하였다: "터키 혁명의 의지는 서구 문명을 조건 없이 받아들여 터키화하는 것이다. 이러한 의지는 매우 명백한 결단에 근거하고 있으므로 과거의 것은 설 자리가 없이 사라질 수밖에 없다. 이와 같은 원칙에 따라 서구식 민법을 있는 그대로 수용해야 한다." 이 위원회는 서구 여러 국가의 민법을 검토한 뒤 스위스 민법을 수용하기로 결정했다. 1912년에 시행된 스위스 민법은 언어의 명료성과 남녀평등에 입각한 가족법을 포함하고 있으므로 채택되었다.

법률가 출신의 국회의원, 교수, 법관 및 변호사 등 26명으로 구성된 민법준비위원회가 터키 민법안의 초고를 마련하였다. 이 위원회는 스위스 민법을 터키어로 번역해 터키공화국의 민법 초안을 만들었다. 민법 초안 제출 설명서를 법무부 장관 마흐무트 에사스 보즈쿠르트가 작성하였다. 보즈쿠르트는 설명서에서 "터키에서 국민의 운명이, 명확하게 정착된 법 원칙이 아닌 우연과 운에 의해 좌우되고 중세 시대의 이슬람법에 종속되어 있다. 터키공화국은 터키 법을 혼란, 무지와 원시적 상태로부터 벗어나게 해야 하며 현대 문명과 개혁의 필요성에 맞는 민법의 수용과 적용을 절실하게 요구하고 있다."고 밝혔다.

민법 초안은 국회법사위원회에서 조항의 수정 없이 통과되었다. 민법준비위원회는 스위스 민법이 선진국의 가장 우수한 법 가운데 하나이며 법 조항이 사회, 경제생활의 측면에서 현대생활의 요구에 부응할 수 있다고 밝혔다. 터키 국회의 총회에서 법무부 장관 보즈쿠르트의 주도로 민법 초안은 1926년 2월 17일에 통과되었다. 1926년 4월 4일자 관보에 게재된 민법은 6개월 뒤인 10월 4일부터 발효되었다.[61] 그 후부터 지금

61) 법무부 장관 마흐무트 에사스 보즈쿠르트가 1926년 작성한 민법 초안 제출 설명서는 다음과 같다.

"현재 터키에는 민법이 존재하지 않는다. 단지, 계약 행위에 대해서 언급하는 '법요람'이 있을 뿐이다. 1851조로 이루어진 이 요람은 1869년 작성되기 시작하여 1876년 8월 16일에 완결돼 효력을 발하기 시작했다. 이 요람의 300개 정도의 조항이 현실 생활에 적용될 수 있을 것이다. 나머지 조항은 국가의 필요성을 충족하지 못할 정도로 초보적 수준의 규칙이므로 활용될 수 없다. '법요람'의 원칙과 근본은 이슬람이다. 그러나 오늘날 인간의 생활은 매일 매순간 근본적인 변화에 직면하고 있다. 인간 생활의 진행과 변화를 결코 단순한 한 악보에 채워 넣는 것은 불가능하다. 국가의 법을 종교에 근거하고 있는 국가는 조만간에 국가의 필요와 요구에 대처해 가지 못한다. 왜냐하면 종교는 변화하지 않는 원칙을 밝히고 있다. 그러나 생활은 끝임없이 변하고 필요성도 신속하게 바뀌므로 종교적 원칙은 발전해 가는 인간 생활에 대해 죽어있는 단어들 이외에 그 어떤 가치와 의미를 나타내지 못한다. 따라서 종교는 개인 양심의 문제로 국한시키는 것은 현대 문명의 원칙인 동시에 과거와 현재 시대를 구분하는 특징 가운데 하나이다. 종교적 원칙에 근거하고 있는 법은, 그 법을 적용하고 있는 사회를 원시적 상태로 묶어둘 것이며 사회의 발전을 가로막는 원인이 된다. 현재 터키의 종교법은 민족의 운명을 중세 시대의 원칙과 규칙으로 속박하고 있으며, 이슬람 종교법의 가장 강력한 요소는 변화하지 않는 종교적 원칙에서 얻어진 영감과 신

성(神聖)의 유지라는 점에 대해서 의심의 여지가 없다. 터키공화국에 국민 사회생활의 근간이 되며 사회생활에서 착상을 얻어 만들어진 민법의 부재는 현대 문명의 요구와 터키 혁명이 추구하는 목적과 개념에 결코 부합될 수 없다. 현대 국가를 원시적 사회집단과 구분하는 특성 가운데 하나가 사회 구성원에게 적용하는 법들이 이성적인 사고로 마련되는 것이다. 유목시대에는 일정한 규칙들이 정리되지 않았다. 재판은 전통과 관습에 따라 이루어졌다. '법요람' 가운데 실생활에 적용될 300개 정도의 조항을 제외한다면 민생과 관련된 문제들을 해결하기 위해서는 터키공화국의 재판관들이 과거의 법전이나 종교적 원리로부터 도출해 낸 견해를 가지고 결정을 내리게 된다. 이와 같은 이유 때문에 같은 조건에서 발생한 어떤 문제를 해결하기 위해 우리나라의 한 지역에서 내려진 결정과 다른 한 지역에서 내려진 결정 사이에 대체로 서로 상이하거나 모순이 있음을 본다. 결과적으로, 터키 국민은 법을 적용하는 과정에서 비원칙과 혼동에 직면해 있다. 국민의 운명은 분명하고 정착된 법 원칙이 아닌 우연과 운에 의해 좌우되고 중세 시대의 이슬람법에 종속되어 있다. 터키공화국은 터키 법을 혼란, 무지와 원시적 상태로부터 벗어나게 해야하며 현대 문명과 개혁의 필요성에 맞는 민법의 수용과 적용을 절실하게 요구하고 있다. 이 목적을 실현하기 위해 마련된 터키 민법은, 현재까지 나타난 민법 가운데 가장 새롭고, 가장 완벽하고 남녀평등을 보장한 스위스 민법을 모방하였다. 이러한 임무는 법무부의 결정에 따라 구성된 법률 전문가 위원회에 의해 수행되었다. 현대 문명 세계에 속한 국가들의 필요는 서로 간에 근본적으로 차이가 없다. 지속적인 사회, 경제적 관계는 인류의 대부분을 하나의 가족 집단으로 만들었으며 현재에도 만들어가고 있다. 외국 민법으로부터 모방한 터키 민법안이 발효되면 우리나라의 실생활과 조화를 이루지 못한다는 주장은 옳지 않다고 판단한다. (중략) 현재 시대가 문명 국가들에게 부여해 준 모든 법을 우리도 조건 없이 받아들여야 하고, 이 법을 수용하기 위해서 필요한 고귀한 책무를 터키 국민은 자발적으로 지려고 한다. 이것이 새 민법 초안의 중요한 의미 가운데 하나이다.

터키 국민을 대표하는 국회의 동의를 얻기 위해 제출된 터키 민법 초안이 국회의 동의를 얻어 법적 효력을 발하는 날에는, 우리 국민은 과거 13세기에 걸쳐 변질된 신앙행위와 혼란으로부터 벗어나 과거 문명과 단절하며 생명력과 유익을 보장하는 현대 문명권으로 진입하게 된다.

법무부는 새 민법 초안을 마련함으로써 역사 앞에서 의무를 수행했으며 여기에 터키 민족의 진실된 이익을 담았다는 점에 대해서 확신하는 바이다."

(http://www.belgenet.com/yasa/medenikanun/gerekce_1926.html)

까지 터키 민법은 1938년을 필두로 15 차례의 개정이 있었으며, 1988년과 1990년에는 6개의 조항이 삭제되었다.
(http://www.belgenet.com/yasa/medenikanun/tarihce.html)

3. 터키의 개정 가족법

터키법의 기본을 이루는 법 가운데 하나인 터키민법의 일부를 개정하는 법안을 1999년 12월 30일 에제비트(Ecevit) 정부가 국회에 제출했다. 2000년 1월 14일 터키 국회의장은 개정 요청안을 법사위원회에 회부했다. 2000년 4월 4일 법사위원회에서 시작된 논의는 2001년 6월 21일까지 계속되었다.

투르구트 아큰투르크(Turgut Akinturk)가 위원장직을 맡은 "터키 민법 개정 위원회"에 의해서 마련된 개정안에 대해서 장기간 논의한 법사위원회는 최종안을 결정하여 2001년 6월 21일 국회의원 총회에 제출하였다. 총회에서 2001년 10월 24일 최종안에 대한 심의가 시작되었다. 1,030조로 이루어진 최종 개정안은 축조심의를 지양하고 10개씩의 장으로 심의되었다. 최종안은 2001년 11월 22일 총회에서 통과된 새로운 민법은 2001년 12월 8일 관보에 게재됨으로써 효력을 발생하였다.

민법은 권(卷 : Kitap), 부(部 : Kisim), 장(障 : Bolum), 절(節 : Ayirim), 조(條 : Madde)로 나뉘어졌다. 민법은 4권으로 구성됐으며 총론을 비롯해 1권은 자연인과 법인 법, 2권은 가족법, 3권은 친족상속법, 4권은 물권법이다.

2권의 가족법은 1부 1장 가정생활법 : 혼인, 1부 2장 가정생활법 : 이혼, 1부 3장 가정생활법 : 가정생활의 일반 규정, 1부 4장 부부간의 재산권, 2부 1장 친족관계 : 혈연관계, 2부 2장 친족관계 : 가정, 3부 1장 법정대리인 관련 조항 등으로 이루어져 있다. 이 글에서는 가족법 가운데 1부의 특징을 살펴보고자 한다.[62)]

1) 가족법

2001년 가족법 개정과정에서 일관성 있게 지켜진 원칙은 현대법에서 보편적으로 받아들이고 있는 '남녀평등권'의 준수이며, 기존의 민법에 남녀평등권에 어긋나는 원칙이 있었다면 새로운 민법에서는 이것을 보완하거나 삭제하는 방법을 택하였다. 특히, 2001년 개정 가족법으로 터키에서 남녀평등권이 거의 완벽하게 보장된 것으로 법률 전문가들에 의해 평가받고 있다. 일부일처제 보장, 호주제 폐지, 부부 각자에게 가정을 대표할 수 있는 권한 부여, 부부간의 재산권 공평성 유지 등을 통하여 남녀평등권이 서구 국가와 동등한 수준으로 확보되었다. 특히, 부부간의 재산권을 공평하게 보장하는 것은 실제적인 남녀평등권을 실현하는 구체적인 수단이어서 부부간 재산권 공평성의 확보는 그 의미가 크다.

(1) 혼인

가족법의 1부 1장인 '혼인'에는 4개의 절이 있는데, 1절은 '약혼', 2절은 '혼인 자격과 장애 요건', 3절은 '혼인 신고와 의식', 4절은 '혼인 무효' 등으로 이루어져 있다.

약혼 관련조항은 118~123조이다. 118~119조에서 약혼은 혼인을 약속함으로 이루어지는데, 혼인을 강요할 법적 권리를 부여하지는 않는다. 121조에서 파혼으로 인해 개인의 권리가 침해된 자는 파혼 원인 제공자로부터 정신적 피해보상으로 '적당한 금액의 지불'을 요구할 수 있다고 해서 파혼 문제의 해결 방법을 구체적으로 제시하고 있다.

혼인 자격과 장애 요건 관련조항은 124~133조이다. 124조에서 혼인

62) 가족법을 상세히 다룬 중요 저서는 다음과 같다. Akinturk, Turgut, Yeni Medeni Kanuna Uyarlanmis Aile Hukuku, Istanbul, 2003; Yavuz, Cevdet, Turk Medeni Kanunu, Borclar Kanunu ve Diger Mevzuat, Istanbul, 2002. 이 두 책의 저자인 투르구트(Turgut)와 제브데트(Cevdet)는 터키 민법개정위원회의 위원으로 활동하였다.

연령을 남녀 공히 만 18세 이상으로 규정하고 있다. 만 18세 미만의 여성이 혼인할 경우 신체적, 정신적 측면에서 부정적인 영향을 미칠 수 있음을 근거로 2001년의 새 민법에서 혼인 연령의 상향조정이 이루어졌다. 그러나 특별한 경우에 한해서 판사는 만 17세 이상의 남녀에게 혼인을 허락할 수 있다.

130조에서는 재혼하려는 당사자는 이전의 혼인생활이 종료되었음을 증명할 수 있어야 한다고 규정해 일부다처의 가능성을 원천적으로 차단하였다. 민법 133조에서는 정신이상자의 경우 의학적으로 혼인생활에 문제가 없음을 보건당국의 증명서가 있으면 혼인이 가능하다고 밝히고 있다. 128조는 새로이 첨가되었는데, 판사는 명백한 이유 없이 후견인이 혼인을 반대하는 경우 후견인의 의견을 청취한 후에 혼인 당사자들에게 혼인을 허락할 수 있다고 규정하여 후견인의 권한을 의도적으로 축소하였다. 128조는 과거에 후견인의 과도한 개입으로 발생했던 문제들을 법적으로 처리하려는 의지를 분명히 밝힘으로써 전통에 대한 지나친 집착을 약화시키려고 했다. 전통과 이슬람 관행이 강조되는 농촌 지역에서는 부모들이 자녀들의 배우자를 결정하는 과정에서 주도적이었는데, 자녀들이 부모들의 결정에 불복하고 자신이 배우자를 선택해도 혼인이 사실상 불가능했었다. 그 결과 부모의 과도한 개입에 불복한 당사자들이 가출하여 타 지역에서 혼인을 하는 경우가 있었고, 부모들은 이를 가정의 불명예로 간주하고 부도덕에 대한 징계로 자신의 자녀를 살인하는 예가 적지 않았다. 특히, 남자에 비해서 여성의 경우에 부모의 허락 없이 혼인한다면 가정의 불명예로 여겨졌다.

혼인 신고와 의식 관련조항은 134~144조이다. 이 가운데 134조는 남녀평등권을 보장하고 있다. 이전의 민법 98조는 혼인할 남성이 자신의 거주지 관할 관청에 혼인신고를 해야 한다고 규정했다. 그러나 새 민법 134조는 혼인할 남녀는, 그들 가운데 한 사람이 거주하는 관할 관청의 혼인담당 직원에게 함께 신고한다로 변경하였다. 새 민법 143조에 '혼인 입회관은 공적 혼인식 종료 직후 신랑, 신부에게 혼인증서를 발급한다.

혼인증서가 없이는 종교적 혼인식이 이루어질 수 없다. 혼인의 유효성이 종교적 혼인식에 달려있지 않다.'고 밝히고 있어서 일부다처제의 원인이 되고 있는 전통적 이슬람식 혼인의 법적 효력을 무효화하고 있다.

혼인 무효 관련조항은 145~160조이다. 새 민법 145조 1항에 '부부 가운데 한 사람이 혼인식을 올리는 시점에 기혼'일 경우, 2항에 '부부 가운데 한 사람이 혼인식을 올리는 시점에 판단력이 없을 경우', 3항에 '부부 가운데 한 사람이 혼인식을 올리는 시점에 정신병이 있을 경우', 4항에 '부부 가운데 한 사람이 혼인식을 올리는 시점에 혼인할 수 없을 정도로 가까운 친척일 경우' 등으로 구분하여 혼인 무효 규정을 두고 있다. 특히, 1항으로 일부다처제의 가능성을 원천적으로 차단하였다.

(2) 이혼

가족법의 1부 2장인 '이혼'에는 이혼의 이유, 소송 방법, 별거 결정 등이 구체적으로 제시되었다.

민법은 남녀가 공히 법이 정한 이유에 따라 법원의 결정에 따라 이혼할 수 있음을 밝히고 있다. 과거 이슬람법과 관행은 이혼을 가급적 삼가도록 권하면서도 남성이 일방적 이혼권을 남용할 수 있는 사회적 분위기를 묵인했었다. 오늘날의 민법에서는 남녀가 공히 다음과 같은 사유가 있을 경우 이혼을 청구할 수 있다 : 간통(제 161조), 살해 시도나 부당한 행동, 명예훼손(제 162조), 부부 가운데 한 사람이 수치를 느끼게 하는 생활의 유지를 하는 경우(제 163조), 처자 부양의 유기와 6개월 이상의 실종(제 164조), 정신질환(제 165조), 혼인생활을 계속할 수 없는 정도의 중대한 사유(제 166조)이다. 법적으로는 이와 같은 사유가 있을 경우 이혼소송을 제기할 수 있지만 대부분 여성의 경제적 능력의 제한과 이혼녀에 대한 사회적 편견 등으로 여성은 법이 보장하는 평등권을 주장하기를 주저한다. 이혼 사유 가운데 하나인 가정 폭력의 경우도 부부간의 사생활로 간주돼 공권력이 개입하는 것을 꺼리거나 여성들조차 공론화를 주저한다. 또한 공론화하고 싶어도 교육 수준이 매우 낮은 농촌 여성들은 대체로 법 지식이 없거나 법의 활용 방법을 알지 못하므로 불이익을 당하게 된다.

이혼 사유를 안 다음 6개월이 지나면 소송을 제기할 수 없고, 간통이나 살해 시도 또는 부당한 행동, 명예훼손 행위를 한 지 5년이 지나면 소송을 제기할 수 없다고 161조와 162조에 밝히고 있다. 이혼 또는 별거 소송이 진행되고 있을 때 판사는 부부의 거주, 생활, 재산관리, 자녀 양육에 관하여 법정 명령을 내릴 수 있다(169조). 이혼이 결정된 뒤 여성이 혼인 전 자신의 성(姓)을 다시 사용하게 되며, 만일 이혼한 남편의 성을 사용하기를 원하고 이것이 남편에게 불이익을 주지 않을 것이라고 증명될 수 있다면 이혼한 남편의 성을 사용할 수 있도록 허락한다. 만일 이러한 조건이 지켜지지 않으면 남성은 자신의 성의 사용을 취소하도록 요구할 수 있다(173조).

이혼 사유가 된 사건으로 인해서 개인의 권리가 침해를 받았으면 이혼 사유를 발생시킨 당사자로부터 적당한 정신적 피해 보상금을 요구할 수 있다(174조). 이혼으로 인해 생활이 어렵게 된 자는 상대방에 비해 과실이 많지 않다는 것을 조건으로 재산의 일정 비율 정도 생활비를 무기한으로 요구할 수 있다(175조). 기존의 민법 제 144조에 '그러나 남성이 여성으로부터 생활비를 요구하려면 여성의 생활수준이 더 높아야 한다.'라는 구절은 남녀평등의 원칙에 어긋나는 것으로 여겨져 2001년 새 민법에서 삭제되었다. 이혼 결정이 난 뒤에 이혼으로 발생한 문제를 해결하려는 소송은 이혼 판결 이후 1년 내에 이루어져야 한다(178조).

(3) 가정생활의 일반 규정

1부 3장 가정생활의 일반 규정은 185~201조에 명시돼 있다. 가족법은 혼인을 단일가족의 구성 요소로 보고 있으며 가족 내의 부부의 권리와 의무를 규정하고 있다. 부부는 가정의 행복을 위해 협력해야 하며 자녀의 양육, 교육과 보호를 위해 함께 노력해야 한다. 부부는 함께 살아야 하며 서로를 존중하고 도와야 한다(185조). 부부는 거주할 장소를 함께 선택하며 가정을 함께 관리한다. 부부는 능력에 비례하여 가정 생활비를 노동 또는 자신의 재산으로 부담해야 한다(186조). 기존 민법 152조와 154조는 '남편이 가족의 호주이며, 주거지의 선택과 아내와 자녀부양 책임을 남편이 맡는다.'라고 명시해 남녀평등권을 약화시켰는데 반해, 새 민법에서는 부부가 거주지를 함께 선택할 뿐 아니라 남편이 '맡는다'는 표현을 삭제하고 부부가 생활비 부담에 있어서 공히 책임을 져야한다는 원칙을 받아들여 가정의 대표권이나 생활비 부담에 있어서도 남녀평등권을 보장하였다. 부부 가운데 어느 1인이 가정을 대표할 자격을 가지며, 만일 한 사람이 가정의 대표권을 사용할 경우에 제3자에 대해서도 지속적으로 책임을 져야 한다(188조). 기존의 민법에서는 한 가정의 부채에 대한 책임을 남편이 져야 한다는 원칙이 있었으나 새 민법에서는 남녀평등권에 입각한 부부 공동 책임제를 수용하였다(189조).

혼인 이후에도 여성이 성(姓)을 사용하기를 원한다면 남편의 성 앞에 써서 사용할 수 있도록 하였다(187조). 직업을 선택하는 과정에서 부부 중 어느 한 사람이 직업을 선택하는데 상대방의 허락을 받을 필요가 없으며 자신이 원하는 직업을 선택하여 지속시키는 데 자유롭다고 밝히고 있다(192조). 과거에는 여성이 직업을 선택하는 과정에서 일반적으로 남편의 허락을 받는 규정이 있었으나, 이 규정이 남녀평등원칙에 어긋나므로 새 가족법 192조는 부부간의 직업 선택의 자유를 명시하고 있다.

(4) 부부의 재산권

1부 4장 부부의 재산권은 202~281조에 명시돼 있다. 4장은 부부 재산권의 일반 규정, '개인재산과 취득재산공유제', '재산별산제', '별산중시형 공유재산분배제', '공동재산제' 등으로 구성돼 있다. 부부간의 재산권을 공평하게 보장하는 것은 실제적인 남녀평등권을 실현하는 구체적인 수단이다. 따라서 터키 가족법은 부부간의 재산권 공평성 보장을 통해 서구 수준의 남녀평등을 이루었다고 평가된다.

'재산별산제'를 보완할 수 있는 규정이 '개인재산과 취득재산공유제'

또는 '별산중시형 공유재산분배제', '공동재산제' 규정이라고 할 수 있다. '재산별산제'는 재산의 명의자가 그 재산을 관리하며 그 재산에서 생기는 이익도 소유하거나 처분할 수 있게 권리를 갖는다(242조). 예를 들어, 부동산이 아내의 명의로 되어 있다면 아내가 부동산과 그 수익의 법적 소유자가 된다는 점에서 부부의 재산별산제는 표면적으로 평등한 재산관계인 것 같지만, 부동산의 명의를 남편 이름으로 하는 것이 대세인 국가에서는 실질적으로 남녀 불평등을 초래할 수 있다.

터키 가족법 202조에 '부부 재산권은 개인재산과 취득재산공유제가 기본적으로 적용된다. 그러나 부부는 법에 명시된 여타의 재산권 관리제도를 약정할 수 있다.'라고 명시돼있다. 여타의 재산권 관리제도로 재산별산제, 별산중시형 공유재산분배제, 그리고 공동재산제 등이 있다. 그러나 실질적으로 공동재산제를 제외한 나머지 세 가지 규정은 유사하다. 재산별산제 규정을 보완하기 위해서 도입한 규정이 '개인재산과 취득재산공유제'와 '별산중시형 공유재산분배제'이다.

터키에서는 재산별산제를 일부 보완한 '개인재산과 취득재산공유제'를 기본적으로 적용하고 있다. 부부 관계가 종료되었을 경우 부부 각 당사자는 자신의 개인재산임을 증명하지 못할 경우 그 재산은 혼인 후에 취득된 공유재산으로 보고 공평하게 분배한다(222, 226조).

'별산중시형 공유재산분배제'는 부부간의 개인재산을 구분하여 별산을 중시하지만 부부 어느 한편에게 속한 재산인지를 증명하지 못하는 재산은 공유재산으로 인정하고 공평하게 분배한다(245, 248조).

공동재산제는 남편의 명의로만 등기해도 주택의 1/2지분이 아내에서 귀속되어 혼인 후 가사와 육아를 전담하는 여성의 지위를 가장 효과적으로 보호할 수 있는 제도로 평가되고 있다. 터키 가족법 256조는 부부의 공동재산제를 '공동재산제는 공동의 재산과 부부의 개인재산을 포함한다.'라고 밝히고 있어 부부의 모든 재산은 공동 재산이 된다. 257조는 '부부 중 어느 한편이 단독으로 공동재산을 처분할 권리를 가지지 못한다.'고 밝힘으로써 남편이나 아내가 다른 한편의 동의 없이 임의대로 공동재산을 처분할 수 없음을 명시하고 있다.

4. 남녀평등권을 중시한 개정 가족법

오스만제국이 존속하는 동안 이슬람법 샤리아(Shariah)에 기초한 가족법은 커다란 변화 없이 적용되었다. 그 이유는 오스만제국의 통치자들이 이슬람 법 분야에서 근본적인 변화를 요구할 자격이나 권위를 가지고 있다고 보지 않았고 또한 일반 대중도 가족관계에 있어서 종교 지향적이며 전통적이었기 때문이다. 오스만제국이 제1차 세계대전에 참전해 위기 상황에 있었던 1917년에도 이슬람 가족법이 일부 개정되었지만 이슬람 원리의 일체성에 있어서 변화가 시도되지는 않았다. 단지, 1917년의 가족법에서는 여성에게 특별한 상황에서 이혼권이 주어졌다는 점에서 여성의 권리가 일부 확대됐다는 긍정적인 특징을 찾아볼 수 있다. 이 가족법은 기존 이슬람법이 개혁될 수 있다는 가능성을 제시해 준 좋은 사례라고 할 수 있다.

그러나 터키 가족법의 전격적인 서구화는 오스만제국의 붕괴 이후 발생한 정치적 변화를 기점으로 이루어졌다. 6세기 동안 유지된 이슬람법에 기초를 둔 가족법의 개혁은 다수의 서구 지향적 정치 지도자의 출현으로 가능해 진 것이다. 공화국 건국을 주도한 정치 지도자들은 터키 여성에 대한 새로운 인식을 갖게 돼 여권을 제한하고 있던 기존의 가족법을 과감히 폐기하고 서구식 수준의 가족법을 도입하기로 결정하였다. 무스타파 케말을 비롯한 서구 지향적 정치 지도자들이 독립전쟁의 승리 후 여성의 희생적 지원을 극찬하고 여성을 사회적 동반자이자 영웅으로 평가했던 여성관의

중소기업을 운영하는 한 중산층 가족

변화가 남녀평등권을 보장하는 서구식 가족법 도입의 원동력으로 작용했다.

터키공화국 건국 과정에서 주역을 맡은 정치인들이 서구화주의자들이었으므로 서구의 법을 수용하고자 했으며, 특히 남녀평등권을 중시한 스위스 민법(1912년 시행)을 일부 개작하여 터키공화국의 민법 초안으로 삼았다. 정치인들은 민법 초안 제출서에서 '현대 국가간의 지속적인 사회, 경제적 관계는 인류를 하나의 가족 집단으로 만들었으며 이러한 일들이 현재에도 진행되고 있음을' 강조하며 터키의 서구화를 유도하였다.

1926년에 발효된 가족법은 남녀평등권을 중시하는 원칙을 따라 1990년까지 15차례의 개정을 거쳐 변화를 거듭해 왔다. 2001년 12월에 발효된 최신 개정 가족법은 남녀평등권의 원칙을 철저히 지킨 것으로 평가되고 있다. 최신 개정 가족법에서 일부일처제를 비롯해 호주제 폐지, 부부에게 동등한 이혼 권한의 부여, 평등한 재산권 보장 등을 통해 남녀평등권이 최대한 보장되었다.

이와 같은 서구적 수준의 가족법이 다른 중동 국가들에게 과연 모델이 될 수 있는 가능성이 어느 정도나 되는가에 대해 명확한 해답을 찾기는 곤란하다고 본다. 그 이유는 국가별로 정치 지도자와 국민의 개혁적 성향이 동일하지 않기 때문이다. 하지만 터키의 가족법이 전체 국민의 98%를 차지하는 무슬림들에게도 부작용 없이 적용되고 있다는 점이 다른 중동 국가의 정치 지도자나 국민들에게 적지 않은 관심을 유발하는 효과를 갖고 있다는 것은 명확하다고 본다.

1926년에 서구 수준의 가족법을 수용한 정치 지도자들은 터키에서 남녀 관계가 평등해질 수 있는 발단을 제공해 준 동시에 남녀평등의 중요성을 인식한 후속 세대로 하여금 기존 가족법의 문제점을 지속적으로 보완해 갈 수 있는 지식과 지혜를 갖게 하였다.

【참고문헌】

한국어

서재만, 1994, "터키에 있어서 여성의 사회적 지위", 『지역연구』(서울대), 제3권 제1호.

이희수, 1993, 『터키사』, 대한교과서.

Lewis, Bernard, 1994, 『오스만제국 근대사』, 역자 김대성, 펴내기.

영어

Arat, Yesim, 1986, "From the Private to the Political Realm", *The Study of Women in Turkey*, Istanbul.

Esposito, John L., 1982, *Women in Muslim Family Law*, Syracuse University Press.

Kandiyoti, Deniz, 1991, "End of Empire : Islam, Nationalism and Women in Turkey", *Women, Islam and the State*, Philadelphia, http://leguin.haylaz.org

Narli, Nilufer, 1999, "Modernization, Political Islam and Women", *Kadin Arastirmalari Dergisi*, Sayi:5, Istanbul.

Shaw, Stanford, 1976, *History of The Ottoman Empire and Modern Turkey*, Cambridge Univ. Press, Vol.I.

Shaw, Stanford and Shaw, 2002, Ezel Kural, *History of The Ottoman Empire and Modern Turkey*, Cambridge Univ. Press, Vol.II.

터키어

Akgunduz, Ahmet, 1986, *Mukayeseli Islam ve Osmanli Hukuku Kulliyati*, Diyarbakir.

Akinturk, Turgut, 2003, *Yeni Medeni Kanuna Uyarlanmis Aile Hukuku*, Istanbul.

Aydin, Mehmet Akif, 1996, *Islam ve Osmanli Hukuku Arastirmalari*, Istanbul.

Demir, Sevgi, 2004, *Turk Medeni Kanunu*, Aile Hukuku, Ankara.

Dogramaci, Emel, 1997, *Turkiye'de Kadinin Dunu ve Bugunu*, Ankara.

Dursun, Davut, 1989, *Osmanli Devleti'nde Siyaset ve Din*, Istanbul.

Eroglu, Hamza, 1990, *Turk Inkilap Tarihi*, Ankara.

Eyuboglu, Ismet Zeki, 1993, *Tarikatlar*, Istanbul.

Tekeli, Sirin, “Kadin”, 1983, *Cumhuriyet Donemi Turkiye Ansiklopedisi*, Istanbul.

Yavuz, Cevdet, 2002, *Turk Medeni Kanunu, Borclar Kanunu ve Diger Mevzuat*, Istanbul.

인터넷 사이트

http://www.belgenet.com/yasa/medenikanun/tarihce.html61)

http://www.belgenet.com/yasa/medenikanun/tarihce.html

http://www.belgenet.com/yasa/medenikanun/gerekce_1926.html

XII

혼인에 대한 이해와 실천

XII 혼인에 대한 이해와 실천

1. 가족법의 서구화

이슬람권에 속해 있으나 이집트 같은 국가에서 적용하는 가족법은 이슬람법에 근거를 두고 있는가 하면, 튀니지의 가족법이 서구의 가족법을 일정 부분만 받아들여 적용하고 있는 데 비해서 터키 같은 국가는 서구식 가족법을 도입해 적용하고 있다.[63] 터키에서는 이미 1923년 10월 터키공화국의 건국과 함께 법체계를 현대화해야 한다는 논의가 시작되었다. 1924년에는 법률가 출신의 국회의원, 교수, 법관 및 변호사 등 26명으로 구성된 민법준비위원회가 터키 민법안의 초고를 마련하였다. 이 위원회에 의해서 만들어진 터키공화국의 민법 초안은 1926년 2월 17일 국회에서 통과됐으며, 서구식 민법은 같은 해 10월 4일부터 발효되었다.[64] 최신 개정 가족법은 터키에서 2001년 12월에 발효됐으며 남녀평등권의 원칙을 철저히 보장하고 있는 것으로 평가되고 있다. 최신 개정 가족법에서 일부일처제를 비롯해 호주제 폐지, 부부에게 동등한 이혼 권한의 부여, 평등한 재산권 보장 등을 통해 남녀평등권이 최대한 보장되었다.

이혼에 있어서는 법적으로는 남녀평등권이 보장돼 있으나 현실적으

63) 김대성 외, 이슬람의 가족법, 여성권리의 시각에서 본 개혁의 가능성, 현지 인터뷰 조사 자료집, 2004

64) 김대성, 위의 책, 지중해지역연구, 제6권 제1호, pp. 18~19.

로는 남성에 비해 여성이 약간 불리한 것으로 여겨진다. 여성의 이혼에 대해서는 터키 사회가 부정적으로 평가하고 있다는 측면을 볼 때 가족법이 추구하는 원칙인 남녀평등권이 사회적으로는 철저히 지켜지지 않는 것으로 받아들일 수 있다.65)

이 글에서는 앙카라에 거주하는 중류층에게 설문지를 배포한 뒤 받은 응답을 기초로 삼아서 그들이 혼인에 대해 이해하고 적용하는 방식을 알아보았다. 응답자는 혼인한 일반 여성과 남성을 대상으로 삼았다.

2. 조사 대상자 선택과 성격

터키에서 설문조사는 앙카라에 소재하고 있는 한 앙케트 조사연구소의 주선으로 아르바이트 학생들이 현장 조사를 수행했다. 조사 대상지로는 중류층 주민이 거주하는 곳의 대형 마켓을 주로 이용했으며, 아르바이트 학생들이 대형 마켓에 쇼핑하러 온 주민들에게 접근하여 설문지를 배포하였다. 비용은 설문지 조사연구소가 정한 원칙에 따라 정적하게 지불했으며 설문지에 총 210명이 응답하였다. 여성 응답자가 총 103명이었고, 남성 응답자는 총 107명이었다. 각 문항마다 응답자 수가 약간 씩 차이를 보여 문항별 유효 퍼센트가 달라질 수밖에 없었다. 표본으로 삼은 조사 대상자의 성격은 아래와 같이 분류된다.

앙카라의 한 아파트단지

조사 대상자는 혼인한 여성 103명, 혼인한 남성 107명 모두 210명으로 이루어졌다. 부부가 동시에 설문에 응할 수 없도록 했으므로 결과적으로 혼인한 210쌍에 대한

65) 김대성, 위의 책, 한국중동학회논총 제25~1호, p. 150

설문조사이다. 표본 가운데 여성이 49.05%, 남성이 50.95%를 각각 차지한다. 조사 대상자를 나이, 학력, 혼인여부, 혼인기간, 계층에 따라 구별해 보았다. 혼인여부에 따라 조사 대상자을 구별한 이유는 응답자 모두는 혼인을 했었으나, 현재에는 혼인 관계에 있지 않은 상태를 알아보기 위함이다.

표 2.1 나이에 따른 조사 대상자 분석

	여성		남성		합계	
	N	%	N	%	N	%
20세 미만	1	1.0			1	.5
20~30세	32	31.1	16	15	48	22.9
30~40세	41	39.8	44	41.1	85	40.5
40~50세	21	20.4	38	35.5	59	28.1
50~60세	4	3.9	5	4.7	9	4.3
60세 이상	4	3.9	4	3.7	8	3.8
합계	103	100	107	100	210	100

표 2.1에서 나타난 것처럼 조사 대상자 가운데 가장 높은 비율을 차지하는 나이는 여성의 경우 39.8%로 30~40세이며, 남성의 경우도 41.1%로 30~40세이다. 두 번째로 다수를 차지하는 나이는 여성의 경우 31.1%로 20~30세이고 남성의 경우는 35.5%로 40~50세이다. 주로 응답한 연령층은 여자와 남자 모두 20~50세 사이였다. 조사 대상자 가운데 20~30세 여성이 31.1%를 차지하는 반면 20~30세 남성이 15%를 차지하는 것은 여성이 비교적 일찍 혼인할 수 있으나 남성은 20대에 혼인하기가 쉽지 않음을 보여준다. 20세 미만은 여성에게서 1명이 나타나고 남성은 전혀 응답하지 않았다. 이는 20세 미만의 혼인이 대도시에서 흔치 않은 사실을 보여주는 것이다. 참고로, 터키 통계청의 자료에 따르면 1990년 도시에서 혼인 평균 연령은 여성 21.2세, 남성 23.3세이고 농촌에서 혼인 평균 연령은 여성 19.5, 남성 20.4였는데, 1996년 도시에서 혼인 평균 연령

은 여성 22.3세, 남성 26.2세, 농촌에서 혼인 평균 연령은 여성 21.7세, 남성 25.2세로 높아졌다.66)

표 2.2 학력에 따른 조사 대상자 분석

	여성		남성		합계	
	N	%	N	%	N	%
초등졸 이하	13	12.6	21	19.6	34	16.2
중졸	4	3.9	13	12.1	17	8.1
고졸	43	41.7	38	35.5	81	38.6
대졸	33	32.0	32	29.9	65	31.0
대학원 이상	10	9.7	3	2.8	13	6.2
합계	103	100	107	100	210	100

위의 조사 대상자 가운데 고졸 여성이 41.7%로 가장 높은 비율을 차지하고, 고졸 남성도 35.5%로 가장 많다. 여성은 고졸 이상이 대부분을 차지하여 저학력 비율이 낮으나, 남성은 초등, 중학교졸(이하 초중졸)이 31.7%, 고졸이 35.5%, 대졸과 대학원 이상이 32.7%로 나타나 남성 조사 대상자은 학력간에 균형을 이루었다.

여성과 남성을 학력별로 구분해 볼 때 여성의 학력 수준이 높게 나타났는데 이는 응답하는 성향에도 영향을 미칠 중요 변수로 보아야 할 것이다. 여성 응답자 가운데 초등졸 이하와 중졸 응답자가 17명이고, 남성 응답자 가운데 초등졸 이하와 중졸 응답자가 34명인 점은 전체적으로 여성이 남성보다 진보적 성향을 반영하는 요소로 받아들여야 할 것이다. 여성 응답자 103명 가운데 고졸 이상이 86명이며 남성 응답자 107명 가운데 73명이 고졸 이상이므로 여성의 학력이 전반적으로 높게 나타났다. 하지만, 터키에서 전반적으로 고졸 이상 학력에서는 여성이 남성에 비해서 적다. 터키 통계청 자료에 따르면 1996~1997학년도에 대학과 전문대학 이상에 등록된 비율은 여성이 15.5%, 남성이 23.1%로 조사됐

66) http://www.un.org.tr/undp/docs/women_turkey.pdf. p.14

다.[67] 응답자들의 학력은 터키 평균 학력에 비해 높게 나타났다.

저학력 여성 응답자가 저학력 남성 응답자보다 적은 이유는 설문이 주로 외부에서 이루어졌고 대체로 보수적인 저학력 여성이 이러한 설문에 응하는 것을 매우 부담스러워하기 때문에 설문 응답을 피한 것으로 인식된다.

표 2.3 혼인여부에 따른 조사 대상자 분석

	여성		남성		합계	
	N	%	N	%	N	%
예	88	85.4	101	94.4	189	90
아니오	15	14.6	6	5.6	21	10
합계	103	100	107	100	210	100

혼인여부에 따라 조사 대상자을 구별한 이유는 혼인을 했었으나 현재 혼인 관계에 있지 않은 상태를 알아보기 위함이다. 여성의 14.6%와 남성의 5.6%가 혼인 상태에 있지 않다는 것은 이혼을 했거나 별거 중임을 의미한다. 혼인 상태에 있지 않은 여성이 남성보다 많게 나타났다.

표 2.4 혼인기간에 따른 조사 대상자 분석

	여성		남성		합계	
	N	%	N	%	N	%
5년 이하	27	26.2	18	16.8	45	21.4
5~10년	15	14.6	12	11.2	27	12.9
10~15년	22	21.4	33	30.8	55	26.2
15~20년	15	14.6	23	21.5	38	18.1
20년 이상	17	16.5	17	15.9	34	16.2
무응답	7	6.8	4	3.7	11	5.2
합계	103	100	107	100	210	100

67) http://www.un.org.tr/undp/docs/women_turkey.pdf. p.17

혼인 기간에 따라 분류하면 여성들 가운데 5년 이하가 26.2%로 가장 많고, 두 번째로 10~15년이 21.4%, 20년 이상이 세 번째이다. 남성 가운데 10~15년이 30.8%로 가장 많고, 다음으로 15~20년이다. 남성 가운데 10~15년과 15~20년 간 결혼 생활을 한 집단이 과반수를 이룬다.

표 2.5 계층에 따른 조사 대상자 분석

	여성		남성		합계	
	N	%	N	%	N	%
상	28	27.2	25	23.4	53	25.2
중	68	66.0	69	64.5	137	65.2
하	7	6.8	13	12.1	20	9.5
합계	103	100	107	100	210	100

앙카라의 주택가

여성 응답자의 66%, 남성 응답자의 64.5%가 중류층으로 답했고, 상류층에서도 여성이 27.2%, 남성이 23.4%로 나타났다. 전반적으로 여성의 93.2%, 남성의 87.9%가 중류층 이상이다.

따라서 설문지 응답자 가운데 여성은 20~40세(70.9%), 고졸 이상(83.4%), 중상류층(93.2%)이 다수를 이루고, 남성은 30~50세(76.6%), 고졸 이상(68.2%), 중상류층(87.9%)이 다수를 차지한다. 여성이 더 젊고 학력이 높으며 중상류층이 많아서 남성보다 진보적인 성향을 보일 것으로 여겨진다.

3. 설문지 분석

설문지 분석은 주로 설문 응답자의 성별과 학력, 계층을 변수로 분석되었다. 그렇다고 이와 같은 변수가 모두 터키인의 혼인에 대해 이해할 수 있는데 유의미하지는 않다. 계층은, 처음부터 중류층을 중심으로 조사를 시도했고 여성의 66%와 남성의 64.5%가 중류층에 속하고 여성의 6.8%와 남성의 12.1%가 하류층에 속하므로 중류층과 하류층의 특성을 구분하기가 쉽지 않아 계층에 따른 분석은 커다란 의미를 전달하지 못한다. 학력별로 분류해 볼 때 초등졸 이하와 중졸을 저학력 집단으로, 대졸과 대학원 이상을 고학력 집단, 고졸을 중간학력 집단으로 구분하여 의미를 찾을 수 있다고 본다. 여성 가운데 저학력 집단이 16.5%, 중간학력 집단이 41.7%, 고학력 집단이 39.7%로 나뉘고, 남성 가운데 저학력 집단이 31.7%, 중간학력 집단이 35.5%, 고학력 집단이 32.7%로 나뉘어서 비교적 각 집단이 균등한 비율을 차지하기 때문이다. 특히, 남성 집단은 학력간에 비율이 균형이 있게 분포되어서 특성과 의미를 찾기에 적합하다고 평가된다.

1) 혼인의 결정과 조건

(1) 배우자

당신의 배우자는?

	합계		사촌		사촌 외 친척		친척 외	
	N	%	N	%	N	%	N	%
여성	103	100	-	-	14	13.6	89	86.4
남성	107	100	7	6.5	21	19.6	79	73.8
합계	210	100	7	3.3	35	16.7	168	80

터키에서는 사촌간의 혼인 비율이 낮은 것으로 나타났다. 여성들에게서 사촌 간 혼인에 응답자가 없었고 남성에게서 7명이 답하였는데 그 비율이 높다고 볼 수 없다. 하지만, 사촌 외 친척 간 혼인은 여성과 남성에게서 응답자가 다수 나왔고 사촌 외 친척 간 혼인비율도 여성보다는 남성에게서 높게 나왔다.

학력별 배우자의 친인척

		초졸 이하		중졸		고졸		대졸		대졸이상		합계	
		여성	남성	여성	남성	여성	남성	여성	남성	여성	남성	여성	남성
사촌	N		4		1		1				1		7
	%		19.0		7.7		2.6				33.3		6.5
친척	N	3	6	2	5	5	7	4	3			14	21
	%	23.3	28.6	50.0	38.5	11.6	18.4	12.1	9.4			13.6	19.6
친척 외	N	10	11	2	7	38	30	29	29	10	2	89	79
	%	76.9	52.4	50.0	53.8	88.4	78.9	87.9	90.6	100	66.7	86.4	73.8
합계	N	13	21	4	13	43	38	33	32	10	3	103	107
	%	100	100	100	100	100	100	100	100	100	100	100	100

여성 조사대상자 103명 가운데 14명, 남성 조사대상자 107명 가운데 28명이 사촌을 포함하여 친척과 혼인한 것으로 나타났다. 전체적으로 여성이 사촌 외 친척과 혼인하는 비율은 13.6%, 비친척과 혼인하는 비율은 86.4%이다. 남성이 사촌을 포함하여 친척과 혼인하는 비율은 26.1%, 비친척과 혼인하는 비율은 73.8%이다. 남성이 전체적으로 볼 때 여성에 비해서 사촌을 포함하여 친척과 혼인하는 비율이 높았다.

여성이 친척과 혼인하는 비율은 초등졸 이하에서 3/13명으로 23.1%, 중졸에서는 2/4(4명 중 2명)명으로 50%로 높게 나타났고. 반면에, 고졸에서는 5/43명으로 11.6%, 대졸에서 12.1%, 대학원 이상에서는 없는 것으로 각각 나타나 여성의 학력이 높아질수록 친척과 혼인하는 비율이 점차 낮아졌다. 남성이 사촌을 포함하여 친척과 혼인하는 비율은 초등졸 이하에서 10/21(21명 중 10명)명으로 47.6%로서 높다. 중졸에서도 6/13명으로 46.2%로서 역시 높게 나타났다. 고교 졸업자에서는 8/38명으로 21%, 대졸에서는 3/32명으로 9.4%로 남성의 학력이 높아질수록 친척과 혼인하는 비율이 점차 낮아졌다. 대학원 이상에서는 3명 중 1명이지만 조사 대상자 수가 적어 의미를 지니지 못한다.

남녀 모두 학력이 낮을수록 사촌을 포함하여 친척과의 혼인 비율이 높게 나타났다. 초등졸 이하 여성과 남성이 친척과 혼인하는 비율은 여성이 23.1%, 남성이 47.6%로 남성이 2배 이상 높게 나타났다. 터키 통계청의 1993년 자료에 따르면 여성의 친척과의 혼인 비율은 22.6%로 나타났는데,[68] 앙카라 거주 여성의 친척과의 혼인 비율인 13.6%보다는 높게 나타났지만 앙카라 거주 초등학교 졸 여성의 친척과의 혼인 비율인 23.1%보다는 낮은 것이다.

학력이 낮을수록 남성이 친척을 배우자로 선택한 비율이 높은 것은 남성이 친척 외에 여성과 접촉할 수 있는 사회적 환경이 제한되어 있으며 동시에 관습을 중시하는 경향을 보여주고 있다. 전통적으로 남성이 친척 여성을 배우자로 선택하면 상대 여성이 남성의 제의를 거절하기가 쉽지 않다는 관습을 남성이 배우자를 친척 가운데서 비교적 많이 선택한 사실에서 확인할 수 있다. 특이할만한 점은 여성들이 배우자로 사촌을 선택하지 않았다는 점이다. 설문지에 응답한 여성들이 초등졸과 중졸이라고 해도 진보적 성향을 가져 사촌간의 혼인을 의도적으로 피했을 것으로 여겨진다.

(2) 배우자를 만난 방법

전체적으로 여성이 배우자를 만나게 된 계기를 다수 응답 순으로 연애(38.8%), 기타(20.4%), 가족의 권유(16.5%), 중매인(12.6%), 친구 소개(10.7%) 등으로 나열할 수 있다. 남성이 배우자를 만나게 된 계기를 다수 응답 순으로 연애(28%), 가족의 권유(27.1%), 중매인(19.6%), 친구 소개(12.1%), 기타(12.1%) 등으로 나열할 수 있다. 기타 답변에 대해서는

68) http://www.un.org.tr/undp/docs/women_turkey.pdf. p.15

선생님의 소개, 종교 지도자의 소개, 직장 상사의 소개 등을 들 수 있을 것이다.

남성과 여성 공히 연애의 비중이 가장 높았고, 가족의 권유도 높은 비중을 차지했으나 여성의 경우 기타의 경우가 두 번째를 차지했다. 터키에서는 여성이나 남성이 자유롭게 연애할 수 있는 기회가 주어지므로 사회의 서구적 분위기가 보장되고 있다는 것을 알 수 있었다. 하지만 가족의 권유 또한 연애 못지않게 배우자를 만나는 중요한 계기가 된다는 점은 여전히 가족의 의견이 고려되어야 할 중요한 사항으로써 전통적인 방식이 상당히 유지되고 있음을 시사하는 것이다.

배우자를 만나게 된 계기는?(학력별 분류)

		초졸 이하		중졸		고졸		대졸		대졸이상		합계	
		여성	남성	여성	남성	여성	남성	여성	남성	여성	남성	여성	남성
가족 권유	N	3	9	2	5	6	8	6	7			17	29
	%	23.1	42.9	50.0	38.5	14.0	21.1	18.2	21.9			16.5	27.1
친구 소개	N	1	2		3	7	2	3	6			11	13
	%	7.7	9.5		23.1	16.3	5.3	9.1	18.8			10.7	12.1
중매인	N	7	8	1	1	5	10		2			13	21
	%	53.8	38.1	25.0	7.7	11.6	26.3		6.3			12.6	19.6
연애	N	2	1	1	1	16	12	12	13	9	3	40	30
	%	15.4	4.8	25.0	7.7	37.2	31.6	36.4	40.6	90.0	100	38.8	28.0
채팅	N							1	1			1	1
	%							3.1	3.0			1.0	0.9
기타	N		1		3	9	6	11	3	1		21	13
	%		4.8		23.1	20.9	15.8	33.3	9.4	10.0		20.4	12.1
합계	N	13	21	4	13	43	38	32	33	10	3	103	107
	%	100	100	100	100	100	100	100	100	100	100	100	100

여성이 배우자를 만나는 계기로 연애를 선택한 비율이 남성의 특징과 유사하다. 초등졸 이하에서는 응답자 비율이 2/13명, 중졸에서는 1/4명, 대졸에서 12/33, 대학원 이상에서는 9/10명이었다. 남성이 배우자를 만

나는 계기로 연애를 선택한 비율은 초등졸 이하와 중졸에서 매우 낮으며 학력이 높을수록 연애의 비중이 점차 커지고 있음을 보게 된다. 초등졸 이하에서는 응답자 비율이 1/21명(21명 중 1명)이고, 중졸에서는 1/13명이며, 대졸에서는 13/32명이며, 대학원 이상에서는 3/3명이었다.

남성이 배우자를 만나는 계기로 가족의 권유를 선택한 비율이 전체적으로 27.1%인 것과는 달리 여성이 배우자를 만나는 계기로 가족의 권유를 선택한 비율은 전체적으로 16.5%로 상대적으로 매우 낮았다. 남성 초등졸 이하에서 가족의 권유 비율이 9/21명으로 응답자의 42%에 해당하는 반면 여성 초등졸 이하에서는 3/13명으로 응답자의 23%에 그쳤다.

위의 내용을 고려해 볼 때 전체 응답자 가운데 여성이 남성에 비해서 좀 더 진보적 성향을 가진 것으로 나타났다.

(3) 배우자의 조건(복수 응답)

배우자 선택 시 가장 우선적으로 고려한 세 가지는?

	여성		남성	
	N	%	N	%
외모	20	8.0	24	9.8
재산	25	10.0	9	3.7
가문	34	13.5	70	28.6
직업	33	13.1	7	2.9
학력	34	13.5	25	10.2
성격	95	37.8	91	37.1
종교	10	4.0	19	7.8
합계	251	100	245	100

배우자의 조건에 대해서는 한 응답자가 제시된 조건 가운데 세 가지를 선택할 수 있도록 하였다. 전체적으로 분석해 볼 때, 여성들이 배우자를 선택하는 과정에서 가장 우선적으로 고려한 세 가지 요소가 성격 95명, 가문 34명, 학력 34명, 직업 33명, 재산 25명, 외모 20명, 종교 10명

이스탄불의 주상복합 건물

등으로 나타났다. 남성들의 경우에 가장 우선적으로 고려한 세 가지 요소를 다수 응답 순으로 성격 91명, 가문 70명, 학력 25명, 외모 24명, 종교 19명, 재산 9명, 직업 7명 등으로 나열할 수 있다. 여성과 남성이 동일하게 배우자 선택 사항으로 가장 중요한 요소를 성격으로 보았다. 남성은 가문을 두 번째로 중요하게 여겼는데, 여성도 가문을 중요하게 여기긴 했으나 학력이나 직업과 거의 동급으로 받아들였다. 여성이 학력이나 직업을 가문만큼 중요하게 여긴 것은 현실적 요인을 가볍게 볼 수 없다는 의미로 받아들여야 한다. 남성은 여성의 재산이나 직업에 관심을 보이지 않은 반면에, 여성은 남성의 직업이나 재산에 상대적으로 우선순위를 두었다. 남성이 가장 관심을 보이지 않은 요소는 여성의 직업이지만 여성이 가장 관심을 보이지 않은 부분은 종교로 나타났다. 전통적인 터키 남성들은 여성들이 직업을 갖고 사회활동을 하는 것을 바람직스럽게 보지 않기 때문이다. 여성이 가장 적게 관심을 보인 부분이 종교였는데, 이와 대조적으로 종교적인 남성은 보수적 성향을 가지고 있기 때문에 여성을 선택할 때의 고려 대상에서 직업이 가장 하위에 머물게 된 것이다. 이러한 맥락에서 여성이 남성에 비해 종교에 관심을 두지 않았다고 볼 수 있다. 물론, 터키인들의 98%가 무슬림이므로 당연히 배우자의 거의 대부분이 무슬림이지만, 여기서 의미하는 종교는 종교의 보수적 성향으로 이해해야 한다.

(4) 혼전 교제기간

남녀 응답자 전체가 공히 혼전 교제 기간으로 2년 이상을 가장 많이 선택했다. 여성의 42.7%, 남성의 34.9%가 혼전에 2년 이상 교제함으로써 혼인을 갑자기 서두르지 않고 충분히 상대방을 알아볼 기회를 갖으려는 성향을 보이고 있다. 특히, 2년 이상의 교제 기간에 응답한 고학력자들은 다른 응답자들에 비해서 월등히 많았다. 교제 기간을 2년 이상으로 선택한 여성 응답자는 대졸에서 20/33명으로 60.6%, 대학원 이상에서 10/10명으로 100%, 남성 응답자는 대졸에서 15/ 32명으로 46%, 대학원 이상에서 3/3명으로 100% 등으로 매우 높게 나타났다.

혼전 교제 기간은?

		초졸 이하		중졸		고졸		대졸		대졸이상		합계	
		여성	남성	여성	남성	여성	남성	여성	남성	여성	남성	여성	남성
3달 이내	N	6	5	1	1	2	5	1				10	11
	%	46.2	25.0	25.0	7.7	4.7	13.2	3.0				9.7	10.4
3~6 개월	N	2	3	1	3	4	4	3	3			10	13
	%	15.4	15.0	25.0	23.1	9.3	10.5	9.1	9.4			9.7	12.3
6월~ 1년	N	1	2		3	12	12	6	8			19	25
	%	7.7	10.0		23.1	27.9	31.6	18.2	25.0			18.4	23.6
1~2년	N	2	2	1	4	14	8	3	6			20	20
	%	15.4	10.0	25.0	30.8	32.6	21.1	9.1	18.8			23.6	19.4
2년 이상	N	2	8	1	2	11	9	20	15	10	3	44	37
	%	15.4	40.0	25.0	15.4	25.6	23.7	60.6	46.9	100	100	42.7	34.9
합계	N	13	20	4	13	43	38	33	32	10	3	103	106
	%	100	100	100	100	100	100	100	100	100	100	100	100

고학력자들과는 대조적으로 저학력자들은 혼전 교제 기간으로 3달 이내를 비교적 많이 선택했다. 3달 이내의 교제 기간을 선택한 여성 응답자는 초등졸 이하에서 6/13명으로 46%, 남성 응답자는 초등졸 이하에서 5/20명으로 25%로 나타나 최저학력에서는 여성들이 남성과 비교해서 단기간의 교제 기간을 갖는 것으로 나타났다.

전체적으로는 남녀 공히 과반수가 혼전 교제 기간을 1년 이상으로 응답했다. 남성은 57/106명으로 53.7%, 여성은 64/103명으로 62.1%로 나타나 앙카라 거주 중류층은 1년 이상의 교제 기간을 선호하는 것으로 이해될 수 있다.

(5) 배우자의 순결

여성의 순결에 대해서 남성과 여성이 전체적으로 다른 의견을 보였다. 여성 응답자 가운데 45/100명으로 45%가 여성의 순결을 매우 중요하게 여긴 반면, 남성 응답자 가운데 89/107명으로 83%가 여성의 순결을 매우 중요하게 여겨서 이 부분에서 의견의 차이가 크게 나타났다. 특히, 남성 응답자 가운데 고졸 이하에서는 여성 순결에 대해 거의 대부분이 매우 중요하게 생각했고, 대졸과 대학원 이상에서는 9/35명으로 25.7%가 여성 순결을 중요하지 않게 받아 들였다. 남성은 고학력일수록 여성의 순결을 크게 문제로 삼지 않는 경향이 나타났다.

여성의 순결

혼인 시 여성의 순결에 대한 당신의 생각은?

	여성		남성		합계	
	N	%	N	%	N	%
매우 중요	45	45	89	83.2	134	64.7
어느 정도 중요	26	26	8	7.5	34	16.4
중요하지 않음	29	29	10	9.3	39	18.9
합계	100	100	107	100	207	100

여성 응답자 가운데 고졸 집단에서부터 여성의 순결을 중요하지 않게 여긴 비율이 점차 증가하였다. 여성 응답자 가운데 고졸에서 6/42명으로 14%, 대졸에서 16/33명으로 48.4%, 대학원 이상에서 7/10명으로 70%가 여성의 순결을 중요하지 않은 것으로 받아들였다.

남녀 공히 초등졸 이하에서는 남성이 20/21명으로 95.2%, 여성이 10/11명으로 90.9%가 여성의 순결을 매우 중요하게 여겼다. 중류층에서는 남녀 공히 학력이 높을수록 여성의 순결에 대해 개방적으로 생각하지만 남성에 비해 여성이 훨씬 더 개방적인 성향을 가지고 있다.

남성의 순결

혼인 시 남성의 순결에 대한 당신의 생각은?

	여성		남성		합계	
	N	%	N	%	N	%
매우 중요	33	32.0	27	26.2	60	29.1
어느 정도 중요	34	33.0	34	33.0	68	33.0
중요하지 않음	36	35.0	42	40.8	78	37.9
합계	103	100	103	100	206	100

앙카라 중류층 남여 중에서 남성의 순결을 중요하지 않게 여기는 부류가 적지 않았다. 전체적으로 남녀 평균 29%가 남성의 순결을 중요하게 여겼고, 37.9%가 중요하지 않게 받아들였다.

남성의 순결에 대해서는 남성과 여성이 대체적으로 유사한 의견을 보였다. 전체적으로 여성 응답자 가운데 36/103명으로 35%, 남성 응답자 가운데 42/103명으로 40.8%가 혼인 시에 남성의 순결을 중요하지 않게 평가했다. 남녀 공히 남성의 순결에 대해서 보다 개방적인 반응을 보이긴 했으나 여성에 비해 더 많은 남성들이 남성의 순결에 중요성을 부여하지 않았다.

남성들은 여성의 순결에 대해서 전체적으로 83.2%가 매우 중요하다고 본 반면, 남성의 순결에 대해서는 26.2%만이 매우 중요하다고 여겨 남녀 순결에 대해서 성차별 의식을 가지고 있다. 여성들은 남성의 순결에 대해서는 33%, 여성의 순결에 대해서 전체적으로 45%가 매우 중요하다고 여겨 여성 자신들도 여성의 순결을 남성

앙카라에 거주하는 한 부부의 다정한 모습

의 순결보다 더 중요하게 여기고 있었다.

특히, 초등졸 이하에서는 남성의 순결을 중요하지 않게 받아들인 남성들이 14/21명으로 66%에 달해 다른 학력군에 비해서 남성의 순결을 중요하게 여기지 않았다. 반면, 초등졸 이하에서 여성은 7/13명으로 53.8%로 남성의 순결을 매우 중요하게 여겼다. 초등졸 여성 53.8%가 남성의 순결을 중시했으나, 초등졸 남성 66%가 남성의 순결을 대수롭지 않게 여겨 의식의 차이가 매우 컸다. 대졸에서 남성의 순결을 중요하지 않게 여긴 여성은 18/33명으로 54.5%, 남성은 13/30명으로 43%로 고학력 여성들이 남성보다 남성에게 더 관대한 것으로 나타났다.

(6) 생활비의 부담

생활비를 누가 책임지는 것이 합당하다고 생각하십니까?

	여성		남성		합계	
	N	%	N	%	N	%
남편	6	5.9	36	33.6	42	19.2
부부공동	92	90.2	68	63.6	170	77.6
능력 있는 사람	4	3.9	3	2.8	7	3.2
합계	102	100	107	100	219	100

생활비를 책임지는 물음에 대해 남녀간에 응답이 약간 차이가 있었다. 전체적으로 부부공동 책임에 대해 여성의 90.2%, 남성의 63.6%가 각각 찬성하였다. 생활비 부부공동 책임에 대해 훨씬 많은 여성이 찬성한 것은 여성의 적극성을 반영하기도 하지만 동시에 여성 스스로가 사회활동에 참여하기를 바라고 있음을 반영한다. 반면, 남성이 여성에 비해서 남편의 책임으로 본 것은 이슬람적 입장에서 생계비 확보는 남성 고유의 의무라는 보고 있으며 또한 보수적 남성은 여성의 직장생활을 바람직스럽게 보지 않고 오히려 가정에 충실하기를 바라는 데에 기인한다.

특히, 초등졸 이하에서 남성이 생활비 책임을 남편 단독으로 맡겠다는 의견이 높았다. 초등졸 이하의 남성이 13/21명으로 61.9%에 이르러 다른 학력 집단에 비해서 매우 높다. 대졸 남성과 비교해 보면 더욱 그 특징이 두드러진다. 대졸 남성 가운데 남편 단독으로 생활비를 책임지겠다고 의견을 보인 비율은 3/32명으로 9%에 머물었고, 이는 초등졸 이하 남성의 비율인 61.9%와 비교해서 매우 낮다. 오히려 대학원 이상의 남성들이 직업을 구하는데 유리함에도 불구하고 생활비를 단독으로 해결하겠다고 나서지 않은 이유는 여성의 직장생활을 허용하는 동시에 현대 사회에서 자녀 교육에 들어가는 비용이 많아 여성의 경제적 지원이 필요하다는 현실적인 판단에 우선순위를 두기 때문이다.

대졸과 대학원 이상 여성들은 남편 단독으로 생활비를 부담해야 한다는 의견에 아무도 찬성하지 않아 적극적 사회 참여 의욕을 보이는 동시에 가정생활에서 평등해야 한다는 의식을 가지고 있다고 여겨진다.

터키 가족법에서 가정생활의 일반 규정이 185~201조에 구체적으로 명시돼 있다. 186조는 부부는 능력에 비례하여 가정 생활비를 노동 또는 자신의 재산으로 부담해야 한다고 규정하고 있다.

2) 선불혼납금

선불혼납금의 액수와 용도

선불혼납금의 액수는?

	여성		남성		합계	
	N	%	N	%	N	%
상징적 소액	8	8.2	5	9.1	13	8.6
1000불 이하	1	1.0	3	5.5	4	2.6
1000~2000불	-		-		-	
2000~3000불	1	1,0	-		1	0.7
3000불 이상	1	1.0	1	1.8	2	1.3
받지 않음	86	88.7	46	83.6	132	86.8
합계	97	100	55	100	152	100

여성은 103명 가운데 선불혼납금 액수에 대한 응답자가 97명이었고, 남성은 107명 가운데 55명만이 응답해서 선불혼납금에 대한 관심이 저조한 편이었다. 특히, 여성에 비해 남성은 선불혼납금 더욱 관심이 적었고 9명만이 선불혼납금을 준 것으로 나타났다. 여성도 107명 가운데 11명이 선불혼납금을 받았다고 응답했다. 앙카라에서 응답한 여성 97명 중 88.7%가 혼납금을 받지 않았고 남성도 응답자 55명 중 46명인 83.6%가 선불혼납금을 주지 않았다. 전체 조사 대상자를 볼 때, 여성 103명 가운데 1,000불 이상의 혼납금을 받은 응답자는 2명이고 남성 107명 가운데 1,000불 이상의 혼납금을 준 응답자는 3명이다. 사실상, 1,000불 이상 혼납금을 주거나 받은 비율은 여성은 1.9%, 남성은 2.8%에 해당한다. 앙카라 중류층은 거의 혼인 시 선불혼납금에 대해 관심을 보이지 않았다. 특히, 학력이 높을수록 선불혼납금을 주거나 받지 않았다. 이슬람권에서는 선불혼납금이 여성에게 재산을 보장해 주는 제도로서 신부 가문의 능력에 비례해 정해지는 관행이 있다. 하지만, 터키에서는 이미 사회가 서구화됐으며 여성들도 생활비를 부담하는 질문에(3.1.6. 생활비의 부담) 부부공동 부담에 90.2%, 능력 있는 사람의 부담에 3.9%가 답했을 정도로 여성의 94% 이상이 경제력이 있음을 간접적으로 보여주었다. 앙카라 중류층은 이제는 이슬람의 관행을 따르기보다는 현대에 보편화되고 있는 경향인 부부간에 평등한 관계를 중시한다고 판단된다.

혼납금 사용 용도를 묻는 질문에 103명 여성 중에 10명, 107명 남성 중에 7명만이 답함으로써 별로 관심을 보이지 않았다. 이슬람법에 따라 신랑이 주는 혼납금은 원칙적으로 혼인 당사자인 여성의 재산으로서 여성이 소유하거나 개인 용도로 사용할 수 있다. 하지만 이러한 원래의 취지는 상당히 훼손되고 있다고 비난을 면치 못하고 있다. 앙카라 중류층은 혼납금을 주거나 받는 관행을 대부분 유지하지 않고 있으며, 일부 관행을 따르는 사람들조차도 명목적인 소액의 혼납금을 주거나 받는 정도이다. 여성 응답자 10명 중 6명이 혼납금을 신부가족을 위해서 썼고, 2명이 신부 개인용도, 1명이 살림살이 장만, 1명이 생활비 등으로 썼다.

혼납금을 받은 여성들의 60%가 신부의 가족을 위해 사용했다는 것은 가정형편이 어려운 여성들이 대체로 선불혼납금을 받고 있음을 시사한다.

혼납금의 사용 용도(복수응답 가능)

당신 혹은 당신의 배우자의 혼납금의 사용용도는?

	여성		남성		합계	
	N	%	N	%	N	%
신부 개인용도	2	20.0	3	42.9	5	29.4
살림살이 장만	1	10.0	2	28.6	3	17.6
생활비	1	10.0	-	-	1	5.9
신부가족	6	60.0	2	28.6	8	47.1
합계	10	100	7	100	17	100

전체 응답자 210명 중에 3.8%에 해당하는 8명이 선불혼납금을 신부가족을 사용함으로써 이슬람법의 취지를 벗어났다고 볼 수 있다. 그러나 전체 응답자 210명 중에 92%에 해당하는 193명이 응답하지 않음으로써 혼납금 제도는 이미 터키에서 그 기능을 상실하고 말았다. 여성은 대졸 1명이 혼납금을 받아 신부가족을 위해 사용했고, 남성은 대졸과 대학원 이상에서 혼납금 사용 용도에 대한 응답자가 없었다.

3) 일부다처제도

(1) 일부다처에 대한 인식

일부다처에 대한 인식에서 남녀 간에 견해 차이가 별로 크게 나타나지 않았다. 여성은 1%가 일부다처를 긍정적으로 보았는데, 초졸 이하의 학력에서 유일하게 찬성했다. 남성은 3.7%가 일부다처를 긍정적으로 답했는데, 초졸 이하에서 1명, 고졸에서 1명, 대졸에서 2명으로 나타나 전학력에 골고루 일부다처제 찬성론자들이 소수 있었다. 여성보다는 남성이 일부다처를 긍정적으로 평가한 비율이 높으며, 특히 대졸에서의 일부다처제에 대한 당신의 생각은?

		초졸 이하		중졸		고졸		대졸		대졸이상		합계	
		여성	남성	여성	남성	여성	남성	여성	남성	여성	남성	여성	남성
긍정적	N	1	1				1		2			1	4
	%	7.7	4.8				2.6		6.3			1.0	3.7
부정적	N	11	20	4	13	43	36	33	28	10	3	101	100
	%	84.6	95.2	100	100	100	94.7	100	87.5	100	100	98.0	93.5
모름	N	1					1		2			1	3
	%	7.7					2.6		6.3			1.0	2.8
합계	N	13	21	4	13	43	38	33	32	10	3	103	107
	%	100	100	100	100	100	100	100	100	100	100	100	100

비율이 다른 학력 집단에 비해서 의외로 높았다. 그러나 여성들은 초졸 이하 1명만을 제외하고 모두가 일부다처를 부정적으로 평가했다. 전통적으로는 일부다처제가 인정됐으나 현대 터키에서는 남녀 모두 일부일처를 절대다수가 찬성하고 있으며 부부의 평등한 관계를 선호한다. 터키 가족법도 일부일처제 원칙을 민법 145조에서 규정하고 있어서 '부부 가운데 한 사람이 혼인식을 올리는 시점에서 기혼'일 경우 혼인을 무효로 한다. 또한 130조에서는 재혼하려는 당사자는 이전의 혼인 생활이 종료되었음을 증명해야 할 의무를 명시하고 있다. 따라서 남녀 모두 대체로 서구식 수준의 터키의 가족법을 잘 이해하고 있는 것으로 보아도 무방하다.[69)]

(2) 일부다처의 이유(복수응답)

앙카라의 중류층은 일부다처의 사례를 알지 못한다고 응답한 비율이 매우 높았다. 여성의 88명이 일부다처 사례에 대해서 모르고 있으며, 일부 여성이 가정불화와 간통방지를 일부다처의 주요 이유가 될 수 있는 것으로 제시했다. 남성의 89명이 일부다처 사례를 모른다고 답했으며, 일부다처의 이유로는 불임과 가정불화를 들었다. 남성들이 일부다처 이

69) Cevdet Yavuz, Turk Medeni Kanunu, Borclar kanunu ve Diger Mevzuat, Istanbul, 2002,p.222, 249

만약 주변에 일부다처를 하는 사람이 있다면 그 이유는 무엇이라고 생각하십니까?

	여성		남성		합계	
	N	%	N	%	N	%
일부다처사례 모름	88	86.3	89	85.6	177	85.9
불임	4	3.9	7	6.7	11	5.4
건강			1	1.0	1	0.5
가정불화(부부간 갈등)	5	4.9	6	5.8	11	5.3
간통방지	5	4.9	1	1.0	6	2.9
과부와 고아 구제	-		-		-	
합계	102	100	104	100	206	100

유 가운데 불임에 최우선 순위를 두었는데 반해 여성들은 불임을 최하위 순위로 여겼다. 가정불화는 남녀 모두에게 일부다처를 하게 되는 주요 이유로 조사되었다. 이슬람에서는 여성의 불임, 건강, 과부와 고아 구제의 이유로 일부다처를 조건적으로 허용하였는데, 남성 1명이 건강을 이유로 들었고, 과부와 고아 구제를 일부다처의 이유로 든 응답자는 전혀 없었다. 따라서 이슬람 초기에 일부다처를 했던 주요 원인인 과부와 고아 구제는 앙카라 중류층에게 일부다처의 이유가 되지 않았다. 가족법이 일부일처를 명시하고 있는 만큼 실제적으로 일부일처가 보편화되었고, 설령 혹자가 일부다처를 하더라도 가족법에 저촉되므로 그 사실을 노출하기를 주저하게 된다. 따라서 앙카라의 중류층 가운데 일부다처의 사례를 접하기는 용이하지 않다.

(3) 일부다처 여부와 이유

여성 가운데 1.9%가 배우자가 일부다처를 하는 것으로 응답했고, 남성 가운데 여성과 동일하게 1.9%가 일부다처를 한다고 답했다. 응답한 여성과 남성 가운데 극소수에 해당하는 각각 2명만이 일부다처를 하고 있으므로 앙카라에서 일부다처의 사례가 극소수에 불과하다고 판단할 수 있다. 터키 가족법에서 일부다처를 금하고 있으므로 과거의 전통

일부다처 여부

당신 혹은 당신의 배우자는 일부다처를 하고 있습니까?

	여성		남성		합계	
	N	%	N	%	N	%
예	2	1.9	2	1.9	4	1.9
아니오	99	96.1	101	95.3	200	95.7
모르겠다.	2	1.9	3	2.8	5	2.4
합계	103	100	106	100	209	100

보다는 법을 지키려는 의식이 보편화돼 있음을 알 수 있다. 여성 가운데 2명이 남편이 일부다처를 하는지에 대해 모른다고 답했는데, 이는 남편이 아내에게 공지하지 않았지만 남편의 일부일처 사실에 대해서 확신을 갖지 못하는 것으로 여겨진다. 남성 가운데 3명이 자신이 일부다처를 하고 있는 지에 대해서 확신하지 못한다고 답했다. 이들 남성 가운데 1명은 남편을 사별한 여성과 교제를 유지한다고 말함으로써 일부다처에 대해 긍정도 부정도 할 수 없다고 전했다. 다시 말해서, 이들은 아내에게 그 사실을 공지하지 않았다고 볼 수 있다. 결과적으로, 이슬람법이 허용하는 일부다처제가 앙카라 중류층에서는 별로 호응을 받지 못하고 있다.

일부다처의 이유

만약 일부다처를 한다면 그 이유는?

	여성		남성		합계	
	N	%	N	%	N	%
용납불가	94	91.3	96	90.6	190	90.9
불임	1	1.0	-	-	1	0.5
건강	1	1.0	-	-	1	0.5
가정불화	6	5.8	8	7.5	14	6.6
간통방지	-	-	1	0.9	1	0.5
과부 및 고아 구제	1	1.0	1	0.9	2	1
합계	103	100	106	100	209	100

일부다처의 이유를 묻는 질문에 터키에서는 어떤 이유에도 불구하고 일부다처는 허용될 수 없다는 항목을 넣어야 한다는 앙카라에 소재한 앙케트 조사연구소의 조언에 따라 다른 국가에서 공동으로 그리고 동일하게 적용되는 질문과는 달리 처음 항목에 '용납불가'를 첨가했다. 여성은 94명이, 남성의 경우는 96명이 아내가 일부다처를 용납하지 않을 것으로 응답했다. 용납불가에 대해서는 여성의 91.3%와 남성의 90.6%가 동의해서 남녀의 의견이 거의 비슷하게 나타났다. 남녀의 의견이 거의 비슷했지만 일부다처를 용납할 수 없다는 여성의 의견이 조금 많게 나왔다. 남성들이 생각하는 것보다 여성들이 일부다처에 대해 더 거부감을 느끼는 것으로 볼 수 있다.

일부다처의 여부에 대한 질문에서 여성 가운데 2명이, 남성 가운데도 2명이 예라고 답했음에도 불구하고, 일부다처의 이유에 대해서는 여성의 9명, 남성의 10명이 답했다. 일부다처의 이유로 남녀 공히 가정불화를 가장 많이 선택했다. 이슬람이 허용하는 불임이나 건강, 과부 및 고아 구제에 대해서도 여성이 각 항목에 1명씩 있었고, 남성은 과부 및 고아 구제 항목에서만 1명이 있었다. 남성 가운데 1명이 간통방지를 위해서 일부다처제가 필요하다고 답했다(3.3.2). 질문의 일부다처의 이유에 대한 답변에서도 남성 가운데 1명이 간통방지를 그 이유로 들었다. 응답자의 소수가 일부다처의 이유를 제시한 것으로 보아서 앙카라 거주 중류층의 대다수는 일부다처를 일관성이 있게 부정적으로 평가하고 있음을 알 수 있다.

4. 혼인에 대한 앙카라 중류층의 의식

혼인에 대한 앙카라 중류층의 이해와 실천에 대한 중요한 내용을 간략히 요약해 보면 이들 의식의 서구화 정도를 쉽게 가늠해 볼 수 있다.

배우자를 선택하는 과정에서 여성이 남성보다 친척 외 결혼을 더 선호하고 배우자를 만나는 과정도 여성이 남성과 비교해서 중매나 가족의 권유보다는 연애를 선택해서 자신의 의지를 표현하고 실현해 가는 경향을 보였다. 배우자를 만나는 방법으로 연애를 선택한 여성은 38.8%, 남성은 28%였다. 배우자의 조건을 고려할 때도 여성이 남성보다 현실적인 면을 중요시했다. 고려 조건에 있어서 여성은 성격, 가문, 학력, 직업, 재산 순이고, 남성은 성격, 가문, 학력, 외모, 종교 순이었다. 남녀 동일하게 성격과 가문을 중시했지만 여성은 종교를 최하위의 고려 조건으로 꼽았다. 혼전 교제 기간에 대한 응답 시 남녀 응답자 전체가 공히 교제 기간으로 2년 이상을 가장 많이 선택했다. 여성의 42.7%, 남성의 34.9%가 혼전에 2년 이상 교제함으로써 혼인을 갑자기 서두르지 않고 충분히 상대방을 알아볼 기회를 갖으려는 성향을 보이고 있다. 여성의 순결에 대해서는 남녀 간에 의견 차이가 매우 컸다. 남성들 가운데 83%가 여성의 순결을 매우 중요하다고 여긴 반면 남성의 26.2%가 남성의 순결을 중요하다고 평가함으로써 남녀 순결에 대해서 남녀간 성차별 의식이 나타났다.

선불혼납금의 액수와 용도에 있어서 남녀 모두 관심을 별로 보이지 않았다. 여성 응답자 가운데 11명과 남성 응답자 가운데 9명이 선불혼납금을 주거나 받았으되 액수는 상징적 소액에 불과했다. 이슬람권에서는 선불혼납금이 여성에게 재산을 보장해 주는 제도이지만 터키에서는 혼인한 남녀의 서구화 경향이 커서, 이슬람식의 관행에 의미를 부여한 응답자는 소수였다.

일부다처제에 대한 이해와 실천에서는 남녀 모두 부정적으로 평가했고 일부다처를 하는 응답자는 남녀가 동일하게 1.9% 수준이었다. 이는 터키 가족법이 일부다처를 금하고 있어서 이슬람식의 전통보다는 가족법을 지키려는 의식이 앙카라의 중류층에서 보편화돼 있음을 보여준다. 일부다처를 하는 이유에 대한 질문에서 응답자 여성의 91.3%와 남성의 90.6%가 어떤 이유로도 용납을 할 수 없다고 답함으로써 일부다처를 매우 부정적으로 받아들였다.

설문지 응답자 가운데 여성은 20~40세(70.9%), 고졸 이상(83.4%), 중상류층(93.2%)이 다수를 이루고, 남성은 30~50세(76.6%), 고졸 이상(68.2%), 중상류층(87.9%)이 다수를 차지한다. 여성의 나이가 남성에 비해서 젊고 학력 면에서도 여성의 수준이 남성보다 높게 나타났다. 응답 내용을 분석한 결과 일반적으로 혼인에 대한 이해와 실천의 측면에서 여성이 남성에 비해서 더 진보적인 성향을 보였다. 여성이 남성에 비해 진보적 성향이 더 크게 나타났지만, 남녀 공히 대체로 이슬람의 관행에 커다란 의미를 부여하지 않은 것을 볼 때 혼인에 대한 남녀 응답자들의 의식이 전통의 고수보다는 다양성을 추구하는 방향으로 변화하고 있음을 감지할 수 있다.

이슬람가족법을 포기한 터키에서 1926년에 여성에게 이혼권을 보장한 서구식 민법이 도입돼 75년 동안 개정의 개정을 거듭하여 마침내 가족법에서 서구 수준의 남녀평등권이 보장될 수 있게 되었다. 오늘날 앙카라에 거주하는 혼인한 중류층 남녀의 다수가 혼인에 대해서 진보적인 의식을 갖게 되기까지 장기간의 시간이 필요했다는 점을 누구도 간과해서는 안 될 것이다.

【참고문헌】

김대성, "터키 가족법 인식에 관한 조사 연구", 한국중동학회논총 제25~1호, 2004.

______, "터키의 가족법", 지중해지역연구 제6권 제1호, 부산외국어대학교 지중해연구소, 2004.

김대성외, 이슬람의 가족법, 여성권리의 시각에서 본 개혁의 가능성, 현지 인터뷰 조사 자료집, 2004

Cevdet Yavuz, Turk Medeni Kanunu, Borclar kanunu ve Diger Mevzuat, Istanbul, 2002.

【인터넷 자료】

http://www.un.org.tr/undp/docs/women_turkey.pdf.

XIII

고등교육

XIII 고등교육

한 사회에서 교육은 문화의 보존뿐만 아니라 정치, 경제, 사회적 상황을 변화 발전시키는 필수적 요소이며, 또한 현대화의 문을 여는 열쇠이기도 하다. 교육의 목적은 사회적 요구와 역사적 조건의 영향으로 다양하게 변화해 왔다.

오스만제국은 제 1 차 세계대전에서의 패배로 1918년 10월 30일 연합군과 몬드로스(Mondros) 휴전조약을 체결하였다. 이에 따라 오스만제국의 영토가 제 1차 세계대전의 승전국들에 의하여 분할되자 주권을 회복하기 위해 독립전쟁을 주도했던 무스타파 케말 아타튀르크(M.A.Atatürk)는 주체성이 있는 교육을 민족수호의 한 방편으로 간주하였다. 이는 터키에서 아타튀르크의 지도로 독립전쟁이 가장 치열하게 진행 중이었던 1921년 7월 앙카라에서 교육회의가 개최되었으며, 국회 개회연설에서도 교육정책에 대하여 빈번하게 언급하던 데에서도 잘 나타나고 있다. 이러한 분위기 속에서 신생 터키공화국에서는 교육혁명이 불가피한 것으로 여겨졌다.

새로운 환경 속에서 건국된 터키공화국의 장래와 관련하여 교육이 담당해야 할 의무와 기능이 어떤 관점에서 평가되었으며, 오스만제국으로부터 터키공화국으로 전환되는 기간과 공화국 선포 후 고등교육제도에 일어난 변화와 당시 고등교육이 추구했던 목적이 무엇인가 등의 문제의식을 가지고 아타튀르크기 고등교육의 변화 과정을 살피고자 한다. 1923~1938년의 기간설정은 독립전쟁의 종료 후 건국된 터키공화국의 첫 대통령인 아타튀르크의 재임기간이라는 점에 근거한다.

이글에서 독립전쟁 기간과 터키공화국 선포 후에 발생한 고등교육의 변화를 언급하기에 앞서, 오스만제국의 고등교육의 발달과 특징을 열거하고 아타튀르크 집권기 고등교육의 발달을 고찰할 때 먼저 정부의 교육의지와 견해를 이해하기 위해서 고등교육정책을 논술하려 한다. 이러한 고등교육 정책 노선에 입각하여 이스탄불대학교와 1946년 6월 22일 앙카라대학교를 구성한 단과대학 규모의 고등교육기관의 발달과정을 연구하고자 한다. 이 연구는 신생 터키공화국에서 고등교육이 차지했던 위치와 고등교육의 실체를 이해하려는 의도에서 시작되었으며, 결과적으로 현재 터키 고등교육의 상황을 조명하기 위한 수단이다. 개혁칙령 선포 후에 세워진 군사학교의 발달은 다루어지지 않았다.

1. 오스만제국의 고등교육

1) 개혁칙령 이전의 고등교육

개혁칙령 전의 고등교육은 이슬람신학교(메드레세 : Medrese)와 왕립학교(Enderun Mektebi)에서 시행되었다. 15세기 초부터 17세기 중엽까지 오스만제국의 팽창과 터키적 이슬람문화의 확장에 이슬람신학교와 왕립학교의 기여도는 크다. 이해를 돕기 위해 두 고등교육기관에 대하여 간략히 서술하고자 한다.

(1) 이슬람신학교(메드레세)

9세기 말 터키족이 이슬람교를 받아들인 후 메드레세는 순니종파의 강화와 국가관리의 양성을 위한 교육기관으로서 기능을 담당하였다. 이슬람신학교 졸업생에게는 사법관, 행정관, 율법교사로서의 자격이 부여되었다. 오스만제국이 형성된 후, 1330년에 첫 오스만제국의 메드레세가 이즈닉(İznik)에 설립되었다. 오스만제국의 수도인 이스탄불에 건립되었던 신학교에서는 수학, 논리학, 이슬람교리, 설교법, 상속법, 쿠란이 강의되었다. 15세기와 16세기에 걸쳐 성장한 오스만제국의 문화에 막대한 영향을 미친 메드레세는 오스만제국이 쇠퇴하기 시작한 18세기 초기부터 교육기관으로서의 역할을 상실하였다. 가장 큰 이유는 메드레세의 교육과정에서 수학과 논리학은 삭제되고 이슬람 법규와 무하마드 언행록이 수업의 절대 다수를 차지하게 되었다. 그리하여 메드레세는 논리성을 배제한 채 유사한 신학체계를 전수하는 훈련장으로 변하고 말았다. 또한 일부 울레마들은 자격미달에도 불구하고 권력과 뇌물을 동원하여 자신의 자녀들을 메드레세 교수직에 임용시켰다. 또한 이 교수들이 재판관으로 임용되기도 했기 때문에 공정한 법의 적용을 기대할 수 없었다. 불법적으로 획득된 재판관 직위는 오스만제국의 사법체계의 혼란을 의미하는 것이었다. 실증적 학문 연구에 폐쇄적인 메드레세의 교수직을 권력자와 그 측근의 친인척들이 장악하면서 메드레세는 보수화의 온상으로 부상했으며 특정 사회집단의 기득권을 유지하기 위해 변화를 거부했다. 18세기 후반기에 근대식 교육기관이 설립되면서 메드레세 교육에 대한 개혁 논의 또한 전개되었다.

메드레세 개혁과 관련하여 셀림 3세(1789~1807) 통치기에 대율법사 하미디 자데 무스타파(Hamidi zade Mustafa)와 사마니자데 외메르 후루시(Samanizade Ömer Hulusi)의 시도가 있었다. 특히 사마니자데 외메르 후루시는 메드레세 교수와 재판관 임용 조건으로 개인의 능력을 최우선으로 고려하도록 했지만 가시적인 결실을 거두지 못했다.[70] 교육장관 할리스 에펜디(Halis Efendi)와 큐축 사이드 파샤(Küçük Said Paşa)는 시대 변화에 따른 메드레세 교육내용의 개편을 긍정적으로 평가하고 교수과목에 물리, 화학, 수학과 지리학을 포함시켰다.[71] 이러한 개혁 시도가 있었지만 전통과 이슬람 율법의 과도한 영향 하에 있는 메드레세는 터

70) Hüseyin Atay, Osmanlılarda Yüksek Din Eğitimi, İstanbul, 1983, p. 231.

71) M. Cavid Baysun, "Mescid", İslam Ansiklopedisi, C. 8, pp. 76~77.

키 공화국이 선포된 후 1924년 3월 3일 교육통일법에 의해 메드레세는 폐쇄됐다.[72]

신학교의 부패가 명백히 드러난 시기에 서구식 교육제도의 도입과 때를 같이 하여 메드레세의 체제와 교육제도에 대한 반성이 일어났다. 신학교의 개혁이 시도되었으나 전통과 율법의 과도한 영향으로 인하여 소기의 성과를 거두지 못하고 1924년 3월 3일 교육통일법에 의하여 메드레세는 폐지되었다.

(2) 왕립학교

왕립학교는 최초로 무라드(Murad) 2세(1421~1451, 재위)에 의해서 설립되었다. 고등교육기관으로서 역할을 담당했던 왕립학교는 군대관료, 행정 관료와 예술인 양성을 위해 통치자들로부터 지원을 받았으며, 왕궁 내에 위치하고 있었다. 왕립학교에서 터키어, 아랍어, 이란어, 문학, 쿠란, 이슬람교리, 역사, 음악, 기하학, 전술학 등이 강의되었다. 왕립학교는 60명의 총리대신, 23명의 제독, 3명의 이슬람 대율법사를 비롯한 다수의 행정관료, 군인, 문학가, 예술인들을 배출하는 등 터키 문학발전에 기여한 공헌도는 가히 짐작되고 남음직하다. 16세기 후반 오스만제국은 유럽지역으로의 영토확장의 한계에 부딪쳤으며 이에 따라 오스만 군대의 체제도 영향을 받았다. 왕립학교의 교육 대상자는 징집된 기독교계 소년들이었지만 영토확장의 중단으로 비투르크계 소년들의 징집이 단절됐고 또한 왕립학교 출신이 권력층으로 부상하게 되면서 튀르크 귀족의 자제들이 왕립학교 입학을 선호하였다. 따라서 왕립학교의 근본적인 교육 취지가 변질됐고 학생의 숫자도 증가했을 뿐만 아니라 그 질도 떨어졌다. 17세기 후반기부터 시작된 오스만제국의 쇠퇴화는 정치, 군사적 측면과 함께 왕립학교 교육에서도 나타났다. 왕립학교의 규율이 준수되지 않아서 정상적인 교육이 이루어질 수 없었다. 그 결과 제2차

72) İstanbul Üniversitesi, Cumhuriyetin 50. Yılında İstanbul Üniversitesi, İstanbul, 1977, p.37.

입헌제도 선포 이후 1909년 7월 1일자 법령에 의해 18세기 후반부터 유명무실했던 왕립학교는 폐쇄됐다.

(3) 서구식 고등교육기관

1699년 오스만제국이 오스트리아와 카를로위츠(Karlofça : Carlowitz)에서 합의한 굴욕적인 조약으로 군사적 측면에서 오스만제국의 약화는 분명해졌다. 유럽의 우세를 인정하게 된 오스만제국은 유럽식 학문과 기술을 도입하기에 이르렀다. 1773년 11월 18일 왕립해군기술학교(Mühendishane-i Bahr-i Hümayun), 1794년 왕립육군기술학교(Mühendishane-i Berr-i Hümayun), 1827년 왕립병원(Tiphane-i Amire), 1834년 육군사관학교(Mekteb-i Ulumi Harbiye)가 설립되었다.

이와 같이 개혁칙령 이전에 설립된 교육기관은 유럽에 대한 군사적 열세를 만회하는 작업에 일익을 담당할 군사요원의 양성에 초점을 맞추었다. 그러나 군사교육기관의 서구화로 인해서만 유럽에 대한 오스만제국의 열세를 만회할 수 없음을 인식한 개혁주의자들은 1839년 이후부터 민간 고등교육기관 설립에 주력하였다.

2) 개혁칙령 이후의 고등교육

(1) 개혁기의 고등교육

개혁기는 개혁칙령이 선포된 1839년으로부터 1876년까지의 시기를 의미한다. 개혁주의자들은 기존의 민간 교육기관이 침몰되고 있는 오스만제국을 구조할 수 없다고 판단하고 붕괴일로에 있는 오스만제국을 회생시키기 위해 개혁주의자들은 서구식체제의 교육기관의 도입을 주장하였다. 1845년에 조직된 임시교육회의(Meclis-i Maarif-i Muvakkat)의 결정에 따라 설립될 다륄퓨눈(Darülfünun : 대학)이 종교적 색채가 짙은 기존의 메드레세의 교육방식을 배격함으로써 고등교육의 이중구조가 형성된다.

1863년 1월에 최초로 설립된 대학의 수업계획은 일정하게 진행되지 않았으며 개혁주의 관료들에 의해서 이루어지는 강의도 메드레세의 비판을 면하지 못하고 1865년에 수업이 중단되었다.

1870년 2월 8일 문학부, 법학부, 자연과학부로 구성된 대학은 교육에 착수하였으나, 자연과학실험은 이슬람교리에 의하여 정죄의 대상이 되었으며, 1872년 보수파의 압력에 의해 대학은 폐교되었다.

개혁기에 대학 외에도 국가의 관리들을 양성할 목적으로 1859년 이스탄불에 공무원학교(Mekteb-i Fünun-i Mülkiye), 1866년 민간의료 교육기관이 개교되었다.

(2) 압둘하미드(Abdulhamid) 2세와 고등교육

왕위에 오른 압둘하미드 2세(1876~1909, 재위)는 1877년 국회 개회연설에서 국가 관리들의 양성과 자질향상을 위해 고등교육의 질적 성장을 강조하였다. 그러나 1877~1878년 오스만제국과 러시아의 전쟁, 그 후 체결된 아야스태파노스(Ayastefanos) 협상으로 인하여 교육문제는 큰 관심을 끌지 못하였다. 러시아와의 전쟁에서 패배로 야기된 국내외적으로 불안한 상황을 구실로 압둘하미드는 국회를 해산시키고, 기존의 고등교육기관마저 통제하기에 이르렀다.

보수파의 반대와 국내외의 정치혼란으로 1872년 이후 활동을 중지하였던 대학은, 개혁파의 노력으로 압둘하미드 2세가 즉위한 지 25년 후인 1900년 9월 1일 '왕립대학'으로 개칭하여 설립되었다. 그러나 왕립대학의 교수들은 비밀경찰의 감시대상이 되었으므로 자유로운 교육의 진행은 이루어질 수 없었다.

이 기간에 설립된 전문교육기관으로 재무전문학교(1878년), 법률전문학교(1874년), 기술전문학교(1884년), 무역전문학교(1882년) 등이 있다. 이와 같이 서구교육제도를 모방한 전문교육기관의 양적 확대에 따라 압둘하미드 2세의 재위기에 지성인은 현저히 증가하였다.

(3) 제2차 입헌기의 고등교육

1865년 이스탄불에서 조직된 청년 터키당의 압력으로 압둘하미드 2세는 1908년 7월 24일 입헌정치체제의 확립을 약속했다. 이때부터 몬드로스(Mondros) 협정이 조인된 1918년 10월 30일까지 제2차 입헌정치기로 분류된다. 제2차 입헌정치기에 오스만제국은 트리폴리전쟁(1911~1912), 발칸전쟁(1912~1913)의 결과 리비아와 발칸지역을 상실하였고, 제1차 세계대전에서 패한 후 중동의 아랍지역을 상실하였고 이스탄불의 소아시아지역의 대부분이 연합군에 의하여 점령당하였다.

제2차 입헌정치가 시작되면서 왕립대학은 오스만대학으로, 그 후 1912년 4월 21일에는 이스탄불다률퓨눈으로 명칭이 변경됨과 동시에 대학행정은 문교부로부터 대학총무국으로 이관되었다. 이러한 긍정적 발전이 이루어졌으나 발칸전쟁이 발발하자 대학생들은 징발되어 전선으로 투입되었으며, 대학건물은 병원으로 사용되어 수업이 진행되지 못하였다. 따라서 제 1차 세계대전 중에 대학교육을 정상적으로 운영할 수 없었다. 종전 후 1919년 11월 11일 승인된 대학교정에 의하여 대학의 독립권이 보장되었으며, 학기제가 도입되었다. 1914년에 발족된 여자대학은 1921년 9월 16일 대학법령으로 폐교되고 이스탄불다률퓨눈은 남녀공학이 되었다.

한편 개혁파의 노력으로 1909년에 치과대학, 우편전신전문학교가 설립되었으나 계속적으로 발발된 전쟁으로 인하여 고등교육기관의 확대는 크게 이루어지지 못했다.

2. 아타튀르크기의 고등교육

1) 아타튀르크기의 고등교육정책

연합군이 제1차 세계대전에서 승리함으로써 소아시아 북부를 제외한 오스만제국의 영토는 연합군에 의하여 점령되었으며 주권도 박탈되었다. 독립을 열망하는 터키민족을 지휘하여 독립전쟁을 일으킨 아타튀르크는 민족주의에 입각한 주체성이 있는 교육의 실시를 터키민족의 존립에 필수적 조건으로 간주하였으며 특히 터키의 장래와 관련하여 고등교육기관이 담당해야 할 책무를 강조하였다.

아타튀르크를 위시한 개혁주의자들은 오스만제국의 붕괴원인이 이슬람교리로부터 파생한 율법적 외식과 사고의 정체성에 있음을 지적하고 터키의 세속화 원칙을 주장하였다. 개혁주의자들은 종교와 정치를 분리시키기를 원하였으며 아타튀르크의 집권기 교육정책은 세속화주의를 기저로 하고 민족주의 · 혁신주의 노선에 입각하여 적용되었다.

아타튀르크의 정치이념 중의 하나인 세속주의가 전반적인 교육정책에 반영되었다. 교육의 세속화정책은 교육기관 관리체제의 일원화원칙을 적용함으로써 시작되었다. 오스만제국의 교육기관 가운데서 다수를 차지하는 메드레세와 그 하급학교들은 종교부에 종속되었으며 18세기 말부터 설립되기 시작한 서구식 교육기관은 문교부의 통제를 받고 있었으므로 교육기관의 이원적 관리체제가 형성되었다. 따라서 교육기관의 이원화는 사회구성원과 사고체제의 이원적 분리를 야기하였다.

공화국 정부는 세속화정책의 일환으로서 1924년 3월 3일 승인된 '교육통일법'에 의하여 이원적 관리체제를 철폐하였으며 모든 교육기관을 문교부에 예속시켰다.

1927년 문교부 장관이었던 무스타파 내자티(Mustafa Necati)는 한 연설에서 교육의 세속화에 대하여 다음과 같이 언급하였다.

"과거의 교육은 종교적 특성을 소유하였으며, 물론 민주적으로 진행되지 못하였다. 오늘날의 교육은 세속적인 방식으로 이행되며 사상과 양심의 자유를 저해하는 어떠한 영향도 배제한다."

터키공화국은 오스만제국으로부터 유산으로 받은 종교적 성격을 지닌 교육체제를 배제하는 동시에 민족적 주체성에 입각한 교육이념의 형성을 터키민족의 영속적 존립과 부흥의 요소로 보았다. 아타튀르크는 민족적 자부심과 능력을 발견하며 고양시킬 수 있는 교육체제의 적용을 원하며 1921년 7월에 소집된 교육회의(Maarif Kongresi)에서 자신의 견해를 다음과 같이 천명하였다.

"현대까지 적용되어 온 교육방식은 오스만제국의 멸망을 가속화시킨 요소이었음을 확신한다. 그러므로 이제부터 민족교육계획에 대해 언급할 때 우리 과거의 고유성과 전통으로부터 분리된 사상을 배격하며 단지 민족의 특질과 터키 역사의 흐름과 일치되는 문화 창달을 위한 교육계획을 의미한다."

아타튀르크는 1924년 국회 개회연설에서도 민족의지를 고무시킬 언어, 방법, 수단을 통하여 새로운 세대를 양성시키는 것에 대하여 논란의 여지가 없음을 밝혔다.

터키의 존립과 발전을 위해 추구하던 교육의 세속화정책과 민족의지의 고취를 혁신적인 방법으로 성취하길 원하였으므로 정부는 혁신적 방법의 중요성을 인식시킬 목적으로 대학의 협조를 요구하였다. 새로운 세대에게 터키 민족정신에 입각한 혁명이념의 이식은 개발할 가능성이 있는 위기와 재난을 예방하는 최선의 수단으로 간주되었다. 문교부 장관인 함둘라흐 슙히(Hamdullah Suphi)는 1925년에 한 연설에서 이러한 역사적 의무이행에 대학의 적극 참여를 강조하며, 오스만제국을 붕괴시켰던 모순을 청산하지 못하고 역사적 과업에 무관심한 대학을 개혁시킬 필요에 대하여 언급하였다.

터키공화국이 선포된 후 정부는 대학의 자발적 참여를 기대하였으나, 대학은 오히려 정부의 견해를 부정함으로써 대립하였다. 결국 1933년에 이루어진 다률퓨눈의 변혁은 공화국 정부가 추진하고 있던 개혁주의를 비판하는 태도에서 비롯되었다.

위에서 설명한 바와 같이 터키공화국의 수립 이후 고등교육정책은 세속적, 민족적, 혁명적 이념의 원칙에 입각하여 전반적인 교육정책이 수립, 적용되었으며, 이러한 정책의 적용을 다률퓨눈의 개혁 이전과 이후로 분리하여 살피고자 한다.

(1) 다륩퓨눈의 개혁 이전기(1923~1933)

오스만제국의 분괴를 촉진시켰던 외부적 압력과 내부의 혼란을 극복하고 신생한 터키공화국에서는 제국으로부터 남은 후유증을 치료할 새로운 인재의 양성이 절실히 요구되었다. 공화국 수립 이후 첫 문교부 장관이었던 와스프(Vasif)는 1924년에 한 연설에서 터키 민족에게 방향을 제시할 지식인 전문가, 지도자들의 수가 과소한 것과 이러한 인재의 부족은 모든 국민이 소망하는 안정된 발전을 저해하는 장애물이며, 이 조건을 고려할 때 지식인과 전문가의 양성을 전담할 고등교육기관의 설립이 시급히 요청되고 있음을 설명하였다.

한편, 아타튀르크도 1924년 9월29일 터키 북부에 위치한 삼순(Samsun)에서 행한 순회교육연설을 통하여 터키의 영속적 존립과 발전을 위한 가장 믿을 만한 길잡이는 학문이며, 학문 이외의 안내자를 찾는 것은 어리석은 행위임을 표명함으로써 대학이 연구 활동에 전념해야 할 것을 강조하였다. 이처럼 고등교육기관이 학문연구에 충실할 것을 원하는 제안과 교육기관의 양적 확대를 위한 계획이 아타튀르크, 수상들, 문교부 장관들의 다양한 연설을 통하여 발표되었다.

1925년 문교부 장관 함둘라흐 숩히도 터키의 당면한 과제는 단순히 학생의 수를 증가시키는 작업에 국한된 것이 아니라 인격과 전문적 지식을 겸비한 학생들을 사회로 진출시키는 것이며, 사회발전에 기여하지 못하는 학생들은 결과적으로 부정적 변수로서 작용할 가능성이 있으므로 모든 학생들이 인격과 전문지식을 갖추어 민족발전의 촉매역할을 담당하도록 교육하는 것임을 역설하였다. 이러한 질적 향상을 위한 정책과 실천은 아타튀르크의 집권기간 뿐만 아니라, 그의 사후에도 추구되었다.

이외에도 터키공화국 수립 이래 시작된 개혁은 세속국가로 터키의 전환을 위시하여 아랍문자의 라틴문자로의 개혁작업, 고유 터키어 사용의 확대, 민족주의 사관 정립운동으로 확산되었다. 정부는 문자개혁 작업과 역사관 재조명운동에 고등교육기관의 능동적 참여를 기대하였으나,

대학이 부정적 반응을 나타냄으로써 정부는 대학을 개혁하기 위한 작업에 착수하였다.

아타튀르크는 1928년 국회 개회연설에서 정부가 대학의 자율적 변화를 위해 기울여온 노력의 결과를 평가할 때 급격한 조치를 취해야 할 시기에 봉착하였음을 언급하며, 시대적 요구를 충족시킬 고등교육기관의 설립을 기대하였다.

(2) 다률퓨눈의 개혁 이후기(1933~1938)

1925년 이후부터 대학개혁의 필요성이 인식되어 오던 중 정부는 명백한 태도를 취하여 1933년 7월 31일에 다률퓨눈을 폐교시키고 새로운 대학교설립에 착수하였다. 1933년 아타튀르크는 새로운 대학교 설립의 필요성을 강조하면서, 사회 각 부분에 적용하고 있는 급진적 개혁정책을 문교행정과 대학교에도 적용시킬 의사를 표명하였다. 이에 따라 정부는, 개혁작업에 대해 부정적 태도를 취한 구체제의 이스탄불다률퓨눈을 폐교시켰으며, 서구식 체제의 이스탄불대학교를 건립하였다. 특히 역사관조명운동과 고유 터키어의 사용 확대작업을 연구할 '앙카라 언어 · 역사 · 지리학대학'이 1936년 1월 9일 신설되었다.

한편, 정부는 시대적 상황에 걸맞은 전문지식, 문화감각과 민족적 긍지를 겸비한 지성인을 양성함으로써 터키의 선진국화를 도모하였다. 이러한 의도로 정부는 먼저 대학교의 수를 확대시키기로 결정하고 앙카라대학교를 구성할 단과대학들을 설립하기 시작하였다.

1937년 아타튀르크는 자신의 마지막 국회연설에서 터키를 세 지역으로 분류하여, 서부지역의 이스탄불대학교에 급진적 개혁운동을 지속적으로 추진시킬 것, 중부지역에 최단 기간동안 앙카라대학교와 동부지역의 반(Van) 호수 주위에 대학교를 설립할 것, 이 세 도시가 문화발전의 중심지로서 역할을 감당하게 될 것을 강조하였다.

이와 같이 고등교육정책은 세속주의, 민족주의, 혁신주의 노선에 입각하여 민족 자부심의 고취, 전문인의 양성과 지역에 따른 대학교의 균형적 발전을 목적으로 계획 · 적용되었다.

3. 이스탄불대학교

1) 이스탄불다륙퓨눈

1920년 4월 23일 앙카라에 첫 소집되었던 터키의회는 독립전쟁을 수행하고 있었으므로 영국이 점령한 이스탄불의 다륙퓨눈에 관한 문제에 직접 관여할 수 없는 상태에서, 다륙퓨눈의 문과대학 학생들은 독립전쟁과 민족주의 운동에 대하여 부정적 반응을 나타낸 교수들의 사임을 요구하고 나왔다. 당시 앙카라 국회에서 임명된 문교부장관 매흐맷 배흐비(Mehmet Vehbi)는 이 사건을 애국적 행동으로 평가하며 학생들에게 격려전보를 보냈다.

1924년 1월 다륙퓨눈을 방문한 문교부장관 이스마일 사파(Ismail Safa)는 다륙퓨눈이 문화사회 창조를 위한 동맥의 역할을 담당할 것이라고 발언하였다. 곧이어 3월 3일 승인된 '교육통일법'에 따라 메드레세는 폐쇄되고, 신학교의 기능을 대신할 신학대학이 다륙퓨눈 내에 신설되었다. 또한 4월 21일 승인된 제 493호 법령에 따라 다륙퓨눈은 의학, 법학, 문학, 이공학, 신학대학으로 개편되었고, 동 법령은 다륙퓨눈의 불가침성도 명시하였다.

제 493호 법령의 부칙으로서 이스탄불다륙퓨눈의 학칙이 부가되었는데, 교수들의 집중적인 학문연구를 위해 학칙 제 16 조는 교수의 부업겸직을 금지하였다. 그러나 이 원칙은 잘 준수되지 않았다. 다륙퓨눈은 공화국이 수립되었던 1923년에 6개동에 2,000명의 학생을 수용하였으나, 1925년에는 18개동에 3,150명의 학생을 수용하였다. 이듬해 1926년 2월에는 강의를 담당할 이공계통의 외국인 교수들도 초빙되었다.

이와 같이 다륙퓨눈의 발전이 진행되고 있는 동안에도, 다륙퓨눈의 학문적 성취의 결여와 개혁운동에 대한 부정적 반응은 터키 언론과 국회에서 논의의 주제로 자주 거론되었다. 1925년 이후부터 대두된 다률퓨눈에 대한 비평을 다음과 같이 요약할 수 있다.

a) 불명확한 교수 임용기준에 따른 혼란

b) 교수의 학문연구 열의의 부족

c) 학생의 수준격차로 인한 교육과정에서의 난점

d) 국가가 당면한 시대적 여건과 개혁운동에 대한 다률퓨눈의 무관심

특히 1925년에 문교부장관 함둘라흐 숩히는 다률퓨눈 방문연설에서 다률퓨눈에게 터키민족의 발전을 저해하는 불합리한 요소를 타파하는 개혁정신을 견고하게 조성해야 할 의무를 이행하도록 촉구하였다.

그러나 개혁운동의 일환으로 정부의 주도에 의하여 시작된 아랍어 추방 및 고유 터키어 사용 확대운동, 민족사관 정립을 위한 역사관 재조명은 당시 다률퓨눈의 지지를 얻지 못하였다. 특히 1932년 개최된 '제1차 터키 역사학회의'에서 정부 주도의 터키 역사관 정립운동에 대한 다률퓨눈 교수들의 비평은 다률퓨눈의 폐교를 촉진시킨 한 근본원인이 되었다.

2) 이스탄불대학교

민족주의와 개혁주의 노선에 입각하여 터키의 근대화를 모색하던 정부는 유럽 수준에 버금가는 문화의 창달을 위해 이스탄불다률퓨눈의 능동적 참여를 기대하였으나, 다률퓨눈은 정부의 요구에 냉담했다. 이에 대하여 정부는 터키공화국이 직면한 시대적 요청을 구현할 수 있는 새로운 고등교육기관의 설립을 구상하고 다률퓨눈을 개혁하기 위한 방안을 강구하였다. 한편 1931년에 개회된 국회는 다률퓨눈의 차기년도 예산을 승인하면서, 스위스의 교육학자인 앨버트 말쉐(Albert Malche)에게 다률퓨눈에 대한 평가보고서를 의뢰하도록 제안하였다. 말쉐가 1932년 1월 이스탄불에 도착하자 정부는 5월까지 다률퓨눈에 대한 평가보고서를 작성하도록 요청하였다.

말쉐는 준비한 보고서의 제 1장에서 다률퓨눈의 문제점을 파악하기

에 자신에게 허락된 4개월의 기간이 충분하지 못하나, 다각적으로 분석하려고 노력하였음을 표명하였다. 제2장에서는 문제의 해결방안을 제시하였다. 말쉐는 이스탄불다륄퓨눈이 민족의 정신적, 문화적 발전을 도모하기 위한 중추기관이 되어야 하며, 유럽국가들에 비교하여 볼 때 다륄퓨눈은 경제적, 정치적, 사회적으로 불리한 조건에서 고등교육기관으로서의 역할을 담당하고 있으며, 이와 더불어 전후의 불안정한 분위기와 심리가 학문연구에 치명적 저해요소로 작용하고 있음을 지적하였다.

또한 그는 동 보고서 제 2장에서 다륄퓨눈의 법적 지위에 대해 언급하면서, 다륄퓨눈에게 학문의 불가침성을 보장하는 반면에, 다륄퓨눈의 행정권을 정부로 이양시키도록 권장하였다. 행정권을 정부로 이양시킬 것을 권고한 이유는 격변기에 직면한 다륄퓨눈이 행정의 독립권을 소유할 경우 신성한 교육기관의 행정권이 소수 이익집단의 도구로 남용될 가능성이 있으므로 이것을 배제시키기 위한 것이었다.

이 보고서의 제 2장에서 말쉐가 지적한 다륄퓨눈의 문제점들을 다음과 같이 요약할 수 있다.

1. 학문연구를 위한 교수들의 열의 부족, 2. 교수와 학생들과의 관계가 강의실로 한정, 3. 주입식 교육으로 인한 학생들의 창의력 약화, 4. 교수들의 무관심, 5. 교수들 사이에 사상적일체감 결여, 6. 다륄퓨눈의 다양한 보직이 파벌을 형성케 하는 요소로 오용, 7. 학문의 자유와 행정권의 독립이 다륄퓨눈을 정부의 간섭으로 보호할 수 있었으나, 소수 이익집단의 도구로서 악용

문교부장관 레시트 칼립은 이 보고서를 검토한 후 다륄퓨눈의 문제점을 해결하기 위한 근본적 방안을 발표하였다. 정부가 제출한 '이스탄불다륄퓨눈의 폐교와 이스탄불대학교 신설에 대한 법안'이 1933년 5월 31일 국회에서 통과되었다. 이 법안에 따라 이스탄불다륄퓨눈은 1933년 7월31일 폐교되었으며, 1934년 5월 31일까지 이스탄불대학교는 임시교수 요원을 구성하여 교육을 진행하게 되었다. 전임교수요원을 선발하기 위해 문교부장관과 말쉐가 포함된 교수채용위원회가 구성되었으며, 위

원회는 나치독일의 압박으로부터 도피한 독일인 교수 32명을 이스탄불 대학교의 교수로 임용하였다. 위원회는 독일인 교수 외에도 5명의 프랑스인, 1명의 스위스인 교수를 선발하였다. 38명의 외국인 교수는 이공학, 의학, 법학 분야의 전문가이었다. 교수선발위원회는 151명의 다륄퓨눈의 교수 중에서 59명을 재임용하였고, 이외에 48명의 교수를 신규 채용하였다. 결과적으로 이스탄불대학교는 총 145명의 교수로 출범하였으며, 문과, 이공과, 의과, 법과대학으로 구성되었다. 교육의 세속화 작업의 일환으로 이스탄불 대학교의 신학대학은 규모가 축소되어, '이슬람 연구소'로 개칭되었으며 오히려 '터키혁명연구소'는 신설되었다.

1933년 11월 18일 이스탄불대학교의 개교식에서 문교부장관 유스프 히크매트(Yusuf Hikmet)는 정부가 이스탄불대학교의 발전과 국내 및 유럽으로부터 석학의 유치를 위해 노력하였음을 밝혔다. 이러한 노력에도 불구하고 미결된 결함은 지속적으로 보완될 것이라고 부연하였다.

한편, 잠정적으로 채용되었던 교수들의 임용기간이 1934년 5월 31일로 끝나자 새로이 전임교수요원들이 확정・발표되었다. 그러나 재임용에서 의과대학과 이슬람연구소의 교수 각각 2명과 법과대학 교수 3명이 제외되었으며 신규 채용된 교수는 없었다.

이스탄불대학교는 학칙 없이 개교되었으므로 결함의 보완책의 하나로서 1934년 10월 11일 63조로 구성된 '이스탄불대학교 학칙'이 제정되었다. 이 학칙의 제1조에서 이스탄불대학교의 목적으로 학문의 연구와 전수, 민족문화의 확장, 국가발전에 기여할 인재의 양성을 밝히고 있으며, 제 2조로부터 제 10조까지는 대학교의 편제와 관리체제를 내용으로 하고 있다. 특히 제 3, 4조에 의하여 대학교의 행정권을 문교부에 종속되었다. 학칙의 제 54조는 터키 혁명사(革命史)를 교양필수과목으로 규정함으로써 터키공화국이 추진하고 있는 개혁운동의 필요성을 인식시키려 하였다.

아타튀르크의 집권기간이 종료되는 1938년까지 이스탄불대학교는 내외적으로 발전을 이룩한 반면 이에 따른 문제점도 발생하였다. 이스탄불대학교는 1933년 설립 당시 3,500명의 학생을 수용하고 있었으나, 1937년도에는5,231명의 신입생이 입학하였다. 학생의 급격한 양적 팽창에도 불구하고 교육자료 및 시설의 확충, 교수의 충원이 따르지 못해 교육효과와 학술연구의 질적 저하에 대한 우려가 고조되었다. 1937년 경영대학이 신설됨으로써 이스탄불대학교는 5개의 단과대학으로 구성케 되었고, 1931~1932 수업년도에 등록한 학생 수에 1937~1938 수업년도의 학생수를 대비시킬 때 증가율은 192%로 나타났다.

결과적으로 정부의 주도에 의해 이슬람의 영향력으로부터 보호되어 학문의 연구와 전수에 전념하도록 설립될 이스탄불대학교는 기본이념으로서 개혁정신을 채택하였고, 이스탄불대학교의 총 145명의 교수 가운데 독일인 교수가 32명이나 차지함으로써 독일식 교육체제의 정착을 유도하였다.

4. 앙카라의 고등교육기관

아타튀르크의 집권 시 앙카라대학교가 설립되지 못하였으며, 1946년 6월 22일 제 4,936호 '대학법령'에 따라 기존의 '앙카라언어 · 역사 · 지리학대학', '앙카라법과대학', '앙카라의과대학'이 통합 · 개편됨으로써 앙카라대학교가 설립되었다. 통합 이전 개별적인 고등교육기관으로서 활동하였던 상기의 3개 단과대학 이외에도 1948년 7월 7일 제 5,234호 법령에 의해 '앙카라농과대학', 1950년 제 5,627호 법령으로 '앙카라정치학교'가 앙카라대학교의 단과대학으로 각각 편성되었다.

이스탄불 소재 보아즈이치 대학캠퍼스

1) 앙카라법과대학

오스만제국의 이슬람신학대학에서 이슬람교리를 근본으로 법률학이 강의되어 왔으며, 1869년 설립된 다률퓨눈에서는 서구적 개념의 법률교육이 있긴 했으나, 그 영향력은 미미하였다. 그러나 1878년 '법률학교'가 이스탄불에서 개교한 후 이원적 체제의 법률교육이 본격화되었다. 이스탄불대학교가 설립됨에 따라 법률학교는 이스탄불대학교의 법과대학으로 흡수되었다.

1922년 3월 1일 아타튀르크는 국회연설에서 앙카라법과대학의 설립에 대하여 언급하였으나, 치열한 독립전쟁이 계속되고 있던 시기이었으므로 뜻을 이루지 못하였다. 터키공화국 수립 직후 세속화 헌법을 제정하려는 시도가 확산되는 한편 1925년 2월 2일 법무부장관 마흐뭍 에사트(Mahmut Esat)가 세속화 노선에 입각한 법률교육의 실행을 강조하여 국회에 제출한 '앙카라법과대학 설립을 위한 법안'이 가결되었다. 가결된 법안에 의거하여 법무부장관은 유럽에서 법학을 연구한 터키인 학자와 법무부 소속의 법조인들을 교수로 임용하여 1925년 11월 5일 앙카라법과대학을 설립하였다. 동 대학교 개교 연설에서 아타튀르크는 세속화 원칙을 확산시키며, 구시대적 법률을 청산할 법학도의 양성이 법과대학의 교육을 통하여 이루어져야 할 것을 강조하였다.

앙카라 법대 본관 앞의 학생들

1925년 11월 11일 발표된 '앙카라법과대학 학칙'의 제 1조에 의해 법과대학의 교육기간은 3년을 원칙으로 하였으며, 법과대학은 법무부에 부속되었다. 따라서 교수의 임용권한을 법무부장관이 소유하였다. 1925년 최초 입학생으

로 고등학교를 졸업하였거나, 이와 동등한 자격을 소지한 학생들은 무시험으로, 고등학교 미졸업자들은 시험을 통하여 301명이 선발되었다.

그러나 1927년 이후부터 고등학교 졸업의 학력을 소지한 자에게만 입학자격이 부여되었다. 앙카라법과대학은 1925년 개교 이후부터 새로운 헌법세대의 양성에 일익을 담당하게 되었다.

2) 앙카라 고등농업연구소

터키공화국 수립 직후 1927년 실시한 최초의 인구조사에서 터키 인구의 81.6%가 농림업에 종사하며, 68.1%가 농촌에 거주하고 있음이 밝혀졌다. 아타튀르크는 1926년 국회개회연설에서 터키는 농업국가로서 농민을 보호해야 할 것을 강조하였으며, 정부는 농림업이 터키 경제에 차지하는 비중을 고려하여 체계적 연구로 농림기술을 개발할 전문기관의 설립을 계획하고 있음을 밝혔다. 1927년 6월 20일 국회에서 '농업기술의 계량과 농업연구기관 설치에 관한 법'이 가결됨에 따라 앙카라 고등농업학교를 설립하기로 결정하였다. 앙카라 고등농업학교는 1930년 농림부 산하 기관으로서 개교되었으며, 1933년 6월 10일에 제 2,291호 법에 따라 앙카라 고등농업연구소로 개칭·확대되었다. 동법의 제1조에 앙카라 고등농업연구소가 농림부의 부속기관임과 제2조에 연구소는 자연과학대학, 농업기술대학, 농과대학, 수의학대학으로 구성되었음이 명기되었다.

앙카라 고등농업연구소 수립 당시 이스탄불에 소재하던 고등임업학교는 1934년 6월 18일 제 2,524호 법에 의하여 앙카라 고등농업연구소의 임학대학으로 편성되었다. 농학, 임학대학의 교육기간은 3년, 수의학대학의 교육기간은 4년이었으며, 농업기술대학과 자연과학대학은 신입생을 개별적으로 선발하지 않고, 농학·임학·수의학대학 학생들의 농업기술의 실습과 기초 자연과학의 수업을 목적으로 설립되었다.

문자개혁(1928년 11월 1일)과 터키 언어학회 설립(1932년 7월 12일)

이후 전문용어의 터키어화 계획의 일환으로 1934년부터 아랍어 전문용어를 라틴어로 대체하였으며, 특히 수의학 전문용어의 대체는 광범위하게 이루어졌다.

연구소의 교수 전원은 1933년부터 1939년까지 독일인이었으며, 독일어로 진행된 강의와 실습은 독일에서 유학하였던 터키인 조교수들에 의하여 통역되었다. 1939년 가을학기부터 터키인 교수들이 수업을 담당하기 시작하였으나, 앙카라 고등농업연구소에 이미 독일식 교육이 정착되었다.

3) 앙카라 언어 · 역사 · 지리학대학

오스만제국이 회생할 가능성이 희박하여진 19세기 중엽부터 오스만제국의 역사관에 대한 반성이 일어났으며, 터키공화국 수립 이후 이러한 반성 분위기는 더욱 확산되었다. 공화국 정부는 터키 역사와 언어에 대한 연구가 다수의 유럽인 학자들에 의하여 다루어져 왔음을 인식하고 터키 문화발전에 관한 연구를 터키인들에 의하여 보다 활발하게 진행시키기 위해 1931년 4월 15일 터키 역사협회와 1932년 7월 12일 터키 언어협회를 설립하였다.

이 두 협회의 민족주의에 근거한 터키 역사, 언어이론의 보완과 확산 의지를 지지하던 아타튀르크는 1935년 3월 11일 문교부장관 아비딘 외주맨(Abidin Ozmen)에게 언어 · 역사 · 지리학의 상호 관련성을 언급하고 언어 · 역사 · 지리학대학의 설립을 권고하였다. 아타튀르크의 견해를 채택한 정부는 터키 민족주의 정신에 입각한 개혁정신을 정착시키기 위해 역사와 언어 연구요원을 양성하기로 정하고 언어 · 역사 · 지리학대학의 설립 작업에 착수하였다.

1935년 5월 23일 '앙카라 언어 · 역사 · 지리학대학 설립에 관한 법안'이 국회에 제출되었다. 이 법안은 1935년 6월 14일 가결되고, 앙카라언어 · 역사 · 지리학대학은 1936년 1월 9일 개교식을 거행하였다. 대학설립 당시 터키 언어와 역사의 발달과정을 연구할 목적으로 수메르어, 히타이트어, 인도어, 중국어, 헝가리어, 아랍어, 이란어, 러시아어, 고고학 강좌가 개설되었다. 대학의 교수로서 터키인 교수들을 비롯하여 나치(Nazis) 독일로부터 도피한 독일인 학자들이 선임되었다.

4) 정치학대학

정치학대학의 전신인 '공무원학교(Mekteb-i Funun-i Mulkiye)'는 1839년 개혁칙령 선포 후 서구화정책의 일환으로 근대화작업을 추진하여 나갈 요원을 양성하기 위해 1859년 2월 12일 이스탄불에 세워져 50명의 신입생을 선발하였다. 공무원학교는 1915년 9월 6일부터 1918년 3월 31일 사이에 이스탄불다률퓨눈에 흡수되었던 경우를 제외하고 오스만제국의 왕권이 상실되기까지 독립된 기관으로 존립하면서 고급공무원을 배출하였다.

1922년 11월 1일 오스만제국의 군주정체의 폐지를 선언한 앙카라국회는 오스만제국 내무부에 소속되어 있던 공무원학교를 앙카라 독립정부의 문교부 부속기관으로 편성하였다. 터키공화국 수립 이후 1924년 7월 12일 공무원학교 학칙이 제정되었고, 학칙의 제 1조에 의하여 공무원학교는 행정, 재무, 정치과로 분리되어 교육이 이루어졌다.

앙카라 법대

1929년 전개된 고유 터키어 사용운동이 1932년 이후 확산됨에 따라서 공무원학교도 그 영향을 피할 수 없었다. 아타튀르크는 1934년 공무원학교 개교 75주년 기념일에 이스탄불로 보낸 축전에서 학교 명칭으로 공무원학교

(Mulkiye Mektebi)를 정치학대학(Siyasal Bilgiler Okulu)으로 변경하여 최초로 사용하였다.

공무원학교의 발전에 지대한 관심을 보이고 있던 정부는 이스탄불로부터 앙카라로 공무원학교의 이전을 계획하였고, 1935년 5월 30일 국회에서 가결된 제 2,750호 법에 의거하여 공무원학교의 이전, 140명의 신입생 모집, 학교명칭의 변경을 실현하였다. 동법에 따라 정치학대학은 앙카라로 이전되어 1936년 11월 15일부터 교육하게 되었다.

5. 아타튀르크기 이후 고등교육

공화국 건국 이후에 보수적 성향을 유지해 온 다률퓨눈을 1933년 폐교한 무스타파 케말은 이스탄불 대학교를 창설하여 터키의 고등교육을 서구 수준으로 발전시키고자 노력하였다. 1944년에는 고등엔지니어학교(Yuksek Muhendis Mektebi)를 재조직하여 이스탄불 공과대학으로 개칭하였고, 1946년에는 앙카라에 이미 설립되어 교육활동을 하고 있던 법과대학, 정치학대학, 농과대학 등을 통합하여 앙카라대학을 설립하였다. 공화국 초기의 고등교육정책은 세속주의, 민족주의, 개혁주의 노선에 입각하여 민족 자부심의 고취, 전문인의 양성과 지역에 따른 대학교의 균형적 발전을 목적으로 계획 · 적용되었다.

1955~1957년에는 이즈밀에 에게대학교, 카라데니즈 공과대학, 중동공과대학교(앙카라), 아타튀르크대학교를 설립하여 고등교육이 크게 발전할 수 있었다. 1967년에 하제테페대학교(앙카라)와 1971년에 보아즈이치대학교(이스탄불)를 필두로 1967~1981년에 12개 대학교가 설립되었고 전국적으로 대학교의 숫자가 총19개로 증가하였다. 그 사이에 1974년에는 고등교육 수요의 증가를 충족시키기 위해 방송통신 대학과정을 개시하였다. 1981년에 고등교육기관이 5개의 종류로 분류돼 교육을 했다 : 1) 대학교 2) 아카데미 3) 2년제 전문대학 4) 3년제 교육대학 5) 방송통신대학 등의 166개 고등교육기관에서 20,816명의 교수가 근무하였고,

237,369명의 학생이 재학하고 있었다. 1981년에는 제 2,547호 고등교육법을 제정하여 고등교육위원회를 조직하여 고등교육기관을 관리, 감독하는 기능을 부여하였다. 이 위원회는 대학의 발전, 평가, 예산투자, 사업계획 및 조정에 관한 사항을 의결한다. 일부 대학 교수들은 이 고등교육위원회를 대학의 전문성과 독립성을 침해하는 어용기관으로 비판하고 있다.

1982년 기준으로 총 27개 대학교와 이에 부속된 연구소, 전문대학, 직업학교 등이 국가 발전에 필요한 인재를 양성하였다.

1984년까지 터키의 고등교육기관 전체가 국립이었는데, 1984년에 처음으로 앙카라에 사립대학교인 빌켄트대학교가 설립되었다. 1992년에는 전국적으로 대학교가 크게 증가해 1992년에는 53개였고, 1999년에는 74개로 확대되었다. 1992년부터는 최신식 시설을 갖춘 사립대학교도 꾸준히 증가하고 있으며, 특히 이 사립대학교에서는 교육언어를 영어로 사용하여 학생들이 국제경쟁력을 갖도록 유도하고 있다. 사립대학교를 제외한 모든 고등교육기관은 국가재정으로 운영되는 국립이며 학비는 소액의 등록금을 납부한다. 4년제 대학교는 졸업정원제에 따라 철저하게 학사를 관리하고 있어서 적지 않은 수의 학생들이 중도에 탈락하게 된다.

앙카라의 중동공과 대학교(Middle East Technical University)와 빌 켄트대학교(Bill-Kent University), 이스탄불의 보아즈이치대학교(Bogazici University)가 여기에 해당된다. 국가대학입학고사를 통해 상기 대학에 입학이 확정된 신입생들은 별도의 영어시험을 치러야 하며 일정 기준에 미달된 이들은 1년간 영어교육을 받아야 한다. 이밖에도 이스탄불 소재 마르마라(Marmara)대학교의 경제와 행정대학, 이스탄불대학교의 국제관계학과가 영어로 강의를 하고 있다.

앙카라대학교 문과대학에 1989년 창설된 한국어문학과는 터키에서의 한국학 연구의 중심지 역할을 맡고 있으며 1992년 한국외국어대학교와 앙카라대학교는 학술교류협정을 체결해 교수와 학생 교류 사업을 전개하고 있다.

터키에 국립대학교가 대학교의 대부분을 차지하므로 국가가 국립대학교를 경제적으로 충분하게 지원하지 못하고 있어 국립대학교는 교육과 연구 분야에서 점차 부실해지고 있으므로 양질의 교육을 받고자 하는 중산층 이상의 학생은 수업료가 비싼 사립대학교를 선호하고 있다. 이와 같은 대학교들은 성적이 우수하나 비싼 수업료 때문에 입학할 수 없는 학생들에게는 장학제도를 마련해 공부할 수 있는 기회를 제공하고 있다.

터키도 세계화(Globalization) 추세에 따라 고등교육의 확대를 단계적으로 추진하고 있다. 이를 뒷받침하기 위한 정책의 하나로 고등교육을 받는 학생이 필요한 경우에는 '고등교육신용대출 · 기숙사 재단'으로부터 학자금 융자를 받는 제도가 있다. 터키에서는 대학교 캠퍼스 내외에 기숙사를 세워 타 도시에서 온 학생들에게 우선적으로 제공한다. 1999~2000 학년도 기준으로 기숙사를 이용하는 학생들은 총 174,373명으로서 이 가운데 남학생이 84,762명, 여학생이 89,611명이었다. 터키에서도 기숙사 생활을 하지 않는 타 도시 출신의 일부 학생들은 캠퍼스가 가까운 지역의 소규모 아파트를 공동으로 임차하여 생활하기도 한다. 2001년 현재 터키의 대학교의 수는 77개, 재학생 1,677,936명, 교수 71,290명이며 터키 인구 증가와 더불어 고등교육에 대한 관심이 커지고 있으므로 고등교육기관은 더욱 확대될 것으로 예측할 수 있다.

XIV

여성

XIV 여성

1. 터키여성의 교육 상태

오스만제국의 교육기관 가운데 이슬람신학교는 종교부에 소속되었고 18세기 말부터 설립되기 시작한 서구식 교육기관은 교육부에 속해 있었으므로 교육기관이 이원적으로 관리되었다. 따라서 교육기관의 이원화는 사회 구성원과 사고체제와 가치관의 이원화를 조장하여 오스만제국 근대화기에 사회적 갈등요인으로 작용하였다.

1923년 10월 터키공화국을 건국한 무스타파 케말 정부는 세속화주의를 실현하기 위해 우선적으로 교육통일법(1924. 3.)을 발표하였다. 교육부가 교육통일법에 의해 이슬람신학교를 해체하고 모든 교육기관을 교육부의 관리를 받게 함으로써 일원적 관리체제가 확립되었다. 1927년 교육부 장관이었던 네자티(Mustafa Necati : 1925.2~1929.1. , 재직) 는 한 연설에서 : "과거의 교육은 종교적 특성을 소유했음은 물론 민주적으로 진행되지도 못했다. 오늘날의 교육은 세속적 방식으로 이행되며 사상과 양심의 자유를 저해하는 어떠한 영향도 배제한다."고 강조했다.

터키공화국 건국 직후 초대 교육부 장관이 "교육과정에서 남녀를 차별하지 않을 것이며 여학생과 남학생이 동일한 교육체제 하에서 성장해야함"을 강조함으로써 남녀공학의 도입을 이미 시사하였다. 1926년에는 사관학교를 제외한 모든 학교에 여성들도 입학할 권리를 부여하여 남녀공학을 위한 법적 제도가 마련되었다. 1927년 교육부 장관 무스타파 네자티의 주도하에 교육부는 남녀공학 제도의 시기상조라는 반대 여론에도 불구하고 전국의 중등학교에서 남녀공학 제도를 도입하기로 결정하였다.

1990년도 고등교육기관의 전공별 남녀 비율

전 공	학생수	남 자	여 자	여학생비율%
전체학생수	705,409	468,406	237,003	33.60
인문학	28,206	15,696	12,510	44.35
교육학	66,151	37,188	28,963	43.78
예 능	8,680	4,012	4,668	53.78
법 학	16,526	11,220	5,306	32.11
자연계	67,639	38,736	28,903	42.73
상경계	56,375	35,351	21,024	37.29
공 학	102,049	82,635	19,414	12.02
사회과학	287,660	196,418	91,242	31.72
보건학(의, 간호, 약약)	53,343	29,550	23,793	44.60
농 학	22,732	15,841	6,891	30.31

*1990년 재학생 705,409명 가운데 일부 전공분야의 재학생을 제시함. (Dogramaci 1997:103)

1990년 기준으로 고등교육 기관의 여학생 수는 237,003명으로 전체 학생수에서 여학생이 차지하는 비율이 33.60%이며, 법학, 공학, 사회과학과 농학에서 여학생 비율이 다른 전공에 비해서 상대적으로 낮다는 것이 나타난다. 법학, 공학, 농학과 사회과학 분야에서 여학생 비율의 열세는 여학생들이 이 분야에 관심이 적고 졸업 후에 여학생들의 진출이 제한을 받아 활발하지 못하다는 일면을 보여준다. 인문학, 교육학과 예능계에는 여학생 비율이 40% 이상으로 나타나고 있다. 특히, 공학 분야는 공부하는 과정이나 미래에 선택할 직업에서 활동성이 많이 요구되고 있어서 여학생 비율이 12.02%로 크게 떨어진다.

2000~2001학년도에는 고등교육 기관 재학생 수가 폭발적으로 증가하였다. 1990학년도 고등교육 기관 재학생수가 705,409명에서 10년 뒤인 2000~2001학년도에 1,881,088명으로 증가한 사실은 터키 정부가 고등교

육을 비롯하여 전반적인 교육의 발전에 역점을 두었던 것을 나타내고 있다. 고등교육 기관의 발전은 하급교육기관의 발전과 출산율 증가에 근거하기 때문이다. 고등교육 기관의 전체 재학생 가운데 여학생이 41.6%를 차지한 것은 10년전의 33.6%에 비하면 여성의 지위가 향상될 수 있음을 직접적으로 보여주고 있다. 특히, 2000~2001학년도 372,883명의 신입생 가운데 여학생이 162,286명으로 약 43.5%를 차지하고 있어서 앞으로도 터키여성의 지위가 약진할 것임을 예상하기 어렵지 않다.

터키도 세계화 추세에 따라 고등교육의 확대를 단계적으로 추진하고 있다. 이를 뒷받침하기 위한 정책의 하나로 고등교육을 받는 학생이 필요한 경우에는 '고등교육신용대출 · 기숙사 재단'으로부터 학자금 융자를 받는 제도가 있다. 터키에서는 대학교 캠퍼스 내외에 기숙사를 세워 타 도시에서 온 학생들에게 우선적으로 제공한다. 1999~2000 학년도 기준으로 기숙사를 이용하는 학생들은 총 174,373명으로서 이 가운데 남학생이 84,762명, 여학생이 89,611명이었다.

2001년 현재 터키의 대학교의 수는 77개, 재학생 1,881,088명, 교사, 강사 및 조교 71,290명이며 터키 인구 증가와 더불어 고등교육에 대한 관심이 커지고 있으므로 고등교육기관은 더욱 확대될 것으로 예측할 수 있다. 터키에서 대학에 진학하려면 전국적으로 시행되는 수학능력평가시험에 응시해야 하며, 그 결과에 따라서 대학을 선택하여 지원할 수 있다. 최근에 여학생들이 이 시험에서 괄목할 정도로 좋은 성적을 내고 있다. 2000년 수학능력평가에서 여학생들이 남학생에 비해서 평균적으로 좋은 성적을 냈다. 그러나 아직까지 대학 재학생 수는 여학생에 비해서 남학생 비율이 더 많다. 2001~2002학년도에 전체 대학재학생 가운데 여학생은 41.6%를 차지한다.

개방대학 가운데, 2년제 전문대학에 등록한 여학생 비율은 49.3%로서 다른 고등교육기관에 비해서 높게 나타났다. 석사 과정에서는 여학생 비율이 남학생에 비해서 낮아지는 현상이 있으며 공학과 농학 분야에서는 남학생 비율이 매우 높고, 반면 어문학, 교육학, 예체능학에서는 여학생 비율이 오히려 남학생보다 높았다.

남녀 연령별 취학 비율(1999년 기준)

	도 시	농 촌	전 체
6~11세, 남	93.0	92.8	92.9
여	90.4	90.7	90.5
12~14세, 남	89.8	82.2	86.6
여	79.8	67.3	74.4
15~17세, 남	64.5	47.8	58.2
여	55.2	26.4	43.6

고등교육 기관에서의 여성학자 및 연구자의 수와 비율 (%), 2001~2002

	여성	전체	여성비율(%)
교수(Prof)	2,350	9,529	24.7
부교수(Doçent Doktor)	1,754	5,576	31.5
조교수(Doktor)	3,368	11,420	29.5
강사(Okutman)	3,958	10,976	36.1
외국어강사(Dil Okutmani)	3,121	5,516	56.6
특수직(Uzman)	977	2,309	42.3
연구조교(Arastirma Asistani)	10,611	25,933	40.9
번역조교(Tercüman)	9	17	52.9
교육개발연구(Egitim Planlayicisi)	6	14	42.9
전체	26,154	71,290	36.7

출처 : 고등교육통계, 2001~2002, SCPC
Kaynak : Yüksek Ögretim Istatistikleri, 2001~2002,SCPC

전공별 여학생 비율 (대학) (%), 2001~2002 학년도

전공	신입생	전체 재학생	졸업생
의학, 약학, 간호학	46.1	42.6	44.5
인문학	63.4	60.0	60.6
자연계	46.7	47.1	48.5
교육학	57.1	55.5	50.3
공학계	23.4	23.2	25.7
예체능계	54.0	54.1	61.1

고동교육통계자료(Yüksek Öğretim İstatistikleri, 2001~2002,SCPC)

2. 정치와 사회 조직에서의 여성

1999년 총선에서 23명의 여성 의원이 선출되었고 의회에서 차지하는 비율은 4,0%이다. 2002년 11월 3일에 있었던 총선에서는 24명이 선출돼 전체 의석 가운데 여성 의원이 차지하는 비율은 4.6%로 증가하였다. 1997년 이후로 내각에서 여성 장관의 수는 2명을 넘지 못했다. 지방자치단체장 선거에서도 시장으로 선출된 여성은 1994년에 15명에서 2000년에 20명으로 증가했지만, 이 숫자는 전체 시장 가운데 0.6%에 해당하여 국가 전체적으로 볼 때 여성 시장이 차지하는 비율은 매우 저조하다. 터키 역사에서 여성 수상이 1명이 있었으며 그는 탄수 칠레르(Tansu Ciller)였다.

여성 공무원의 비율은 지속적으로 증가하고 있다. 1996년 통계에 따르면 공직에서 중견 간부에 해당되는 위치에 여성들이 차지하는 비율은 27.5%로 과거에 비해 크게 증가하고 있으며 공무원 전체로 볼 때에는 여성은, 전체 약 2,197,000 명 가운데 33.1%를 차지하여 적지 않게 나타났다. 2001년 기준으로 중견 간부급에서는 여성이 27.5%, 중앙부처 공무원 과장급에서 약 11%, 국장급에서 약 6%, 차관보급에서 4.3%를 차지하는데, 차관급에서는 여성이 없는 것으로 나타났다. 법무부와 검찰청 소속 재판관이나 검사 가운데 여성이 19.7%를 구성하며 외교부 187명의 대사 가운데 여성은 8명이다. 내무부 소속 573명의 주지사와 부주지사 가운데 여성이 없다. 교육부에 속한 대학교 500명 학장 가운데 여성이 49명, 79명의 총장 가운데 여성이 3명이다. 변호사협회 회원 가운데 여성이 21.6%, 공증인협회 회원 가운데 여성이 20.6%를 차지한다. (참고 : http://www.kazete.com.tr/httpdocs/arsiv/2002/28/)

사기업에서 여성들이 차지하는 비율은 정확히 파악되지 않고 있지만 공공부문에서 활동하고 있는 여성의 비율과 별로 차이를 보이지 않는 것으로 추정된다. 그러나 1990년 이래로 민간 부문에서 활동하는 여성도 점차 증가하는 것으로 파악되고 있다.

여성의 사회 진출은 여전히 제한을 받고 있지만 국제적 수준의 여권을 확보하기 위해서 정책의 변화와 법률 개정을 유도하고 추진할 수 있는 압력단체로 활동하는 여성단체의 수가 꾸준히 증가하고 있다. 이러한 활동을 지원하는데 앙카라대학교 여성문제 연구소가 주도적인 역할을 맡고 있고 '사회에서 성(性)의 역할', '여성과 정치'라는 주제로 여권 확대를 위한 연구를 지속적으로 전개하고 있다. 또한 이 연구소는 여성의 의식화를 강조하기 위해서 여성을 위한 특별강좌를 개설해 운영하고 있다.

3. 베일(머리수건)[73] 착용 논쟁

이슬람에서는 남녀 공히 이성을 대할 때 순결성을 지킬 수 있는 태도와 자세를 요구하고 있다. 쿠란 24장 30절에서 믿는 남성들이 그들의 시선을 낮추고 정숙할 것을 요구하며 이러한 태도가 그들을 위한 순결이라고 기록하고 있으며, 31절에서는 믿는 여성들이 그녀들의 시선을 낮추고 순결을 지키며 유혹하는 어떤 것도 보일 수 없으며 가슴을 가리는 머리수건을 쓰라고 지시한다. 남녀 모두에게 정숙과 순결을 지키기 위한 자세와 태도를 취하라는 내용이 무슬림 남성들에 의해 편향적으로 해석돼 점차 여성의 신체를

여름에 스카프로 머리와 얼굴 일부를 가린 여성들

73) 터키에서는 여성들이 얼굴 전체를 가리는 베일을 쓰기보다는 대체로 얼굴을 내놓고 머리카락, 귀 와 목을 가리는 머리수건을 착용하므로 베일보다 '머리수건'이 더 적당한 표현이라고 본다.

가리고 남녀 격리라는 사회적 제도로 정착하게 되었다.

9세기에 이슬람으로 개종한 터키인들도 이슬람의 관행을 따랐으며, 이 과정에서 남녀관계와 의상의 착용도 예외가 될 수 없었다. 오스만제국에서 남녀관계가 이슬람법 범위 내에서 이루어졌고 남녀 격리원칙이 오스만제국 말기까지 대체로 유지되었다.

터키공화국 건국 이후 일련의 개혁 작업에 착수한 무스타파 케말은 터키인들은 문화인이며 생각과 마음 그리고 생활방식에 있어서도 문화인임을 입증해야하며, 특히 외모에 있어서도 문화적, 진보적 국민이라는 것을 보이기 위해서 전통의상에 집착할 필요가 없음을 역설했다. 무스타파 케말의 주도 아래 통과된 '공무원의 중절모 착용을 의무화하는 법안'이 1925년 11월 25일 발효되었다. 개혁 세력은 무슬림 남성의 전통모자이며 남성들 신앙의 상징성을 나타내는 '페즈' 대신 중절모의 사용을 확산시킴으로써 변화의 분위기를 의도적으로 조성하였다. 무스타파 케말은 여성의 머리수건 착용에 대해서도 비판하였으나 머리수건 사용을 반대하는 법안을 발의하지 못했다. '공무원 중절모 착용 법안'이 시행된 지 10년이 지난 1935년 공화국민당 회의에서 '머리수건 착용금지안'이 발의됐으나 그 이상의 지지와 진전은 나타나지 않았다. 남자 공무원들을 비롯한 일부 남성들의 외관은 변했지만, 여성들이 머리수건을 자발적으로 벗기까지는 좀 더 기간이 필요했다. 급진적인 개혁을 추구하는 무스타파 케말도 여성의 머리수건 착용을 의무화하는 종교적 명령에 법안을 통과시켜 공식적으로 맞서기보다는 여성들의 자발적이고 점진적인 '머리수건 착용 거부'를 기다려야 했다.

얼굴 전체를 가린 할머니

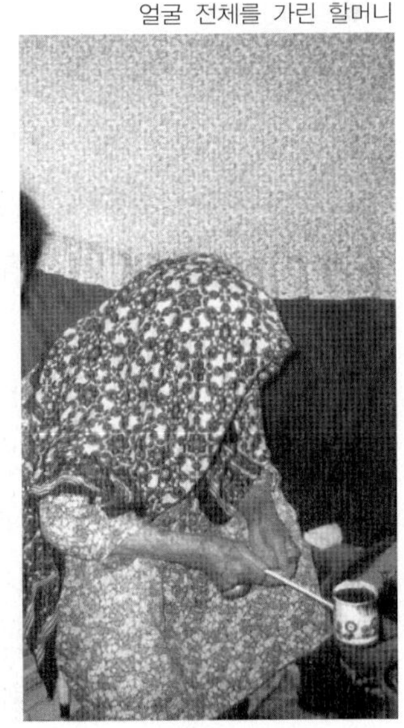

현재, 터키에서 여성들의 머리수건 착용은 개인 자유의지에 따라 선택된다. 다만 고등교

육기관의 여직원과 여학생들의 머리수건 착용이 학교 내의 교실, 실험실, 병실과 복도 등의 일정 장소에서 금지되고 있다. 머리수건 착용에 대한 논쟁은 1980년대에 더욱 가열되었다. 내각회의에서 '교육부와 기타 정부 부처에 속한 교직원과 학생 의복 관련 규정'이 1981년 7월 22일자 제8/3,349호로 제정되었기 때문이다. 동 규정의 제 13조에서 고등교육기관의 학생의 의복 착용 방식이 정리되어야 한다고 명시하였다. 고등교육위원회에서 1985년 8월 13일에 승인된 '고등교육기관 학생규율 규정'의 제 7조의 첨가에서는 학생이 학교에서 착용하지 말아야 할 의복의 형태를 구체적으로 기술하였다 : '고등교육기관의 교실, 실험실, 치료실, 병실과 복도에서 비현대적 의복의 착용이나 모양을 나타내는 것은 경고의 징계에 해당된다.' 이 규정을 적용하여 머리수건을 쓰고 교실에 들어가는 여학생들은 경고를 받았고 심지어 일부 교수들이 입실을 허용하지 않았다.

1980년대와 90년대에 걸쳐 고등교육기관에서의 머리수건 착용 금지를 반대하는 움직임 또한 나타나 정부의 머리수건 착용 금지에 대한 적법성 여부를 놓고 행정소송이 제기되었다. 최고행정재판소는 이 문제의 해결 방법을 찾는 과정에서 공화국의 세속화 원칙에 우선권을 두는 쪽에 비중을 두었다. 1980년대에 대학교에서 머리수건을 쓴 학생에게 입실을 허락하지 않음으로써 발생한 의견 대립의 문제에서 최고행정재판소는 공화국의 세속화 원칙을 무시하고 종교적 국가체제를 요구하며 세속화 원칙에 반대하는 가치관의 상징으로 머리수건을 쓴다고 유권적 해석을 내렸다.

여대생의 머리수건 착용 문제는 법의 문제라기보다는 정치와 종교적 성향을 표시하는 강한 상징성을 내포하기 때문에 논쟁의 주제가 되고 있다. 앞에서 최고행정재판소의 해석대로 대학교의 교직원과 여대생의 머리수건 착용은 순수한 신앙심 표현의 차원을 넘어서 공화국의 세속화 원칙에 저항하는 상징이며 이 저항을 확대시키려는 의도를 가지기 때문에 제한을 받고 있는 것이다. 과거 오스만제국에서는 여성이 철저하게

해안도로를 달리는 젊은 남녀

이슬람 전통의상을 착용하는 것을 요구했던 반면에 오늘날 터키 공화국에서는 고등교육을 받는 학생들에게 현대적 여성의상을 착용하도록 규제하고 있다. 터키 여성의 의상은 '이슬람화와 세속화', '전통과 현대'간의 균형을 놓고 어떤 성향과 선택을 취하는지를 외적으로 나타내는 상징이자 의미인 것이다. 친이슬람 성향을 가진 사람들은 공화국의 세속주의 원칙 아래 종교의 자유를 일부 제한받고 있다고 공적 장소에서 머리수건 착용 금지를 비판하고 있다. 이와 달리, 세속주의자들은 친이슬람 세력이 머리수건 착용의 확산을 도모해 공화국의 기본원칙을 약화시키려는 의도를 가지고 있다고 본다. 종교, 정치적 견해를 달리하는 집단들이 여성의 옷차림을 둘러싸고 이념적 갈등을 표출하는 현상은 앞으로도 지속될 것이다.

4. 소설, 『비와 토지』를 통해서 본 터키 여성

소설 『비와 토지』의 배경은 터키 3대 대도시인 이즈밀(Izmir)에 가까운 우를라 읍(邑)이며, 시대적 배경은 1951년 9월부터1952년 8월까지다. 이때에 터키는 한국전에 파병했는데, 『비와 토지』에서 파병하는 문제를 놓고 젊은이들은 정부의 정책에 호의적인 반응을 보이지 않았던 것으로 묘사되기도 한다. 이때 주인공으로 등장하는 변호사 니핫도 젊은 지식층을 대표하는 인물이었으므로 파병에 호의적이지 않았다. 그 이유는 정부가 파병을 결정하면 젊은이들은 한국전에 참전하여 전사할 가능성

이스탄불 선착장으로 들어가는 여객선

이 컸기 때문이었다.

『비와 토지』는 우를라읍에서 활동하는 젊은 변호사인 니핫, 그 지역의 중학교 미술 선생님인 페리한, 니핫의 친구인 의사 체틴, 체틴을 사랑하게 되는 시골 처녀 휴스니예 및 주변 인물 등을 통해 우를라읍 사람들의 생활과 문제점, 사랑과 미래에 대한 꿈, 당시의 정치적인 상황을 구체적으로 묘사하고 있다.

『비와 토지』에서 등장하는 여성들의 성격과 특징, 여성에 대한 남성의 생각과 대화를 살펴봄으로써 터키 여성을 이해하려 한다. 특히, 니핫의 어머니는 자식들을 사랑하는 모성애로 가득 찬 마음을 가지고 사는 전형적인 터키 가정의 어머니로 묘사되고 있다. 바람이 세차게 부는 밤에 아들이 잠에서 깨지 않도록 덜거덕거리는 창문을 닫으려고 어려움을 마다하지 않고 애를 쓰는 모습은 우리들의 어머니 모습을 연상시킨다. 페리한과 휴스니예는 각각 개성이 크게 다르지만 전자는 여성의 매력을 간직하고 있으면서도 이지적이며 후자는 강인하며 지조 있는 성격을 가진 그래서 그들 모두를 더욱 사랑하게 만드는 여성으로 등장한다. 이밖에도 소설에서는 대도시에 살면서 물질주의에 물든 부유한 여성과 이와는 대조적으로 농촌에서 농사일을 거들며 힘겹게 살아가는 촌부를 만날 수 있다. 아울러 이슬람의 보수적 관점에서 여성을 평가하고 여성의 차도르 착용을 주장하는 인물도 있어서 터키 여성의 사회적 지위를 이해하는 데 다양한 시각을 제공한다.

주인공 니핫의 가족[74)]

니핫 : 변호사인 니핫은 장남이며 어머니를 모시고 동생들을 돌보려고 대도시에서 대학을 마치고 고향 우를라로 돌아와 변호사 사무실을 차렸다. 대도시에서 살고 싶지만 그곳에서 개업할 수 있는 경제적 여건이 허락되지 않은 것도 귀향의 한 원인이 되었다. 어머니와 한 집에 살고 있으며 읍의 보건의로 일하는 체틴과 가장 많은 대화를 나눈다. 니핫은 그 마을 중학교 미술 선생님인 페리한에게 마음을 두기 시작한다. 그는 시골에서의 변호사 생활을 접고 언론인으로 활동하려는 포부를 가지고 있었으며 마침내 페리한과 결혼 후에 이스탄불을 향해 출발한다. 니핫은 소설의 발단에서 페리한을 자주 보게 되지만 마음을 적극적으로 표현하지 못한다. 니핫과 페리한의 만남은 목례와 미소 짓는 모습으로 가볍게 이루어진다.

> 니핫은 이즈밀로 가는 버스에 올라타 자리에 앉는 것을 지켜보던 페리한에게 가볍게 목례를 했다. 그녀 역시 살짝 미소를 지으면서 인사를 받았다. 비록 그들의 만남은 이 정도로 그쳤지만 니핫은 금요일을 헛되이 기다렸다고 생각하지 않았다.[75)]

니핫의 아버지 : 큰딸인 니할을 결혼시키려고 포도밭 한 마지기를 팔고, 사망 일년 전 세 자녀의 학업을 지원하려고 팔았다. 니할을 출가시킨 후 세 마지기의 밭을 남기고 생을 마친다.

니핫의 어머니 : 전업 주부인 어머니는 남편과 사별한 뒤, 외로움을 느끼지만 아이들을 공부시키기 위해 대도시로 보내고 자식들을 염려하며 살아간다. 9월 마지막 토요일, 어머니는 니핫과의 대화에서 동생들을 보살피는 니핫을 향한 뜨거운 모성애가 드러난다. 니핫의 어머니도 보통

---

74) 네자티 주마르, 비와 토지, 김대성 역, 한국외국어대학교 출판부, 1996, 68~69쪽.

75) 위의 책, 115쪽.

어머니들과 마찬가지로 자식들의 학업과 미래에 대한 걱정을 감추지 못한다.

9월의 마지막 토요일 오후 1시에 딸 누란이 이스탄불로 가자 그녀는(어머니) 적셔오는 눈가를 감추려고 고개를 숙였지만 우울한 표정을 지우지는 못했다. 니핫과 대화하는 동안에 잠시 침묵이 흘렀다.

-쓸데없는 걱정일랑 그만 하시고 식사나 하세요...

어머니는 미소를 지으며 약간 떨리는 목소리를 억제하려 애썼다.

-미안하다. 그만 가슴이 메여 오니...

-네 동생들에 대한 부담이 없어지면 너도 혼자 사는 신세를 면할 수 있을 거야.

종종 그랬듯이 어머니와의 대화는 차차 니핫의 결혼 문제로 변하게 되었다.

-내 마음을 아프게 하는 건 바로 지금의 네 처지란다. 이렇게 혼자 있는 너를 볼 때 마음이 찢어지는 것 같구나.

-어머니, 절 당분간 그대로 두세요.[76]

....중략....

바람소리가 온 집안을 뒤덮어버린 것 같았다. 거실 위 북동쪽으로 나 있는 바깥 창문 중 하나가 갑자기 벽에 부딪히는 소리가 났다. 아마 창틀 빗장이 풀려버린 모양이었다. 니핫은, 방에서 나와 거실로 걸어가고 있는 어머니 발걸음 소리를 들을 수 있었다. 창틀을 닫는 어머니 모습이 그려졌다.[77]

-어머니, 뭐 하세요.

-덧창문을 닫을 참이었는데

-어머니 혼자 하기에는 어려운 일인데요...

-자는 널 깨우지 않으려고

-다시 이런 일이 있을 땐 절 깨우세요.[78]

---

76) 위의 책, 85~86쪽

77) 위의 책, 87쪽

78) 위의 책, 89쪽

니핫의 동생들 : 첫째 여동생인 니할은 고등학교를 졸업한 해에 공무원과 결혼했으며, 둘째 여동생인 누란은 이스탄불에 있는 약대에서 공부하므로 현재 기숙사에 생활하며 시간이 있을 때 고향에 내려와 어머니를 만나고 다시 이스탄불로 돌아간다. 남동생이자 막내인 오르한은 고등학교 3학년 학생으로 이즈밀 아타튀르크 고등학교 기숙사에 거주한다. 니핫이 어머니와 함께 지속적으로 생활하며 둘째 여동생과 막내의 학업을 뒷바라지하고 있다.

중요 등장인물:

페리한 : 중학교 미술 선생님, 학기 중에 적어도 하루 두 번 니핫의 사무실 앞을 지나간다. 니핫은 페리한에 대해서 관심을 갖게 된다. 혹시 서로의 눈길이 마주쳤을 때 니핫은 페리한이 먼저 인사해 주기를 기다렸지만 여자는 그냥 지나친다. 약간 소극적인 성격을 가진 니핫은 페리한을 마음속으로 좋아하게 된다.

니핫은 먼저 인사하고 싶었지만 치근덕거린다는 인상을 줄 것 같아 주저한다. 이 읍에서 어느 정도 산 사람들은 이즈밀로 출퇴근하는 페리한 선생을 다 알고 있다. 매일 아침 7시 버스로 와서 수업을 하고 오후 4시 버스로 이즈밀로 돌아간다. 언니도 이즈밀에서 여고 교사이다. 페리한은 지적이고 예술을 사랑하는 여성인 동시에 남성의 꿈을 이해하고 그 꿈의 실현을 위해서 남성을 격려하고 의지력이 강한 인물로 등장한

평화로운 농촌

다. 그녀는 결혼한 뒤 농촌의 변호사에서 신문기자로 변신하려는 남편에게 페리한은 농민들의 고통을 대변할 수 있는 기자가 되도록 권하며 지지를 아끼지 않는다.

> 니핫의 친구인 체틴도 이 선생님에 대해서 관심을 가지지만 니핫 때문에 소극적이다. 이 둘은 페리한을 예쁘고 아름답고, 생동감이 넘치고, 날씬하고 우아하고 옷도 잘 입는다고 말하고 사랑할 만한 여자, 괜찮은 여자로 본다.[79)]
>
> ...중략..
>
> 극장에서 니핫이 본 페리한의 모습은 전에 느끼던 것과는 완전히 달랐다. 친구들과 함께 와서 그런지 그녀에게서 두려워하거나 부끄러워하는 모습은 찾아볼 수 없었고, 오히려 자유로운 인상을 풍겼다.[80)]
>
> 이즈밀에서 저희 언니와 함께 사는데 형부와 언니는 주말에 영화를 보러 가는 걸 별로 좋아하지 않죠. 전 대체로 주중에 볼만한 영화를 골라서 보는 편이에요. 저는 혼자서 엘함라 극장에나 갈 수 있죠. 다른 영화관은 관객들의 질이 좋지 않아 보여요. 여자 혼자서는 그런 영화관에 갈 수 없어요.[81)]
>
> 니핫과 페리한은 손을 잡고 다정스럽게 영화를 감상했다. 2시간 동안 서로의 손을 잡고 때로는 손가락을 만지작거렸다.[82)]

다음의 대화에서는 페리한이 자신의 어머니에게 니핫에 대한 느낌을 전하고 있는데, 페리한의 가치관이 꾸밈없이 드러난다. 이 대화에서 페리한은 자신의 아버지를 기억하고 그가 원했고 추구했던 바를 간접적으

79) 위의 책, 75쪽
80) 위의 책, 122쪽
81) 위의 책, 129쪽
82) 위의 책, 145쪽

이즈밀 선착장

이즈밀 도심

로 전달하며 이기적인 성격보다는
공동체를 고려할 줄 아는 남성에게 가치를 두고 있다.

> 나무 한 그루 심으며 살아가는 남자라 할지라도 제겐 그만이지요. 자기만을 생각하지 않고 주변 사람들, 국민을 생각하는 남자 말이에요. .... 니핫은 아주 인간적이고 무엇인가를 풍기는 얼굴 선, 그의 눈동자에서는 따뜻함이 느껴져요. 우리 가족에게는 니핫이 더 어울리지 않나요? 아버지가 살아계셨다면 니핫을 아주 좋아하셨을 것 같은 생각이 자꾸 들어요.[83)]

8월 중순 니핫은 이스탄불에 있는 친구로부터 기다리던 좋은 소식을 듣게 되었다. 9월부터 이스탄불에 있는 유명 일간지 수습기자로 발령이 났다는 것이다. 페리한은 국영섬유회사에서 디자이너로 일할 수 있게 되었다.[84)]

1952년 9월 1일 금요일 페리한과 니핫은 아주 검소하게 결혼식을 치렀다. 결혼식에 참가한 사람들은 그날 여객선을 타고 이스탄불로 떠나는 신혼부부를 환송했다.[85)]

여객선이 우룰라 앞 바다를 지날 때 니핫은 갑판으로 나왔다. 푸른 나무로 뒤덮인 정들었던 우룰라의 둥그스름한 언덕이 보였다. 니핫의 눈가에

83) 위의 책, 303쪽
84) 위의 책, 493~494쪽
85) 위의 책, 495쪽

이즈밀 시내 관광마차

는 눈물이 맺혔다.

페리한–서운하지요!

니핫은 슬픔을 감추며 웃으려고 애를 썼다.

니핫–미안해, 자신들의 고통을 어떻게 하소연하는지 모른 채 말없이 사는 그 고향 삶들을 뒤에 남겨놓고 가다니......

페리한–당신 말이 맞아요. 하지만 당신은 그들에게 진 빚을 어느 정도 갚았다고 생각해요.

니핫–그것으로 충분할까?

페리한–이후에도 그 빚을 갚을 수 있어요.

니핫–어떻게?

페리한–글을 쓰며..... 그들이 어떤 어려움 가운데 살아가고 있는지를 당신의 글에서 표현해 보세요.[86)]

레만 : 페리한의 어머니인 그녀는 사사로운 이익보다는 공동체의 이익과 명분을 중요시하는 가치관을 가지고 살아왔으므로 대담하다고 할 수 있다. 따라서 그녀는 딸이 선택할 남성도 아량과 관용을 가진 인물이기를 원했다.

레만은 오래 전부터 사위에게 정을 느끼지 못했다. 나라가 험난할 때 자라서 그런지 몰라도 남편과 같이 나라와 민족의 이상을 꿈꾸었던 한 남자를 사랑했던 자신으로서는 돈을 벌어 부자가 되겠다는 것 이외에 아무런 다른 꿈도 없는 사위에게 해가 지날수록 정을 느끼지 못했다. 레만이 사위의 유능함과 지칠 줄 모르는 에너지를 이해 못하는 것은 아니었다.[87)]

검은 코트를 입은 그녀의 몸매, 곧게 땅을 지탱하고 있는 힘 있어 보이

86) 위의 책, 496쪽

87) 위의 책, 280쪽

이즈밀 해안도로

는 다리, 빠른 걸음걸이, 마치 세상 모진 풍파를 다 겪은 듯한 신중함과 아름다움이 융화되어 이루어 놓은 그녀의 뚜렷한 얼굴선... 이 모든 것들이 마을 사람들의 관심을 끌기에 충분했다.88)

레만 부인은 니핫의 책상 모퉁이에 있는 소설책을 잠깐 쳐다보았다. <Steinbeck>의 <성난 파도>였다. 3년 전 그녀의 아들이 읽고 난 후 어머니에게 그 책을 추천해 준 적이 있었다.89)

여당 지도위원회 간부 : 여당 지도위원회 간부는 보수적인 성향의 인물이며 여성이 이슬람의 원리에 따라 의상을 착용해야 하는 것을 당연하게 받아들인다. 그는 중학교 선생님들이 종아리가 드러나는 스커트를 입고 다니는 모습을 매우 부정하게 평가하고 조숙한 학생들을 유혹한다고 비난한다. 그래서 그는 이 여선생님에 대해서 불만을 표시하며 그들을 강제로 전출시키겠다고 으름장을 놓는다. 여당 지도위원회 간부는 보수적인 집단을 대표하는 인물로 등장한다.

> 선생이라는 작자들이 그렇게 차도르도 머리에 쓰지 않고 얇은 옷을 입고 궁둥이 가슴 할 것 없이 다 보이고 돌아다니니, 또 학생들 앞에서 가볍게 행동하니 조숙한 아이들이 간혹 유혹에 빠져드는 건 당연한 일이 아니겠소?
>
> 난 그 창녀 같은 선생을 가만 두지 않겠지만 당신들도 가만 두지 않을

88) 위의 책, 281쪽
89) 위의 책, 283쪽

이즈밀 해안도로 옆 야외카페

거요. 이제 더 이상 이 학교에 머물 수 없게 될 거요. 짐 쌀 준비나 하시오.

체틴 : 보건의

우를라 읍의 보건의로 활동하는 체틴에게 농촌 여성들은 커다란 호감을 가지고 있다. 대도시에서 의과대학을 마치고 보건의로 근무하는 체틴은 농촌 여성들에게는 세련된 지식인이었을 뿐 아니라 아픈 몸을 고쳐주는 마법의 손을 가진 인물로 비쳐졌다. 체틴은 성격이 호방하고 농촌 여성들의 마음을 읽어 순수하게 받아들인다. 그리고 그는 하숙집 아주머니의 조카로서 자신에게 호기심을 가지고 접근하는 시골 처녀 휴스니예에게 마음의 문을 열기로 작정한다.

> 여성 환자들 가운데 두 명의 여성은 아픈 데도 없이 일주일 또는 열흘에 한번씩은 어딘가 아픈 것 같다며 찾아온다. 그들의 의도는 체틴에 대해서 호감을 가지고 유혹하려는 의도가 있다고 말한다. 체틴은 그 여성들이 자신을 유혹하려고 자신에게 애교를 부린다고 했다.[90)]

> 학력이 낮지만 지방 여인들은 바위틈에서 자라는 잎사귀가 두껍고 윤기가나는 식물과 같다구. 건강하고 싱싱하지... 야생적인 그들의 모습이 참 매혹적이지. 자연스럽고 꾸민 데가 없잖아. 그들의 직감 또한 뛰어나. 세상에 적응하는 능력이 우리가 만나는 지식이 있거나 교양이 있는 여자들보다 훨씬 더 많지... <중략> 이즈밀에 있는 부유한 집안의 규수들을 한번 생각해봐. 그들은 그 편안한 여건 속에서 남편이 무엇을 해주길 바랄 뿐이

90) 위의 책, 76쪽

지. 그러니까, 비록 무식하고 가난하지만 아름다운 그런 여자들과 함께 살면서 인생을 배워가는 게 더 좋아.[91)]

체틴은 휴스니예에게 자세하게 설명해 주었다. 먼저 조금씩 준비를 한다면 검정고시를 칠 수 있고, 여러 교과서를 사서 공부하다가 어려운 내용들은 자신이 직접 가르쳐줄 수 있다고 했다. 휴스니예는 그의 말을 듣자 날아갈 듯이 기뻐했다. 공부를 해서 간호사든 조수든 체틴에게 필요를 채워 줄 수 있는 사람이 될 수 있다면 그것으로 만족할 수 있을 것 같았다. ..... 체틴은 정신적으로나 학문적으로나 그녀의 갈망을 채워줄 수 있는 단 한명의 남자였던 것이다. ... 휴스니예는 중학교 국어 교과서와 문법 교과서를 소설책 읽듯이 의욕적으로 읽어 나갔다.[92)]

휴스니예 : 미장공의 딸인 휴스니예는, 체틴의 하숙집 맞은편에 자리잡은 자신의 집에서 체틴을 보며 사랑하는 감정을 갖는다. 휴스니예는 아버지가 미장공으로 일하기 때문에 경제적 여건이 허락되지 않아서 상급학교에 진학하지 못했지만 농촌에서 보건의로 활동하는 체틴에게 매력을 느끼고 접근하며 그의 책에 대해서도 관심을 가지고 읽기 시작한다. 휴스니예는 책을 읽으며 마음과 정신이 성숙해 가고 있음을 경험한다. 작가는 터키의 농촌에서 여성들도 만일 학업을 계속할 수 있다면 성장과 성숙의 가능성이 매우 크다는 것을 휴스니예를 통해서 암시하고 있다.

체틴이 휴스니예에 대해서 느끼는 감정도 각별하다. 체틴은 휴스니예를 순수한 마음을 가지고 한 남성을 끝까지 변함없이 사랑할 수 있는 지조가 강한 여성으로 본다. 그래서 그는 휴스니예를 남편이 죽은 뒤에라도 자신이 죽을 때까지 남편의 영혼을 생각하며 행복하게 살 그런 여자로 보았다.

---

91) 위의 책, 158쪽

92) 위의 책, 347쪽

체틴은 이즈밀에 다녀올 때마다 휴스니예가 좋아할 만한 책들을 사가지고 오기 시작했다. 18살이 되도록 소설이 무엇인지도 모르는 소녀의 마음에 그 소설들이 어떤 감동을 일으키게 할지 제대로 파악하기는 쉽지 않은 일이었다. 펄벅의 "어머니", "솔새, 막심 고리키의 소설들을 사와 다른 소설책 사이에 끼워 놓았다. 좀 더 유복한 가정에 태어났으면 좋았을, 희망도 많고 천성적으로 감정도 풍부한 휴스니예는 이 책들로부터 상당한 충격과 감동을 받은 모양이었다. ...<중략> 그녀는 이제 사랑과 적, 눈물과 기쁨 그리고 죽음이 자신의 감정을 휘감고 있는 그런 세상에 살게 되었다.[93)]

휴스니예는 소설을 읽고 자신의 본질을 찾는 것으로 만족하지 않고 소설 속에 나오는 인물들을 그녀가 알고 있는 사람들이나 친척들에 비유해 보기도 했다. 그녀의 아버지, 어머니, 언니들과 형부들, 귤리자르 고모나 다른 읍내 사람들보다도 제일 먼저 체틴을 주인공에 비유하기도 했다. 그녀의 눈에는 소설 속에서 가장 사랑 받는 남자는 무조건 체틴으로 보였다. 15권 이상의 소설을 읽은 뒤 휴스니예에게 변화가 생겼다. 그녀의 얼굴에는 무엇인가 생각하는 표정이 자주 어렸다. 행동에 조금 신중함이 생기고 정신적으로 성숙된 것처럼 보였다. 이제는 더욱 성숙한 눈길로 체틴을 바라보고 있었다. 귤리자르 고모의 집 정원에서 체틴과 마주쳤을 때는 어린아이 같은 장난스러운 눈빛은 사라지고 보다 성숙한 눈빛으로 그에게 인사를 했다.[94)]

지금까지는 체틴이 휴스니예의 손목을 방안으로 잡아끌던 날에 있었던 키스와 포옹이 그들 행동의 전부였다.[95)]

휴스니예는, 사랑하던 사람이 어느 날 자신을 홀로 남겨둔 채 저 세상으로 떠나가 버릴지라도 죽을 때까지 남편의 영혼을 생각하며 행복하게 살 그런 여자들 중 한명이었다.[96)]

93) 위의 책, 206쪽
94) 위의 책, 207쪽
95) 위의 책, 349쪽
96) 위의 책, 350쪽

투우룰 : 변호사, 이즈밀에서 활동하는데 니핫이 이즈밀에 가면 자주 만난다. 투우룰은 이즈밀을 사랑한다. 니핫은 대도시 여성들이 물질주의 풍조에 물들어 만연히 살아가는 모습을 비판하지만. 투우룰은 대화에서 니핫에게 동의하지 않는다. 이 소설에서는 휴스니예와 대도시의 여성들이 순수성과 세속성을 각각 상징하는 인물로 그려진다.

> 투우룰-난 이즈밀이 마음에 드네. 세상 어느 곳과 바꿀 수 없는 곳이야. 이즈밀은 시민들에게 문명의 혜택을 누리게 하는 환경을 주는 동시에 사람들의 시간을 뺏지 않는 곳이지.
>
> 니핫-이즈밀에서는 돈만 통해! 누가 아무리 좋다고 해도 그에게 돈이 얼마나 있는지 그게 더 중요하지. 딱 한가지 좋은 점이라면 여자들이 혼수감을 많이 해 온다는 거지....
>
> 투우룰-그런 면만 보고 이즈밀을 평가하지 말게.[97]

97) 위의 책, 239쪽

부록

부록

오스만 왕조표

오스만 왕조

1 오스만(1281)
2 오르한(1324)
3 무라트 1세(1362)
4 바예지트 1세 (1389~1402)
5 메흐메트 1세(1413)
6 무라트 2세(1421)
7 메흐메트 2세(1451)
8 바예지트 2세(1481)
9 셀림 1세(1512)
10 술레이만 1세(1520)
11 셀림 2세(1566)
12 무라트 3세(1574)
13 메흐메트 3세(1595)

14 아흐메트 1세 (1603)
15 무스타파 1세 첫 번째 (1617~1618)

16 오스만 2세 (1618)
17 무라트 4세 (1623)
18 이브라힘 (1640)

19 메흐메트 4세 (1648)
20 술레이만 2세 (1687)
21 아흐메트 2세 (1691)

22 무스타파 2세(1695)
23 아흐메트 3세(1691)

24 마흐무드 1세 (1730)
25 오스만 3세 (1754)
26 무스타파 3세 (1757)
27 압둘하미드 1세 (1774)

28 셀림 3세 (1789)
29 무스타파 4세
30 마흐무드 2세

31 압둘메지트 (1839)
32 압둘아지즈 (1861)

33 무라트 5세 (1876)
34 압둘하미트 2세
35 메흐메트 5세
36 메흐메트 6세

오스만시대의 주요 연표

1281	에르투으룰 베이의 사망
1299	오스만 국가의 건국
1326	부르사의 정복과 부르사를 오스만 부족국가의 수도로 결정함
1331	이즈닉(니케아)의 정복
1353	오스만 군대의 유럽 진출
1354	술탄 오르한의 앙카라 정복
1361	에디르네(아드리아노플)의 점령
1363	예니체리 군의 조직
1396	바예지트 1세의 제1차 이스탄불 공격
1400	바예지트 1세의 제2차 이스탄불 공격
1402	바예지트 1세가 티무르와의 앙카라 전투에서 생포됨
1413	메흐메트 왕자가 왕권을 장악하여 공위(空位) 시대를 종결함.
1448	제2차 코소보 전투 승리
1452	루메리 성채의 축조
1453	술탄 메흐메트 2세의 이스탄불 정복
1459	세르비아 정복
1462	술탄 메흐메트 2세의 왈라치아 복속
1463	보스니아 정복
1466	코냐 점령과 카라만 공국의 멸망
1478	오스만제국이 크리미야 점령
1479	오스만-베네치아 협정 체결
1516	술탄 셀림이 이슬람권의 칼리프직 승계
1517	오스만제국이 카이로(이집트) 점령
1521	술탄 술레이만의 벨그라드 점령
1526	술탄 술레이만의 부다(부다페스트) 점령
1529	술탄 술레이만의 제1차 비엔나 공격
1535	오스만제국이 프랑스에게 무역특혜권 허용
1541	술탄 술레이만의 헝가리 병합
1551	투르구트 레이스에 의해 트리폴리 점령
1555	오스만-이란 간에 아마시아 협정 체결
1566	술탄 술레이만의 사망
1570	오스만해군의 싸이프러스 점령
1574	오스만의 튀니스 점령
1577	오스만이 모로코를 포르투갈로부터 탈혼하여 지배 개시
1639	오스만-베네치아 간에 무역협정 체결
1683	오스만의 제2차 비엔나 공략 실패

1699	오스만-오스트리아 간에 카를로위츠 조약 체결
1711	튤립(Tulip) 시대의 개막
1727	오스만제국에 최초의 인쇄소 설치
1730	보수파 파트로나 할릴(Patrona Halil)의 반란으로 인해 튤립시대의 종결
1773	해군기술학교 설립
1774	러시아아 퀴췩 카이나르자 조약 체결
1783	러시아의 크리미아 지역 병합
1788	오스만이 대 오스트리아, 러시아 전쟁에서 패전
1793	니자므 제디드(신식 군대) 창설
1794	포병학교 설립
1798	나폴레옹의 프랑스 군대가 이집트 공격
1804	무하마드 알리가 이집트 총독이 됨 세르비아에서 반란의 발생
1826	예니체리 군대의 해체
1827	나바리노에서 오스만-이집트 해군의 궤멸
1829	그리스의 자치권 인정
1830	프랑스의 알제리 점령
1833	세르비아의 자치권 인정
1839	탄지마트(개혁) 칙령 공포
1841	런던 조약과 무하마드 알리의 이집트 세습 통치권 인정
1853	크리미아 전쟁의 발발
1856	크리미아 전쟁의 종결과 파리 조약 체결
1869	스에즈 운하 개통
1870	다률퓨눈의 개교
1876	오스만헌법의 공표
1877	최초의 오스만 의회 소집
1878	영국의 싸이프러스를 군사기지로 조차함
1882	영국의 이집트 점령
1889	연합진보위원회 결성
1897	오스만-그리스 전쟁
1908	오스만 헌정의 회복, 청년투르크 집단의 개혁 성공
1911	트리폴리 전쟁
1912	이탈리아의 리비아 점령, 발칸전쟁의 발발
1914	오스만의 제1차 세계대전에 참전
1916	사이크스-피코 조약(오스만 치하의 아랍 영토 분할 시도)
1917	발포어 선언(유대인 민족국가 창설 지원)
1918	제1차 세계대전의 종전
1919	무스타파 케말의 독립전쟁 시작
1920	세브르(오스만 영토 분할 점령 계획 포함) 조약 체결
1923	로잔 조약 체결, 터키공화국의 건국

터키의 도 이름

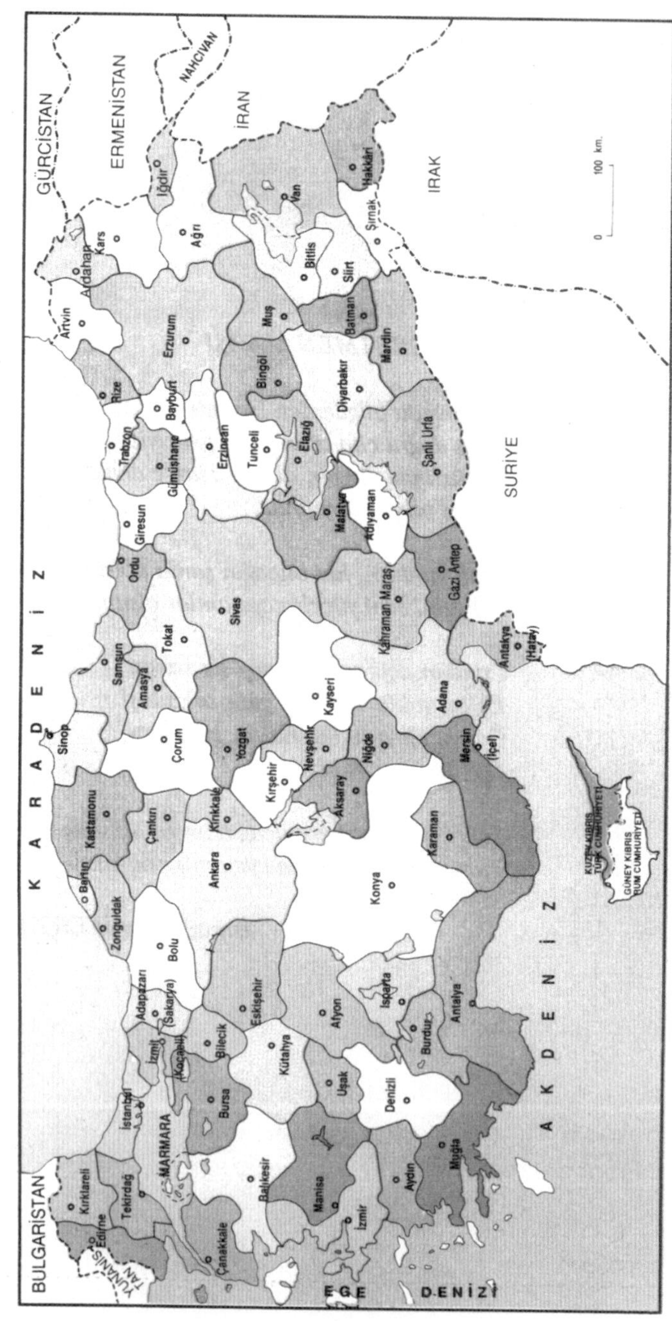
TÜRKİYE HARİTASI
K A R A D E N İ Z
A K D E N İ Z
EGE DENİZİ
MARMARA
BULGARİSTAN
YUNANİSTAN
GÜRCİSTAN
ERMENİSTAN
NAHCIVAN
İRAN
IRAK
SURİYE
KUZEY KIBRIS TÜRK CUMHURİYETİ
GÜNEY KIBRIS RUM CUMHURİYETİ
100 km.
Edirne
Kırklareli
Tekirdağ
Çanakkale
İstanbul
İzmit (Kocaeli)
Adapazarı (Sakarya)
Bursa
Balıkesir
Manisa
İzmir
Aydın
Muğla
Denizli
Uşak
Kütahya
Bilecik
Eskişehir
Afyon
Isparta
Burdur
Antalya
Bolu
Zonguldak
Bartın
Kastamonu
Çankırı
Ankara
Kırıkkale
Konya
Karaman
Aksaray
Kırşehir
Nevşehir
Niğde
Mersin (İçel)
Adana
Antakya (Hatay)
Sinop
Çorum
Yozgat
Kayseri
Samsun
Amasya
Tokat
Sivas
Ordu
Giresun
Kahraman Maraş
Gazi Antep
Adıyaman
Malatya
Şanlı Urfa
Trabzon
Gümüşhane
Erzincan
Tunceli
Elazığ
Rize
Bayburt
Artvin
Erzurum
Bingöl
Diyarbakır
Mardin
Ardahan
Kars
Iğdır
Ağrı
Muş
Batman
Siirt
Bitlis
Van
Şırnak
Hakkari

찾아보기

ㅇ

ㅈ

ㅊ

ㅋ

ㅌ

ㅍ

ㅎ

터키 들여다보기

초판 1쇄 발행 2006년 2월 20일
초판 2쇄 발행 2013년 3월 20일

지 은 이 김대성
발 행 인 박 철
발 행 처 한국외국어대학교 출판부
130-791 서울특별시 동대문구 이문로 107
전화 02)2173-2495~7
FAX 02)2173-3363
홈페이지 http://press.hufs.ac.kr
전자우편 press@hufs.ac.kr
출판등록 제6-6호(1969. 4. 30)
편집·디자인 (주)이환디앤비 02)2254-4301
인쇄·제본 SM C&P 02)468-6100

ISBN 978-89-7464-389-8 03300 정가 15,000원

* 잘못된 책은 교환하여 드립니다.